新教科「道徳」の理論と実践

渡邉満　山口圭介　山口意友　編著
Watanabe Michiru　*Yamaguchi Keisuke*　*Yamaguchi Okitomo*

玉川大学出版部

はじめに

　現代社会は，われわれの想像を越える速さで変化しているようだ。2017年の新年を迎え，昨年1年を振り返ってみての感想である。1年間の出来事でもっとも印象深かったのは，オバマ，アメリカ合衆国大統領の広島訪問と原爆慰霊碑前でのスピーチ，そしてそのアメリカの次期大統領を選ぶ長期にわたって行われた選挙とその前にイギリスで行われたEU（ヨーロッパ連合）離脱の是非を問う国民投票であった。

　「私たちは戦争そのものへの考え方を変えなければいけません。（中略）おそらく何にもまして，私たちは一つの人類の仲間として，互いの関係をつくり直さなければいけません。なぜなら，そのことも人類を比類なき種にしているものだからです」（オバマ大統領「広島スピーチ」より，朝日新聞2016年5月28日朝刊）。

　戦争がもたらす災いと核廃絶へのアメリカ大統領の強い思いは，政治的な制約のなかで慎重に言葉を選びながらも，もはや消えつつあるのかとも思われていた，人類の連帯を訴える理想主義的色合いに満ちていたが，その内容は，オバマという人物の人間的な誠実さと道徳的な気高さを彷彿とさせるものであった。それに対して，イギリスの国民投票とアメリカで行われた大統領選挙の結果は，なんと現実主義的かともいいたくなるような意外なものであった。いずれも，票数はほぼ互角だったのであるが，ここまではっきりと個々人と自国の利益にこだわる現実主義的な考え方が拡大してきたことは，意外というほかない。しかし，これは当該国だけのことではない。何か確実に現代社会や世界情勢は変化しているようにも思われるからである。

　「グローバル化」が今日の世界情勢を表現する合い言葉のようになっている。近年になって，インターネット利用やそれへの依存が日常化したことでも，何か大きく変わってきていると感じることができる。世界はグローバル化の方向へ大きく転回しているのであり，それはわが国のことでもある。

　道徳教育もあの二つの，国を挙げた投票に示された現実主義的な流れを無視することはできない。かといって，道徳的課題からすれば，拡大しつつあ

る私事化（プライバタイゼーション）や利己主義的傾向をそのまま容認することもできにくい。ここには道徳教育が取り組まなければならない大きな問題と課題があるように思われる。

　国では，グローバル化に積極的に対応するために，2030年を見通した学習指導要領改訂に取り組んでいる。そこでは「主体的・対話的で深い学び」（アクティブラーニング）がこれからの学習の在り方として掲げられ，「コンテンツからコンピテンシーへの転換」が企図されている。道徳教育については，すでに中央教育審議会における教育課程部会での次期学習指導要領改訂の基本方向を踏まえて，ひと足先に改訂が行われた。道徳が「特別の教科　道徳」となり，「考え，議論する道徳」がこれからの道徳教育の在り方として具体化されている。ここには単なる学習指導の方法の一つとして受け止めるだけでは済まない大きな課題が含まれているように思える。

　本書は，このような現代社会の状況や動向を踏まえ，難しい時代に子供たちが主体的に生きるために必要な道徳性を育成する，これからの学校の道徳教育と「特別の教科　道徳」（道徳科）の具体的な在り方を新学習指導要領に即しながら学ぶことができるよう解説することに努めた。理論的な側面では，この教科化が時代のなかで目指している道徳教育と道徳の学習のありうる在り方や課題をしっかりと受け止め，実践的な側面では，それらの在り方や課題を教室の道徳学習において確かな実践として具体化できるよう解説している。編者たちの思いとしては，初学者が小学校と中学校の教員免許を取得するための道徳の指導法のテキストとしての役割を果たせると共に，教員となって教室で道徳科の授業を進めていく上で常に参照できる道徳教育と道徳授業づくりの基本書となることを願っている。

　最後になったが，道徳科が新教科であり，しかも，これまでの道徳教育のテキストとは異なり，小学校と中学校にまたがった内容となることから複雑な編集作業が必要になったが，細かな編集作業を懇切丁寧に行っていただいた，玉川大学出版部の皆さんに心から感謝の意をお示ししたい。

2017年1月

編者代表　渡邉　満

新教科「道徳」の理論と実践

●

目次

はじめに　iii

序　章　道徳の教科化とこれからの道徳教育……………………………… 1
第1節　教育と道徳教育が直面する諸課題　2
第2節　道徳の教科化　6
第3節　新しい道徳教育の理論的基盤を考える　11
第4節　道徳授業の実践的モデル　13

第1章　道徳教育の目標……………………………………………………… 21
第1節　「特別の教科　道徳」が目指す道徳教育　22
第2節　道徳的実践につながる道徳学習　30

第2章　「道徳科」の内容と道徳理論…………………………………………… 39
第1節　「道徳の内容」を支える道徳理論　40
第2節　小学校における内容項目の重点化（小学校）　49
第3節　生き方を耕す小学校の道徳授業（小学校）　59
第4節　中学校における内容項目の重点化（中学校）　67
第5節　生徒の生活課題に取り組む道徳授業（中学校）　74

第3章　道徳の指導計画……………………………………………………… 85
第1節　道徳の授業展開を考え直す　86
第2節　小中連携によって取り組む道徳授業の活性化　94
第3節　小学校における指導計画（小学校）　105
第4節　中学校における指導計画（中学校）　113

第4章　「道徳科」の指導……………………………………………………… 125
第1節　道徳性の発達段階と道徳科の授業づくり　126
第2節　アクティブラーニングとしての道徳の学び　134
第3節　多面的・多角的に議論を深める問題解決的な学習　143
第4節　話して気づき，書いて深める道徳の学習（小学校）　153

第5節　生徒指導に取り組む中学校の道徳教育（中学校）　*161*

第5章　教育活動全体を通じて行う道徳教育　*171*
　　第1節　他教科との連携による道徳授業　*172*
　　第2節　デジタル化時代のシティズンシップ教育　*178*

第6章　学校・家庭・地域社会との連携　*191*
　　第1節　学校・家庭・地域の連携で取り組む道徳教育の実践　*192*
　　第2節　体験的な活動を生かす道徳授業（小学校）　*201*

第7章　道徳科の評価　*209*
　　第1節　児童生徒の成長を促進する評価の在り方　*210*
　　第2節　小学校道徳科における評価の実践（小学校）　*219*
　　第3節　中学校道徳科における評価の実践（中学校）　*235*

資　料　*247*
　　教育基本法　*248*
　　小学校学習指導要領　総則と第3章　*251*
　　中学校学習指導要領　総則と第3章　*261*
　　道徳の内容項目（小・中学校）一覧表　*270*

索　引　*274*

序　章

道徳の教科化とこれからの道徳教育

　序章では、「道徳の時間」の教科化に際して、新たに誕生した「特別の教科　道徳」（道徳科）の概要を示すと共に、グローバル化が進むこれからの時代における教育と道徳教育の諸課題とそれらの諸課題に応えることができる道徳授業について解説しています。

　学習を進めるに当たっては、(1) これまで子供たちの諸課題に積極的な役割が期待されながら、評判がよくなかった道徳授業にはどのような課題があるのか、(2) 現代社会が価値観相対化を特徴とすることを踏まえると道徳教育はどのようにして成り立つのか、(3) 話し合い活動を活発に行うにはどのような工夫が必要かなどに留意してください。

> キーワード
>
> 価値観の相対化，実践的循環の崩壊，考え・議論する道徳，規範構造，話し合いのルール

はじめに

　わが国を取り巻く国際情勢の変化のなかで，われわれの生活の基盤となる社会や産業・経済は，少子・高齢化，環境とエネルギー問題，資源問題そしてグローバル化という巨大な波のうねりをともないながら，その構造的な変容のまっただなかにある。それら国の内外に展開する構造的な変化は，学校の教育においても，これまでにない規模で大きな変化を生じさせている。その影響はすでに学校教育の全体に及んでおり，とくに教科学習においては学習意欲の二極化や学力格差問題として，また学校における子供たちの生活上の課題では，価値観の相対化傾向や私事化傾向の拡大にともなって，いじめや暴力行為といった問題行動となって子供たちのなかに顕在化している。

　このような新しい時代にふさわしい学校教育を構築するため，国では学校教育の基本原則・基本原理に当たる教育基本法の改正とその具体化の方策を示す学習指導要領の改訂に取り組んできた。そして今，学校教育の大黒柱に当たる学校の道徳教育も大きな変化のときを迎えようとしている。その直接の契機は社会の大きな変化のなかで生じる子供たちの問題行動の深刻化であり，ほぼ60年を経てきた「道徳の時間」の道徳教育の教科化を含む根本的な見直しである。

　序章では，これからの新しい時代における教育の諸課題について検討し，それらの諸課題に道徳教育がどのように応えることができるのか，そしてその指導法の理論的・実践的な基盤はどのようなものであるのかについて述べ，新たな時代にふさわしい道徳教育と道徳授業の具体的な構想を探る。

第1節　教育と道徳教育が直面する諸課題

1. 子供たちの諸課題と道徳教育の再考

　上記のようなわが国の社会の構造的な変化によって生じる学校教育の諸課題に対応するため，道徳教育の刷新は避けて通ることは困難な状況にある。

　たとえば，今日依然として深刻な状況にある学校における子供たちのいじ

め問題は，それら諸課題の一つである。いじめ問題に対しては一般に予防的観点から学校における道徳教育の充実が求められるが（文部科学省 HP），一方では，いじめ防止策としての道徳教育の取り組みには限界があるとの指摘もある。その一例は『大津市立中学校におけるいじめに関する第三者調査委員会調査報告書（平成 25 年 1 月 31 日）』の指摘である。それによると，当該中学校は 2009，2010（平成 21，22）年度に文部科学省指定の「道徳教育実践研究事業」推進指定校として道徳教育を推進していた。「自ら光り輝く生徒を求めて～心に響く道徳教育実践」をテーマに多様な道徳授業が展開された。しかし，いじめを防ぐことができなかった。調査委員会は，競争原理や効率を求める大人社会はセクハラやパワハラなど様々な社会問題を生み出しているが，このような現実の社会に子供たちは根深くつながっており，そこにいじめの土壌があり，だからこそいじめ問題解決の困難さがあると指摘する。そして，その上で，いじめ問題に対しては，学校の道徳教育は役に立たないとも指摘する（大津市 HP）。

しかし，この指摘は必ずしも適切とは言えない。問題なのは大人社会の現実につながっていない道徳教育なのであり，道徳教育そのものが役に立たないわけではない。ここで問題にしなくてはならないのは，われわれが人間としての生き方・在り方の理想の枠内で道徳教育を考えることにとどまっていたかもしれないことであろう。時代の大きな変化が子供たちだけでなく，大人社会全体を大きく変えつつあることを踏まえて，それらの現実に抗し，子供たちがやがて自らの生き方・在り方を自律的に探究することができるようにすることこそ学校の道徳教育の課題であることを認識し，すでに多様に展開されてきた授業を繰り返すのではなく，創造的な実践を行うことが必要である。

これは学校における道徳教育が時代の変化のなかで，その変化にふさわしい道徳教育へ転換されなければならない状況にあることを示唆しているといえよう。

2.「教」育か教「育」か？

社会の変化に対応するために，その変化にふさわしい道徳教育への転換が

求められるのであるが，その場合,「道徳」と「教育」という二つの課題について改めて見直すことが必要である。とくに半世紀を超える歴史をもつ「道徳の時間」の道徳教育を見直そうとする今日の状況では，基本的な部分の見直しは避けて通れない重要な課題である。また，2018年には高校の学習指導要領も告示され，学校の全教育課程が刷新されることになっており（文部科学省 HP），なおさら，教育それ自体の課題の検討は必要である。

　教育の世界には，その複雑さを規定する要因の一つに，二元的思考の呪縛とでも表現できる大きな問題がまとわりついている。「教育」という言葉自体がその問題を体現している。「教」は教えることであるが，漢字の元々の意味は「軽くたたいて注意する」であるといわれている。子供に対する外からの働きかけである。それに対して，「育」は自然のなかにある生きもの，たとえば，植物が野山に自生する様はこれを表している。自らのなかにあると想定されるような力を感じさせるように，水や，日差しや，栄養素など必要な条件が満たされていれば，植物は自ら成長していく。要らぬ作用を外から与えるとかえって成長を損なう。つまり,「育つ」のである（森昭 1968，pp. 10-20）。

　これはわが国に限らない。西洋でも事情は変わらない。〈education〉という英語があるが，その語源はラテン語の〈educere〉と〈educare〉だといわれている。前者は「引き出す」という意味をもち，後者は「養育する」という意味をもっているとされる。いずれを拠り所とするかによって，教育は異なる様相を帯びる。「教」育と教「育」である。近代社会というまったく新たな社会へ突入した 18 世紀以来，近代学校が登場し，教育はわれわれ近代人にとって欠かせないものとなったが，この教育がもつ二つの顔は教育観の違いとなって様々な問題や対立を生じさせてきた。アメリカの進歩主義と本質主義の対立は有名であるが，今日においても依然としてこの対立がかたちを変えて存続しているとすれば，両者はいずれも不十分といわざるを得ないだろう。重要なのは二者択一的発想にとどまることをやめて両者を適切に総合することではないか。

3. 徳育か自律性の教育か？

　「道徳」においても「教育」と似た二律背反的問題がある。われわれにとって「道徳」は自己の「生き方」や「在り方」を支えるきわめて重要な課題である。しかもその望ましい姿は，他人に追従的でなく自律的であることが求められる。その理由はわれわれの社会が個人を基盤にする社会だからである。あらかじめ先に特定の社会が前提されるのではなく，社会は個人が集合して成立すると考えられているのである。しかし，この考え方は道徳のもう一つの側面を切り詰める。われわれは一人で生きているのではない。ある特定の人の集合のなかに生まれる。つまり，特定の「場」のなかに生まれ育つのである。

　〈moral〉という語の語源は，〈mores〉（ラテン語）である。その意味は「巣」「人の住む場所」あるいは「気質」である。その〈mores〉はギリシャ語の〈éthos〉の訳語であり，その意味も同様に「巣」「人の住む場所」あるいは「気質」である。これから見ると，moral や ethics という語は，共に「場」から始まって「気質」（個人の性状）につながっている。ところが，われわれ近代人はその「場」を見失ってしまっているかもしれない（大庭 2006, pp. 623-625）。

　一方，漢字の「道徳」という言葉は，「道」と「徳」からなるが，「道」は「筋道」であり，「徳」はものの「善さ」や「長所」を表す。だから道徳は「人の善さがもつ筋道」となる。道徳と似た言葉に「倫理」がある。「倫」は「人と人の間の輪」であり，「調和」である。「理」は「理法」，つまり「筋道」であるから，倫理は「人と人の間の関係がもつ筋道」ということとなる（金子 1970, pp. 360-361）。

　これらの言葉の元々の意味を考えると，今日では，道徳も教育と同じく二元的な理解の下にある。個人の自律的な生き方や在り方を重視する立場と個人が集まって生活する場がもつ道徳の内容（徳）を基盤において道徳を考える立場の両極である。前者は価値の教え込みを否定し自律的な考え方を重視する。後者は道徳の内容である価値，つまりこの社会を構成している価値や規範を最大限に重視して道徳教育を考える。前者は筋道を重視し，後者は善さ，つまり徳を重視するともいえる。

　しかし，現代社会はこの二元的思考によって対応できる社会なのであろう

か。たとえば，先のいじめ問題はどうだろう。第三者調査委員会が指摘したのは，個々の生徒を大人社会につながる子供たち同士の社会的営みから切り離し，個人としての主体的側面に限定して安易に気持ちを揺さぶるに過ぎないと批判される心情主義的道徳教育や一つ一つの道徳的価値という徳目を個人の未熟な経験につなげて，それを伝達することに終わると批判される徳目主義的道徳教育では，この問題に対応できないということだったのではなかろうか。

第 2 節　道徳の教科化

1. 教科化に至る経緯

　2015（平成27）年 3 月 27 日，学習指導要領の一部が改正され，「道徳の時間」が「特別の教科　道徳」という名称の教科となることとなった。この告示によって，小学校は 2018 年度から，中学校は 2019 年度から正式実施となる。それまでは移行期間として道徳科の実施が可能となったのであるが，学校の教員の多くからは，教科になると何が変わるのか，とくに「問題解決的な学習」はどのように進めたらよいのか。評価はどのようにしたらよいのか等々疑問や戸惑いが出されている。

　7 月には「小学校学習指導要領解説　特別の教科　道徳編」と「中学校学習指導要領解説　特別の教科　道徳編」が文部科学省ホームページで公表されたが（文部科学省 2015），書籍としての出版刊行はされておらず，学校現場では，教科となっても基本的には道徳の授業は変わらないのではないかという憶測も広がっている。

　しかし，この教科化が発議されたのは，「教育再生実行会議第一次提言」（2013 年 2 月）であり，その際，先の大津市で起きたいじめによる中学生自殺事件とその案件に対する学校や教育委員会の対応の問題が世論による後押しとなったこともあって，「いじめ問題」への対応としての実効性のある道徳教育が求められたことともかかわっている（教育再生実行会議 2013）。このことは，それに続いて開催された「道徳教育の充実に関する懇談会」での議論と報告（道徳教育充実に関する懇談会 2014）において，これまで学校において

実施されてきた道徳教育と「道徳の時間」の授業に対する厳しい反省と見直しを求めさせることとなった。この方向はほぼそのまま，中央教育審議会答申「道徳に係る教育課程の改善について」に反映されている（文部科学省HP）。

　この経緯は，今回の教科化がこれまでの学校の「道徳の時間」の授業をそのまま維持できないことを物語っていると考えなくてはならない。

2．「特別の教科　道徳」（道徳科）の概要
(1) 道徳教育の目標

　2015年3月27日に告示された「一部改正　小（中）学校学習指導要領」では，学校における道徳教育が，「特別の教科である道徳（以下『道徳科』という）を要として，学校の教育活動全体を通じて行うもので」あるとしてこれまでの規定を継承した上で，第1章　総則の目標と第3章　特別の教科　道徳は，一層つながりのある規定に改められた（以下，引用は文部科学省HP2015）。

　総則では，次のように規定されている。

> 道徳教育は，教育基本法及び学校教育法に定められた教育の根本精神に基づき，<u>自己の</u>（著者注：中学校では，「人間としての」に変更）生き方を考え，主体的な判断の下に行動し，自立した人間として他者と共によりよく生きるための基盤となる道徳性を養うことを目標とする。

また，第3章　特別の教科　道徳では，

> よりよく生きるための基盤となる道徳性を養うため，道徳的諸価値についての理解を基に，自己を見つめ，物事を（著者注：中学校では，「広い視野から」を追加）多面的・多角的に考え，自己（著者注：中学校では，「人間としての」に変更）の生き方についての考えを深める学習を通して，道徳的な判断力，心情，実践意欲と態度を育てる。

とされている。

これは現代社会における価値観相対化の現実を踏まえ，自己の生き方を「多面的・多角的」な話し合い（討論）による学習活動によって，すなわち多様な観点や視点から深く考える道徳学習によって，道徳性の内実である「道徳的な判断力，心情，実践意欲と態度」を育成するよう求めている。ここで重要なのは，道徳的諸価値の学習が目標なのではなく，あくまでも自己の生き方を多様な考えを基にしながら深く考えることが求められていることである。

(2) 道徳教育の内容

　道徳教育の内容については，これまでは，
1　主として自分自身に関すること
2　主として他の人とのかかわりに関すること
3　主として自然や崇高なものとのかかわりに関すること
4　主として集団や社会とのかかわりに関すること
という四つの視点で示されていたが，新学習指導要領では，
　A　主として自分自身に関すること
　B　主として人との関わりに関すること
　C　主として集団や社会との関わりに関すること
　D　主として生命や自然，崇高なものとの関わりに関すること
と改められ，3と4が順番としては入れ替えられている。また，Dの表記に生命が加えられ，道徳の学習が自己を起点にしながらスパイラルに（らせん的に）発展的に展開するよう配慮されている。これは4の内容でこれまで中学校だけにあった「よりよく生きる喜び」が小学校高学年に加えられたこととも関連するが，「よりよく生きる」ことに向けて9年間の道徳の学習が積み上がることを意図しているともいえる。それと共に一つ一つの内容にはこれまでは慣習として学校現場で使用されていた内容の名称が明記された。これは文による道徳の内容提示に加えることによって内容把握がしやすくなったといえる。さらに，小学校から中学校への9年間の内容の関連性と発達の段階に応じた学習上の発展がわかりやすくなるように各内容項目の配列も工夫されている。「小（中）学校学習指導要領解説　特別の教科　道徳編」に

は内容項目の一覧表が添付されているのもこのことと関連している。

(3) 指導計画の作成と内容の取り扱い

　各学校では道徳教育の全体計画と道徳科の年間指導計画を作成することが求められているが，その際，22個の内容項目のすべてを取り上げると共に，児童生徒の実態に応じて，2学年を見通した重点的な指導や内容項目間の関連を密にした指導や一つの内容項目を複数の時間で扱う指導を取り入れる工夫も求められている。

　内容の指導に当たっては，以下のような事項が規定されている。

①校長や教頭の参加，他の教師との協力的な指導，そして道徳教育推進教師を中心に指導体制の充実。

②道徳科が学校の教育活動全体を通じて行う道徳教育の要の役割を果たせるよう，計画的・発展的な指導を行うこと。その際，他の教科や領域における指導を補い，深め，そして内容項目間の関連を捉え直し，発展させること。

③児童生徒が自らを振り返り，成長を実感したり課題や目標を見付けることができるように工夫すること。その際，主体的に学習に取り組むことができるようにすること。

④児童生徒が多様な感じ方や考え方に接し，考えを深め，判断し，表現する力などを育むことができるよう，話し合ったり（討論したり），書いたりする言語活動を充実すること。

⑤問題解決的な学習や道徳的行為に関する体験的な学習等を取り入れたり，学んだ内容の意義などを考えることができるようにすること。また，特別活動における学習なども生かすよう工夫すること。

⑥児童生徒の発達の段階や特性等を考慮して，社会の持続可能な発展などの現代的な課題や身近な社会的な課題を自分との関係において考え，それらの解決に寄与しようとする意欲や態度を育てるよう努めること。

⑦授業公開や地域教材の開発・活用，家庭や地域の人々や各分野の専門家等の参加や協力などによって家庭や地域社会との共通理解を深め，連携を図ること。

⑧児童生徒が問題意識をもって多面的・多角的に考えたり感動を覚えたりすることができるよう多様な教材の活用や開発を行うこと。

⑨児童生徒の学習状況や道徳性に係る成長の様子を継続的に把握し，指導に生かすよう努めること。ただし，数値などによる評価は行わない。

3.「特別の教科　道徳」(道徳科) の意義と課題

　以上が，道徳の教科化を展開する学習指導要領の概要である。細部については本書の各章において詳説するが，「学校における道徳教育は学校の教育活動全体を通じて行う」という道徳教育に関わる教育課程上の基本的原則や，「人間尊重の精神」と「生命に対する畏敬の念」を生活に生かすという，これまでのわが国の学校における道徳教育の基本的な理念は踏まえつつ，それを具現化する方法等に関しては，「考え，議論する道徳」ともいわれているが，2008年の学習指導要領で示された「言語活動の充実」をさらに大きく前進させるものとなっている。

　これまでは道徳の学習や指導においては，道徳的な価値である内容項目の理解や習得に焦点がおかれる傾向が強かったが，新学習指導要領では，現代社会において児童生徒の一人一人が自己の生き方を確かなものにすることに焦点がおかれていると共に，様々な課題が展開する現代社会の特質に応じて，それらの課題に取り組むことのできる，多面的・多角的に深く考える力やそれらの課題に取り組もうとする意欲や態度の育成が目指されている。それを可能にする学習方法・指導方法が2008年の学習指導要領で打ち出された言語活動であり，話し合い・討論なのである。

　学校における道徳授業の実践は，これまでややもすると「読み物道徳」と揶揄されることがあったように，教材である読み物資料の登場人物の気持ちや心情を推しはかる学習が中心をなしていたが，今後は学習の課題を明確にして，その課題を教室の仲間と共に多面的・多角的に追求する学習活動が不可欠となる。そうしてこそ第1節で言及した教育と道徳の二元的思考の呪縛の問題が克服可能になると思われる。

　そこで，次節では，道徳の教科化が目指す言語活動を柱においた道徳学習とその実現の可能性について，最近の教育学の研究成果を踏まえ，近代教育

が抱える課題，今日の社会の変化とそのなかで子供たちが直面している課題，そしてその課題に応える教育および道徳教育の理論的可能性を検討し，その具体化のための実践的方策を探ることとする。

第3節　新しい道徳教育の理論的基盤を考える

1. 現実に基づく二元的思考の克服

　近代以降，教育と道徳が抱える二律背反的構造は，今日の時代の課題に応えることのできる学校教育，とくに道徳教育の在り方に対して，その再考を促すだけでなく，道徳教育の新たな可能性をも示唆している。グローバル化の進展のなか，これからの社会や世界では，文化や宗教や政治的な立場の違いによる個々人の相対的な差異を前提にすることが求められるから，一つの特定の真理や道徳的理想を前提において教育を構想することはできにくい。その一方で，相対的なものだけを前提におくこともできにくい。一つの世界観や一国の枠を越えた交流や個々人の協働や共同を避けることができないからである。

　ドイツの教育学者ベンナー（Benner, D.）はこのような事態を「実践的循環の崩壊」と呼び，次のように述べている（渡邉 2015, pp. 96-97）。

> この実践的循環の支配する世界においては，道徳は習慣という形で一般に承認されており，生活規範は全ての人にとって自明のものと感じられている。これは，いわば，理論と実践，理念的価値と現実が分裂する以前の世界である。しかし，実践的循環の崩壊によって，以前には真として通用していた生活規範の自明性に疑いが差し挟まれ，直接的経験的必要から規定されていた人間存在を，新たに，理念によって構想しなければならなくなったのだ。

　近代以後の世界では，道徳は，その社会の統一性を保障するものとして，習慣がもつ自明性のなかにあると相変わらず考え続けることができにくくなった以上，その自明性に対する疑いから，社会を構成する人としてあるべ

き在り方をある一定の理念として構想するしかなくなるというのである。このような事態においては，一国の範囲内に限定しても対立を生じさせるが，今日のようにグローバル化に象徴されるように，一国の範囲を超え出ざるを得ない時代には，その対立は一層大きくなると考えられる。

　では，この二律背反的問題を解決する手がかりはあるのだろうか。筆者は，理想を基点として考えるのではなく，むしろ現実の生活の場を基点にして，教育と道徳教育を考えることを提案したい。現実を無条件に肯定することではなく，また，反対に現実を否定し，こんなはずではないと考え，一転して理想に走るのではなく，問題や課題が生じている現実から目を背けないで，現実の生活の場が直面している問題や課題の解決を子供たちが力を合わせて共に探ることである。その鍵を握るのは，「合理性」である。それは量的な合理性ではなく，一人一人の納得を基準において成り立つ合理性である。われわれの身近な社会にあって，誰もが大切にしたいと思っているのはこちらの合理性であろう。多くは望まないが，今よりはましなものにしたいというのはこれである。

2. 道徳教育の基盤としての教室の人間関係

　近代においては，道徳は個々人に焦点づけられ，生き方や在り方としてとらえられることが多い。それは否定しないが，その基盤にある，人々による日々の生活の営みを外すわけにはいかない。生活はある特定の場のなかで他者と共に営まれる。その場を，ユルゲン・ハーバーマス (Habermas, J.) にならって「生活世界」と呼んでおこう。道徳という観点でこれを見ると，それは「社会的世界」と呼ばれる。それは人と人のつながり，つまり関係 (relation) が営まれる場である。この社会的世界を構成するのは，そこで構成員に共有されている規範や価値である。それらはその社会的世界の複雑さに応じて多様である。しかもそれぞれの社会的世界が様々な顔をもつのであるから，規範や価値の集合は，単に集合なのではなく，それぞれの社会の在り方に対応した独自の構造をもっていると考えられる。その構造を「規範構造」と呼ぶとすれば，先の納得を基準にした合理性は，規範構造の正当性についての主体の判断の合理性を意味すると考えられる。ハーバーマスは，法，宗教そして

道徳は単に経済的な生産様式の二次的な表現ではなく，それらは独自の発展をすると考える。つまり，社会の基盤にある規範構造が，諸主体のコミュニケーション的行為（言語活動）においてその正当性が吟味され，組み替えられ，社会的な諸関係の在り方が発展していくと考える。そして同時に，それを担う諸主体の在り方も発展していくのである。社会の進化がそれを担う諸主体の発達と平行していると考えているのである（ピュージ 1993, pp. 55-68）。

このように考えてくると，子供たちが学んでいる学校の教室は，一人一人が学ぶ場であると同時に彼らが営む人間関係の舞台でもある。この舞台は学校という特殊な空間のなかにあるのだが，そこには，子供たちによって外の世界の様々なものがもち込まれる。それらを合理性という基準で見直しながら整理し，組み替えていく。このように考えると，教育や道徳教育は，二元的思考によるそれらとは異なるまったく別の様相を帯びることとなる。

第4節　道徳授業の実践的モデル

1. 道徳授業構築の視点

以上のような道徳教育の構想を「特別の教科　道徳」となった「道徳科」における道徳授業に具体化する上で必要と思われる視点を示すとすれば，それは以下のようになるであろう。

（1）伝達から創造へ

子供たちは，すでに家庭や地域社会における生活経験からその生活の基盤にあった文化的・社会的価値内容に関する一定の理解をもっている。すでにもっているものに対しては，子供たちは各々が何らかの妥当性を付与しており，たとえ無自覚的ではあっても，「正しい」と見なしている。学習の課題は，その「正しい」の吟味である。問題は，より広い，より複雑な状況でもその「正しい」が維持できるかどうかである。道徳授業の課題は，子供たちが一定の状況で生じる問題に取り組み，一人一人の考え方をより妥当なものへ変えることである。換言すれば，新たな妥当性の了解による価値内容の理解である。それは価値の伝達ではなく，子供たちによる新たな価値の創造である。

(2) 行為とその規範の根拠の学習

 日常生活のなかで現実に子供たちが直面するのは，価値ではなく，一人一人の行為である。また，問題を生じさせるのも行為である。したがって，(1)を可能にする授業は，行為とその行為を「正しい」と規定している規範・価値を問うものでなければならない。「なぜそうすることが正しいのか（あるいは，正しくないのか）」。

(3) 根拠のより合理的な理解（普遍性）の追求

 行為の正しさの根拠は，子供の成長に従って変化する。その変化は場の変化に対応している。私的な場から公的な場へ，心情的なものから合理的なものへ。心情を軽視するのではなく，心情を大切にするためにも合理的な思考への発展が必要である。

(4) 相互行為としての道徳学習

 一般に社会的規則が一人でつくり，一人で従うことができないのと同じように，道徳的行為を規定している規範も一人でつくり，一人で従うことはできない。それは常に他者との共同のなかで行われる。したがって，行為の規範とその根拠の学習（道徳学習）は，教室における共同活動でなければならない。その共同活動は話し合いによって展開される。

(5) 規範の見直しはその場の変容を生み出す

 規範は行為を規制することによって，その行為がなされる場の規範構造を形成しその場を構成する。その場と規範構造を構成する構成員によって規範の根拠の見直しが行われ，その規範構造が変更される。それによって，その根拠に基づく場（人間関係）も変化する。問題はその見直しの仕方である。

(6) 話し合いが成立するための条件

 話し合い（討議）が成立するための条件には，ハーバーマスによれば，以下の三つがある（ハーバマス 1991, pp. 190-191 参照）。

 ①「ディスクルスの原則」

話し合いにおいてある規範が妥当性をもつものとして承認され，それがすべての構成員に受け入れられるのは，すべての構成員がその話し合いに参加できる場合だけである。逆にいえば，すべての構成員が参加してある規範が妥当性をもつと承認されたなら，すべての構成員はそれに従わなければならない。そこに強制が介入していれば，あるいは不本意なものが介在していれば，違反や軽視に理由を与えることとなる。
　②「普遍化原則」
　さらに話し合いによる合意内容が誰にとっても正しいものである（普遍性をもつ）ためには，それに従った場合に生じると予想される結果を誰もが受け入れることができる必要がある。その誰もがの範囲は，必ずしも教室の仲間に限定されない。それは子供の成長に従って広がる。
　③「理想的発話状況」
　話し合いは，ある課題を設定し，その解決を求めて参加者が各自の意見を理由や根拠を示しながら述べ合うことであるが，そのような話し合いが成立するためには，参加者に分け隔てなく意見を述べる権利が保障されていなければならない。その際，意見の妥当性はその理由や根拠に求められなければならない。これは「真理の合意理論」ともいわれるが，価値や規範の正当性にも妥当する。
　また，①と②を達成できる話し合いは，上記③を満たすものでなければならない。そのためには，ルールに従った話し合いへの日常的な取り組みの積み重ねが必要である。その際，話し合いの停滞を回避するために教師が示唆的に介入することは避けられない。しかし，だからといって「正しい」「正しくない」を決定する権限を教師がもつかのような指導は慎まなければならない。

2. 道徳授業モデル
(1) 目標
　授業の目標は，価値の伝達ではなく，創造である。一定の問題状況のなかにある課題を解決するためにどうする（行為する）ことが正しいと考えられるか，そしてそれはなぜかを追求することによって，価値の正当性に気づく

ことであり，発見することである。また，授業の最終目標は，個々人の道徳性の発達を達成することであるが，授業のなかで子供たちが追求するのはむしろ授業において設定された課題を解決することである。学級の全員がそれに取り組むことによって，学級の規範構造が質的に発展するのである。その成果として達成される一人一人の子供たちの道徳性は，単に個人の内面の枠内でとらえられた道徳性ではなく，他者とのかかわりを踏まえた，より現実的なものとして発達する。それは相互行為調整能力であり，コミュニケーション能力である。

(2) 学習活動

授業において子供たちが展開する学習活動は，授業において設定されている問題を解決するために，子供たちが取るべき行為をその理由を明確にしながら追求する話し合い活動である。その話し合い活動が学級の規範構造の組み替えにつながるためには，話し合い活動それ自体が話し合いのルールに従って展開していなければならない。それは以下の六つにまとめることができる。

①誰も自分の意見を言うことをじゃまされてはならない。
②自分の意見は必ず理由を付けて発言する。
③他の人の意見にははっきり賛成か反対かの態度表明をする。その際，理由をはっきり言う。
④理由が納得できたらその意見は正しいと認める。
⑤意見を変えることができる。ただしその理由を言わなければならない。
⑥みんなが納得できる理由をもつ意見は，みんなそれに従わなければならない。

(3) 教材資料

授業において使用する教材資料は，結論の出ていない，いわゆる葛藤資料が望ましいが，その他の資料でも差し支えない。ただ学級において実際に生じている課題は，子供たちが話し合い活動を上記のルールによって展開することが困難な場合があることを考慮するなら，なるべく避けたほうが望まし

いと思われる。そのような課題は学級活動で扱うことがよりふさわしいとも思える。

(4) 授業展開
①主人公の抱える葛藤課題の解決
　子供たちにとって身近な諸問題は，多くの場合解決を必要とするものであるから，「どちらにすべきか」ではなく，「どうすべきか」を理由を検討しながら追求する。また，主人公が直面している葛藤を価値と価値の葛藤ととらえるのではなく，行為と行為の対立，あるいは行為を規定している規範と規範の対立と考える。したがって，終末はオープンエンドではなく，クローズドエンドとする。ただし，最終的に必ずしも解決にいたらなくてもよい。

②授業の流れ
　必ずしも１時間扱いに否定的ではないが，話し合いを深めるために２時間扱いとして構想する。第１次では，資料を提示し，主人公の直面している課題を把握した上で，一人一人が「どうすべきか」という葛藤課題に取り組む。その際，「今日解決したい問題は何か」を確認し，その上で「根拠を明確にした判断」を行うのであるが，学年によっては明確な根拠（理由）をグループで考え合うことで全体での討議がしやすくなるであろう。最終的に一人一人の判断と根拠を決め，道徳学習ノートに書き，提出する。
　第２次では，まず話し合いのルールを確認し，「みんなが納得できるクラスの考えをつくる」ことを併せて確認する。その上で，第１次での葛藤課題と自分の判断と理由を確認する。その際，考えが変わった場合には，理由をはっきり述べて，判断を変えてもよいことを児童に説明する。
　前時に児童が行った判断とその理由をあらかじめ短冊に書いておき，それらを黒板に張っておく。そして納得のできるものかどうかを話し合いの中心におく。その際，行為の結果を考えることが具体的に考える手がかりとなる。すでに出ている数多くの理由を絞り込んでいき，「どうすべきか」を決めていくことが話し合いの具体的な活動になる。全体の授業の流れについては，【資料の提示→課題（問題）把握→解決の探索→根拠を明確にした判断→討

議（話し合い）→合意・了解】が基本的なものと考えている。

おわりに

　教育には超えがたい大きな困難がつきまとっていると筆者は考えている。「人間は教育によってはじめて人間になることができる」とは，18世紀の有名な哲学者の言であるが，その当人が「私は強制によって自由を育てようとしている」と述べていることは，われわれの取り組むべき課題でもある（カント1986，参照）。それは，近代の最大の哲学者の課題でもあり，その解決に成功することができなかった問題である。この問題を学校の教育と道徳教育は背負っている。今日若い人たちの触法行為の減少傾向のなかで，同じ若者の間での暴力行為や死に至らしめる残虐な行為が問題とされているが，いじめ問題と並んで学校の道徳教育がその克服を回避できない課題である。時代の大きな変化のなかで，これまで先送りされてきた根本的な問題がその姿をあらわにしてきたということなのであろうか。ともあれ，本書はその課題への一つのささやかな提案を行うものである。

学習課題

（1）教育や道徳理解の二元的対立とは何か。
（2）価値観相対化状況のなかであり得る道徳学習はどのようなものか。
（3）話し合い活動を効果的なものにする工夫はどのようなものがあるか。

〈引用・参考文献〉
・大庭健ほか編『現代倫理学事典』弘文堂，2006年
・金子武蔵編『新倫理学事典』弘文堂，1970年
・カント，I., 三井善止訳『人間学・教育学』玉川大学出版部，1986年
・ハーバマス，J., 三島憲一ほか訳『道徳意識とコミュニケーション行為』岩波書店，1991年
・ピュージ，M., 山本啓訳『ユルゲン・ハーバマス』岩波書店，1993年

- 森昭『現代教育学原論』国土社，1968 年
- 渡邉満「学校の道徳教育と道徳授業の可能性を拓く」，教育哲学会『教育哲学研究』第 112 号，2015 年
- 渡邉満ほか編『シリーズ「特別の教科　道徳」を考える 1～3』北大路書房，2016 年
- 大津市立中学校におけるいじめに関する第三者調査委員会「調査報告書（平成 25 年 1 月 31 日）」http://www.city.otsu.lg.jp/kosodate/kenzen/taisaku/1442305508389.html（2016.10.23 最終確認）
- 文部科学省「子どもの『命』を守るために」http://www.mext.go.jp/component/a_menu/education/detail/__icsFiles/afieldfile/2012/09/05/1325364_1_1.pdf（2016.10.23 最終確認）
- 文部科学省，中央教育審議会「道徳に係る教育課程の改善について・答申（平成 26 年 10 月 21 日）」http://www.mext.go.jp/b_menu/shingi/chukyo/chukyo0/toushin/__icsFiles/afieldfile/2014/10/21/1352890_1.pdf（2016.10.23 最終確認）
- 文部科学省，中央教育審議会初等中等教育分科会教育課程部会「「次期学習指導要領等に向けたこれまでの審議のまとめ（平成 28 年 8 月 26 日）」http://www.mext.go.jp/component/b_menu/shingi/toushin/_icsFiles/afieldfile/2016/09/09/1377021_1_1_11_1.pdf（2016.12.14 最終確認）

第1章

道徳教育の目標

　本章では，学校における道徳教育の前提となる人間像や道徳教育の構造を踏まえ，「学校における道徳教育の目標」と「特別の教科　道徳の目標」についての理解を深めた後，道徳的実践につながる道徳学習の実践に向けて，教師に求められる意識と授業のポイントについて学びます。

　本章の学習を進めるに当たっては，(1) 道徳の現代的課題と教科化に至るプロセスを十分に意識し，(2) 自己の生き方とも関連づけながら，主体的かつ効果的な学習を進めていくことを心がけてください。

キーワード

道徳の教科化，道徳教育の構造，道徳教育の目標，道徳的実践，課題意識，実践意欲

第1節 「特別の教科　道徳」が目指す道徳教育

1. 道徳の教科化をどのようにとらえるか

　序章において述べられたように，2015（平成27）年の学校教育法施行規則と学習指導要領の一部改正によって，1985年以来の「道徳の時間」が「特別の教科　道徳」へと改められ，わが国の学校における道徳教育は，大きく転換することになった。これにともない，小学校および中学校の学習指導要領が一部改正され，これまで「領域」として位置づけられてきた「道徳の時間」は，小学校では2018年度から，中学校では翌2019年度から，「特別の教科　道徳」として実施されることとなる。

　ここで注意しておかなければならないことは，厳密には，この転換が「道徳の授業」を対象としたものであるということである。すなわち，道徳の教科化とは，学校における道徳教育の教科化ではなく，あくまでも，学校における道徳教育の一部である「道徳の授業」を対象とする「道徳の時間」から「特別の教科　道徳」への転換を意味するものに過ぎないのである。

　しかしながら，この転換は，単に学校における「道徳の授業」の制度上の改革としてとらえられることはなかった。すなわち，この転換は，「道徳の授業」の実践の場である学校に留まることなく，広く家庭や社会に対しても大きな影響を与えるものとなったのである。つまり，道徳の教科化は，学校関係者に加え，保護者や地域の人々をも巻き込みながら，学校における道徳教育の改善・充実に向けた国民的な議論を呼び起こす端緒となったのである。このことは，道徳の教科化へと至るプロセスがいじめや不登校など，児童・生徒の問題行動を直接の契機としていることに起因することによるものと考えられる。事実，2013年の教育再生実行会議の「いじめの問題等への対応について（第一次提言）」では，道徳の教科化が深刻化する「いじめ問題」の本質的な問題解決に向けた対策の一つとして位置づけられている。

　確かに，道徳の教科化は，児童・生徒の問題行動を直ちに軽減したり，解決したりするものではない。それにもかかわらず，道徳の教科化に大きな期待が寄せられ，学校における道徳教育の改善・充実が様々なかたちで叫ばれ

たのは，この転換が，よりよく生きることを志向する児童・生徒を励まし，育てようとする人々の切実な思いに呼応するものとして受け止められたからであると理解することができる。それはまさに，日々の生活のなかで，よりよく生きることを志向する児童・生徒の直面している不安や苦しみ，さらには，目を覆いたくなるほどの事件や犯罪などの深刻な現実をもはや看過することはできないという思いが具現化されたものであるといえる。

　このような思いは，道徳の教科化への賛否や拠り所となる道徳観の相違を超えたところにあるすべての人々に共通することがらであるといっても過言ではない。したがって，道徳の教科化は，帰着点ではない。それは，これからの時代を生きる児童・生徒のための新たな道徳教育を創造していくための出発点としてとらえられなければならないものなのである。

2. 学習指導要領に示された人間像から導かれる道徳教育の意義

　人間は誰しも，よりよく生きることを志向している。「小学校学習指導要領解説　特別の教科　道徳編」では，「人間は本来，よりよく生きようとする存在であり，そのために人間性をより高めようと努めるすばらしさをもっている」存在であると語られている。「人間は，総体として弱さはもっているが，それを乗り越え，次に向かっていくところにすばらしさがある」という「中学校学習指導要領解説　特別の教科　道徳編」の記述も，同じ人間像を表している。これらの指摘を待つまでもなく，人間は，確かに弱さや醜さをもっている。しかしながら，人間には，これらを克服したいと願う心もある。そして，人間は，これらを克服するための強さや気高さをもっている。

　道徳教育は，学習指導要領に示されたこのような人間像を前提とすることによってはじめて可能となる。人間は，弱さや醜さを乗り越えることによって生きる喜びを感じる。それは，「自己満足ではなく，人間としての誇りや深い人間愛でもあり，崇高な人生を目指し，同じ人間として共に生きていくことへの深い喜び」である。ここに，すべての児童・生徒がこのような喜びを実感するためのあらゆる働きかけを道徳教育として理解することができる。すなわち，道徳教育とは，よりよく生きようとする意欲をすべての児童・生徒の内に認め，彼らの生き方を支え，励ます営みに他ならないのである。

しかしながら，道徳教育の核心となるよりよく生きるための基準は，必ずしも普遍的ではない。道徳には，社会の要請としての側面と個人（良心）の要請としての側面を認めることができるが，情報化やグローバル化などの急激な社会の変化とこれにともなう個人の価値観の多様化が進展したことによって，よりよく生きるための基準は，社会にとっても，個人にとっても，相対化されている。したがって，現代においては，よりよく生きるための基準が，社会と社会，個人と個人，さらには，個人と社会との関係において，時に鋭く対立し，矛盾したものとなる。それどころか，よりよく生きるための基準の存在自体が疑われるようになっている。

　このことが，家庭や社会，学校の道徳力の低下をもたらしている最大の要因であるといっても過言ではない。実際，このような状況のもとで，絶え間なく生ずる具体的な問題の一つ一つと誠実に向き合い，自己の道徳的価値を疑うことなく，道徳的な判断を積み重ねていくことは，ほとんど不可能であるといえる。それは，児童・生徒に限らず，大人にとっても同様である。私たち人間は，それでもなお，よりよく生きることを志向する。そのため，私たちは，「人間は，向上に努力する限り，迷うものである」とのゲーテの言葉のとおり，よりよく生きるための基準を求め，努力し，思い悩むのである。ここに，道徳教育の本来の意義が存在しているのである。

3. 学校における道徳教育の構造

　このような意義に基づき展開される学校における道徳教育は，「特別の教科　道徳」において行われる道徳教育と「学校の教育活動全体」を通じて行われる道徳教育による二重構造をなしている。この二重構造は，教科化される以前の「道徳の時間」が設置されて以降，現在まで変わらず維持されてきたものである。道徳の教科化の過程においても，たとえば，文部科学省が2013年に設置した「道徳教育の充実に関する懇談会」の報告では，（学校における道徳教育を）「学校の教育活動全体を通じて行うという現行学習指導要領の考え方は，今後とも重要であり，引き続き維持していくことが適当である」ことが指摘され，「小学校学習指導要領解説　特別の教科　道徳編」でも，「これまでの『道徳の時間』を要として学校の教育活動全体を通じて行うと

いう道徳教育の基本的な考え方を，適切なものとして今後も引き継ぐ」ことが明記されている。すなわち，「特別の教科　道徳」において行われる道徳教育と「学校の教育活動全体」を通じて行われる道徳教育とは，相互に緊密な連関をもちながら互いに影響を及ぼし合う関係のもとで，学校における道徳教育の充実という共通の課題の克服を目指すものなのである。

　これは，学校における道徳教育が「人格形成の根幹であると同時に，民主的な国家・社会の持続的発展を根底で支える」ものとしてとらえられていることによるものであると理解することができる。すなわち，学校における道徳教育は，教育基本法の第1条に規定された「人格の完成を目指し，平和で民主的な国家及び社会の形成者として必要な資質を備えた心身ともに健康な国民の育成」を目指して営まれる学校の教育活動全体の確かな基盤としてとらえられなければならないものなのである。それゆえに，「小学校学習指導要領」および「中学校学習指導要領」では，学校における道徳教育が，道徳の授業の指導と各教科等の特質を生かした指導との密接な関連のもとで展開されるべきものとしてとらえられているのである。

　このことが，たとえば，「小学校学習指導要領」では，「学校における道徳教育は，特別の教科である道徳（以下「道徳科」という。）を要として学校の教育活動全体を通じて行うものであり，道徳科はもとより，各教科，外国語活動，総合的な学習の時間及び特別活動のそれぞれの特質に応じて，児童の発達の段階を考慮して，適切な指導を行わなければならない」と記されている。すなわち，学校における道徳教育では，各教科，外国語活動，総合的な学習の時間，特別活動の「指導計画の作成と内容の取扱い」に示された内容の指導を「要」として位置づけられた「特別の教科　道徳」において，補い，深め，発展・統合させるなどして，実質化していくことが期待されているのである。

4．学校における道徳教育の目標

　学校における道徳教育が「学校の教育活動全体を通じて行うもの」であることから，その目標は，小・中・高等学校の各学習指導要領においても，第1章総則に示されている。各学習指導要領の文言は異なるものの，学校にお

ける道徳教育が「教育基本法及び学校教育法に定められた教育の根本精神に基づき」行われるべきものであること,「道徳性を養うことを目標とする」ものであることは,共通している。

　一つめの,学校における道徳教育が「教育基本法及び学校教育法に定められた教育の根本精神に基づき」行われるべきものであるということは,学校における道徳教育が,究極的には,教育基本法の第1条に示された「人格の完成」を目指すものであることを意味している。このことは,「人格の完成」を実現するための目標（教育基本法第2条）,さらには,義務教育の目的（同第5条）や目標（学校教育法第21条）などに依拠するものとして道徳教育の目標が規定されていることを内実としている。したがって,学校における道徳教育の目標は,「人格の完成」という究極目標へと至る体系のもとに位置づけられるものとなる。このことは,「特別の教科　道徳」において行われる道徳教育はもちろん,発達の段階や個々人の特性,各教科等の特質などに応じて展開される個々の学校の教育活動を通じて行われる道徳教育もまた道徳教育の目標へと至る体系としてとらえられるべきこと,そして,学校における道徳教育が家庭や社会における道徳教育と連携すべきであることを黙示するものでもある。すなわち,学校における道徳教育の目標は,一方では,児童・生徒の「人格の完成」を実現するための不可欠なことがらとして,他方では,学校の教育活動全体を通じて行われる道徳教育の体系化を要求するものとしてとらえることができるのである。

　また,二つめの,学校における道徳教育が「道徳性を養うことを目標とする」ものであるということは,学校における道徳教育が,実質的には,各教科等の目標とは異なる固有の目標をもつことを意味している。「道徳性」については,たとえば,「小学校学習指導要領解説　総則編」と「中学校学習指導要領解説　総則編」では,「人格の完成及び国民の育成の基盤」「自立した人間として他者と共によりよく生きるための基盤」「よりよく生きるための営みを支える基盤」「道徳的行為を可能にする人格的特性」「人格の基盤」など,様々な表現によって説明されている。さらに,「高等学校学習指導要領解説　総則編」でも,「道徳性」が「人間としての本来的な在り方やよりよい生き方を目指してなされる道徳的行為を可能にする人格的特性であり,

人格の基盤をなすもの」「人間らしいよさであり,道徳的諸価値が一人一人の内面において統合されたもの」と述べられている。これらのことから,「道徳性」とは,人間が人間として人間らしく生きていくための土台であると考えることができる。すなわち,学校における道徳教育には,よりよく生きようとする児童・生徒の人格的特性を学校におけるすべての教育活動において,統合的・総合的に育むことが求められているのである。

5.「特別の教科 道徳」の目標

　学校における道徳教育の「要」である「特別の教科 道徳」の目標は,「小学校学習指導要領」および「中学校学習指導要領」第3章に示されている。学校における道徳教育が「人格の完成」を目指す教育のもとに位置づけられるものであるのと同じく,「特別の教科 道徳」もまた,学校における道徳教育のもとに位置づけられるものである。このことから,「特別の教科 道徳」の目標は,一方では,学校における道徳教育の目標と共通の目標をもつものとして,他方では,固有の目標をもつものとしてとらえることができる。それゆえに,「小学校学習指導要領」では,「特別の教科 道徳」の目標が,「第1章総則の第1の2に示す道徳教育の目標に基づき,よりよく生きるための基盤となる道徳性を養うため,道徳的諸価値についての理解を基に,自己を見つめ,物事を多面的・多角的に考え,自己の生き方についての考えを深める学習を通して,道徳的な判断力,心情,実践意欲と態度を育てる」と記されている(「中学校学習指導要領」の記述との相違は,「物事を広い視野から多面的・多角的に考え,人間としての生き方についての考えを深める学習を通して」の下線部2個所である)。

　この引用で,「第1章総則の第1の2に示す道徳教育の目標に基づき,よりよく生きるための基盤となる道徳性を養うため」の部分は,「特別の教科 道徳」が,最終的には,学校における道徳教育と同じく,児童・生徒の「道徳性」を育むことを目標とするものであり,児童・生徒の「人格の完成」を目指すものであることを表している。したがって,「特別の教科 道徳」の固有な目標を表しているのは,これ以降の部分となる。すなわち,「道徳的な判断力,心情,実践意欲と態度を育てる」ことが「特別の教科 道徳」の

固有な目標となるのである。「道徳的な判断力，心情，実践意欲と態度」は，「道徳性」を構成している様相であるが，「小学校学習指導要領解説　特別の教科　道徳編」では，学校教育において道徳教育を行う場合のとらえ方が規定されている。それによると，道徳的判断力とは「それぞれの場面において善悪を判断する能力」であり，道徳的心情とは「道徳的価値の大切さを感じ取り，善を行うことを喜び，悪を憎む感情」であり，道徳的実践意欲と態度とは「道徳的心情や道徳的判断力によって価値があるとされた行動をとろうとする傾向性」であるとされる（これらの様相の説明は，「中学校学習指導要領解説　特別の教科　道徳編」においても共通する）。「道徳的な判断力，心情，実践意欲と態度」は，序列や段階をもつものではなく，互いに影響を及ぼし合いながら，「道徳性」を構成するものであるとされる。それゆえに，「小学校学習指導要領解説　特別の教科　道徳編」および「中学校学習指導要領解説　特別の教科　道徳編」では，これらの様相が「道徳的価値を自覚し，自己の生き方についての考えを深め（著者注：中学校の場合は「人間としての生き方について深く考え」），日常生活や今後出会うであろう様々な場面，状況において（著者注：中学校の場合は「場面及び状況において」），道徳的価値を実現するための適切な行為を主体的に選択し，実践することができるような内面的資質を意味している」とされるのである。

6.「特別の教科　道徳」の目標の実現に向けて

　人間は，いつの時代も，日々の生活のなかで様々な課題に直面し，よりよく生きることを迫られてきた。かつて，閉ざされた社会のなかで生きることが可能であった時代には，個人の成長を可能とする価値は，社会の発展を可能とする価値と一致していた。したがって，個人は，社会の発展を支える価値を認め，受容することによって，よりよく生きることができた。しかしながら，グローバル化が進み，開かれた社会のなかで生きることが求められる現代では，社会の発展を可能とする価値と個人の成長を可能とする価値の乖離が生じるようになった。社会の急激な変化は，あらゆる価値の基礎を揺るがし，相対化させている。道徳的価値についても，これまでの絶対性と安定性が疑われるようになり，対立や矛盾が指摘されるようになった。「親切」

な行為は，時に悪意によるものと疑われ，「正直」な言動は，時に人を傷つける危険をもつものとしてとらえられる。このような状況が，よりよく生きることを志向する人間に混迷をもたらし，よりよく生きるための基準を社会の内に見出すことを困難なものとしている。したがって，よりよく生きるための基準は，もはや個人の内に見出され，社会において，その合意が目指されなければならない。

　それゆえに，「特別の教科　道徳」では，まず，児童・生徒一人一人の判断や行動の基準となる道徳的価値観が問われ，次に，固有の性質と多様な経験によって形成される児童・生徒の異なる道徳的価値観の合意が目指されることになる。確かに，児童・生徒一人一人の道徳的価値観の優劣は，存在しない。しかしながら，人間がよりよく生きることを社会のなかで志向する存在である以上，道徳的価値観の相違は，可能な限り克服されなければならない。そのため，道徳の教科化は，「考える道徳」「議論する道徳」への転換ともいわれるのである。「特別の教科　道徳」の授業において目指される合意は，言うまでもなく，一方が他方に無条件で譲歩するものでもなければ，一方に結論を任せてしまうことでもない。それは，個人の道徳的価値観を捨て去ることではなく，一定の条件のもとで，道徳的な課題の解決を検討するなかで，もっともよいと思われるものに同意するということに他ならない。

　学習指導要領では，このことが，「道徳的諸価値についての理解を基に，自己を見つめ，物事を（著者注：中学校では，「広い視野から」を追加）多面的・多角的に考え，自己の（著者注：中学校の場合は，「人間としての」に変更）生き方についての考えを深める」と述べられている。すなわち，「特別の教科　道徳」では，児童・生徒一人一人が道徳的価値を主体的に吟味し，道徳的価値をよりよく生きるための不可欠なことがらとしてとらえ直すと共に，個性や経験に基づき異なる文脈において見出された道徳的価値を相互に認め合うことのできるものへと高め，自己の生き方へと反映させていくことが求められているのである。

第2節　道徳的実践につながる道徳学習

1. 道徳的実践につながるということ

　道徳的実践につながる道徳学習とはどのような学習のことだろうか。次の事例は道徳教育の視点から見て「道徳的実践につながる道徳学習」となっているだろうか。

> 運動会数日前の道徳科で，［信頼，友情］についての授業を行った。授業の終末で，教師が「今度の運動会で，今日学んだ『友達の気持ちを考えて助け合う』ということを一人一人が，心がけてがんばりましょうね」と語った。

　答えは，この事例は道徳教育が目指す「道徳的実践につながる道徳学習」となっていない，である。「小学校学習指導要領解説　特別の教科　道徳編」では，道徳の授業において道徳的諸価値の理解を目指す目的を「児童が将来，様々な問題場面に出会った際に，その状況に応じて自己の生き方を考え，主体的な判断に基づいて道徳的実践を行うため」としている。つまり，道徳の学習は，数日後の運動会のために行われるものではなく，いつかはわからないが子供の人生において，よりよく生きていくために実践へと向かう力になることをねらって行われるものなのである。それゆえに，道徳的実践につながる道徳学習を考えるとき，教師は現在の子供の姿だけでなく，今後成長した子供の姿を想定し，将来自立した一人の人間として必要な道徳性を育てているという意識をもつことが必要である。言うなれば，道徳の学習は，子供が自己の生き方のヒントを見つける時間なのである。いつ使うのか，どうやって使うのか，それは人それぞれ異なるが，道徳科の学習は，子供自身が，現在の自分，もしくは未来の自分に必要な生き方のヒントを得て積み上げていくようなものであるべきなのである。

2. 教師の意識

　道徳科の学習は，学校で行われる道徳教育の「要」である。「要」とは，

道徳科に一つの道徳的価値を取り上げ，教師も含めた学級全員でお互いの考えを交わし，自分の道徳性を高めていくということを意味している。道徳科の学習は，子供の日々の生活，つまり子供の生き方とつながっていなければならないのである。そのためには，教師自身が「道徳の学習は，子供の日々の生活，生き方とつながっている」という意識をもっていることが大前提となる。

下に，二つの道徳科の学習の導入時の教師の発問例を挙げている。AとBどちらの教師が，道徳と子供の日々の生活，生き方のつながりを認識しているといえるだろうか。

A「今日は，『友情』についてみんなで考えていきますよ」

B「自分は日頃から周りの友達と友情を高めることができていると思いますか」

答えは，"B"である。Bのように道徳の学習と日々の生活とのつながりを意識している教師は，子供の日々の生活をよく見ていて，一人一人の道徳性の発達段階や課題を把握することができている。それゆえに，道徳科で読み物教材を扱っても，ねらいとする子供の道徳性の育成を忘れず，日々の生活での子供の道徳性の発達段階や課題を意識しながら授業を進めることができる。以上のように，教師が道徳科の学習と子供の日々の生活，生き方とのつながりを意識できていることを前提として，道徳的実践につながる道徳学習について考えていきたい。

道徳的実践につながる道徳学習とするために，とくに大事にしたいことは，子供の課題意識と実践意欲の2点である。

3. よりよい生き方に向かう課題意識

新学習指導要領には，道徳科の目標が次のように書かれている。

> 道徳教育の目標に基づき，よりよく生きるための基盤となる道徳性を養うため，道徳的諸価値についての理解を基に，自己を見つめ，物事を多

面的・多角的に考え，自己の生き方についての考えを深める学習を通して，道徳的な判断力，心情，実践意欲と態度を育てる。

　つまり，道徳科の授業とは，自己の生き方を考える時間なのである。しかし，授業の中心として扱うのは，他者の生き方が反映された教材である。自分自身の生き方を問題として直接扱うのは学級活動であり，読み物そのものの読み取りを行うのは国語科である。道徳科は，他者の生き方を自分との関わりのなかで考えていく。そのため，授業の最初から最後まで子供が自己の生き方を常に意識しながら，考えを深めていくことができるようにしていく必要がある。その常に意識していく自己の生き方とは，課題意識をもつ部分の生き方のことである。

　自己の生き方に対する課題意識とは，「どうしたらできるようになるのだろう」「～とは，どういうことだろう。もっと考えてみたい」など，自己の考え方や行動,つまり自己の生き方に対して疑問や追求心をもつことである。疑問や追求心は，自己の生き方について自分が満足のいく部分と不満足に思う部分とを把握していることから生まれてくる。それゆえに，道徳科の導入では，子供が自己の生き方について満足のいく部分と不満足に思う部分に気づくようにすることが必要になってくる。たとえば，例1のように子供が自分自身を見つめることができるような導入を行う。

●例1　自己の生き方に対する課題意識をもつ授業の流れ

> T：自分が正しいと思ったことをいつでもきちんと行うことができていますか。
> C：発表したほうがいいと思うけど，なかなか手を挙げられない。
> C：下級生にはできるけど，仲のよい友達に注意ができない。
> T：正しいことをできるときとできないときがあるのですね。

　このとき，自分で把握した自己の生き方（考え方や行動）をノートなどに記述しておくことが望ましい。振り返った自己の生き方は，文字にして残すことによって，自分を客観的に見ることにつながると同時に，道徳の時間の

第1章 道徳教育の目標

学習を振り返って自己評価を行う際にも自己の成長に気づくための大切な手がかりとなる。

　自己の生き方について把握できた後は，それに対する課題意識を道徳の時間に扱う教材の登場人物の生き方と照らし合わせ，登場人物の生き方についての疑問や追求心へとつなげていく必要がある。これが，学級活動でも国語科でもない道徳科らしい授業をつくっていくための重要な過程である。

　図 1-1 のように，子供は自己の生き方に対する疑問や追求心をもった上で教材に出合う。その後，自己の生き方に対する疑問や追求心を解決するために，この教材で何を考えていけばよいのかという視点で教材を読む。このことによって，子供は，教材の登場人物の生き方について「あの登場人物は，どうしてあの行動ができたのだろう」「あのときの登場人物の気持ちや考えをみんなと考えていきたい」などの疑問や追求心をもつことができる。この時点で，子供は自己の生き方と教材の登場人物の生き方に課題意識をもっている。これら二つの課題意識から，道徳科の授業での学習のめあてを決めていくのである。

図 1-1　課題意識をもとに学習のめあてをもつ

●例2　学習のめあてをもつまでの流れ

> T：今日のお話の主人公の考えや行動について「なぜできたのかな」「詳しく考えたいな」と思うところを探しながら聞きましょう。

>   （教材『よわむし太郎』を範読）
> C：「よわむし太郎」が泣きながら，殿様を止めたわけを考えたい。
> C：どうして「よわむし太郎」が殿様を止めることができたのかについて考えたい。
> T：では，今日のめあてはどうしますか。
> C：「泣きながら殿様を止めた『よわむし太郎』の気持ちを考えて，正しいことをきちんとできるための生き方のヒントを見つけよう」がいいと思います。

　例2は，例1の後に続いて，教材『よわむし太郎』の登場人物の生き方に対して感じた疑問や追求心から学習のめあてへとつなげていくときの授業の流れである。例1の流れのなかで，子供は「正しいと思っているのに，行動に移せるときと移せないときがある」という自己の生き方に対して満足感と不満足感をもっていることを把握し，「どうしたら，いつも正しいと思っていることをできるようになるのだろう」という課題意識をもっている。教師は，その課題意識を学級の多くの子供が同じようにもっていることを確認した上で，教材提示に入る。そのとき，「主人公の考えや行動について〈なぜできたのかな〉〈詳しく考えたいな〉と思うところを探しながら聞きましょう」と投げかけてから教材提示をすることで，子供は自己の生き方への課題意識をもちながら，教材の登場人物の生き方にふれることができるようになる。
　このように，道徳科の学習は，子供が自己の生き方と教材の登場人物の生き方に対して課題意識をもち，それを全体で共通理解してその時間の学習のめあてを子供たちが立てていくことを基本とする。そうすることによって，子供は，自己の生き方を軸にして，日々の生活と道徳で扱う教材を自らつないでいくことができるのである。

4. よりよい生き方を目指す道徳的実践意欲

　道徳的実践につながる道徳学習とするため，もう一つ重要なことは，「よりよい生き方を目指す道徳的実践意欲」である。道徳的実践意欲とは，子供が道徳的諸価値をとらえたり，道徳的諸価値のよさを理解したりすることに

よって,「自分もこのように生きていきたい」「こんな場面があったら,このように行動していきたい」など,よりよい生き方を目指す意識のことである。
　道徳的実践意欲をもつために重要なことは,道徳的諸価値を自分との関わりで理解することである。それでは,「自分との関わりで」とは,どのようなことだろう。たとえば,「正しいことを進んで行うことが大切である」という道徳的価値があったとする。おそらくほとんどの子供は,この道徳的価値を正しいと思っているであろう。このことは,道徳の授業で目指す道徳的諸価値の理解とは,「正しいことを進んで行うことが大切である」という言葉を子供が言えることではないことを示唆している。授業の最後に子供がこの言葉を言うことを目的とする授業は,「教師主導で,わかりきったことを言わせるだけの授業」という質的問題を抱えた授業となってしまう。道徳科の授業で大事にしたいのは,「なぜ正しいことを進んで行うことが大切なのか」「どういう心を大事にすると,正しいことを進んで行うことができるようになるのか」ということに関する学びである。その学びを深めるためには,子供が道徳的価値を「自分との関わりで」考えていくことが必要となる。そのとき大事にしたいのは,「理由づけ」,つまり「なぜ」という考え方である。
　子供が課題意識をもって道徳の授業に臨んでいれば,教材の主人公の行動を支えた思いを考えるときにも,「主人公は,なぜあの行動ができたのだろう」と考える。この「なぜ」という部分,つまり「理由」は,子供一人一人により異なってくる。たとえば,例3を見てほしい。

●例3　登場人物の行動を支えた理由を語る子供

> T：『よわむし太郎』は,どうして泣きながらも殿様を止めることができたのでしょうか。
> C1：白鳥がかわいそうだったから。
> C2：白鳥を好きな子供たちを悲しませたくないから。
> C3：いくら殿様でも,何も悪くない白鳥をむやみに殺していいはずがないから。
> C4：怖かったけど,それより白鳥を殺されたくなかったから。

C1〜C4の子供の語る「太郎が殿様を止めた理由」は,それぞれ異なるが,どれも間違いではない。それぞれの子供がそれまでの自己の体験から引き出してきた理由なのである。登場人物の行動を支えた理由を子供たち一人一人が考えること,これが,「自分と関わりで」考えるスタートである。この後の展開で大事にしたいのは,どの理由が本当なのかではなく,友達が語った理由に納得できるかということである。多様な理由が出れば,そのなかには一見「それは違うのではないか」と思う理由も出てくるだろう。そのとき,例4のように「どうしてそう思うの」「もう少し詳しく教えて」と子供同士で,質問して答え合いながらお互いの考えを深めていく。それが道徳科の授業である。

●例4　自分との関わりで考えを深め合う子供

> T：今聞いた友達の考えに「もっと聞きたいな」と思うことや質問などがありますか。
> C5：C2さんに質問です。太郎はいつも子供にいたずらをされていたのに,子供のために,殿様を止めたりするのですか。
> C2：太郎は子供にいたずらされても,子供が好きだったからだと思います。
> C3：子供が好きだったのもあるけど,それだけではなくて何もしていない白鳥を殺すのがいけないとも思っていたと思います。
> C4：C3さんの考えに賛成です。獲物がないからといって,たまたまいた白鳥を殺すというのは,殿様が間違っていると思います。

　子供たちがお互いの理由を詳しく聞き合うことによって,それぞれの考えは深まっていく。自分の考えの理由を詳しく話そうとすればするほど,子供は自己の体験やこれまでの自分の考えを引き合いに出して考えていくようになる。これが「自分との関わりで」考えていくということである。このように,それぞれの考える理由について「自分との関わりで」考えていくようになると,道徳的諸価値の理解がより深くなっていく。道徳的諸価値の理解が深まると,子供はぜひ自己の生き方でも真似をしてみたい,この考えを大事にしていきたいという道徳的実践意欲をもつようになるのである。

この「道徳的実践意欲」とは，子供の言葉で言えば「〜を大事に考えていきたい」「〜していきたい」という思いであり，自己の生き方の将来的展望のことである。これまでは，道徳の学習において子供が「自分はこれから〜します」というかたちで，自己の生き方を宣言するのはよくないとされてきた。その理由の一つが，子供をある一定の行動に無理に向かわせているように感じられ，道徳で大事にしたい道徳性の発達ということから遠ざかるような印象をもたれることが多かったことである。確かに教師が「これからどうしたいですか」と聞き，それに対して子供が「これからは正しいと思うことを，勇気を出して行います」と言うことだけを目指す授業は，道徳ではない。そこに子供の道徳性の発達は感じられない。

しかし，これまで述べてきたようにこれからの道徳科の授業において，前述のように子供の課題意識を大切にし，子供が自分との関わりで考えていく授業展開を行っていけば，子供が授業でとらえる道徳的価値は，本当に子供自身が納得のいくものとなり，新たな価値を感じるものであるはずである。そうであれば，教師が「これからどうしたいですか」などと実践を意識した発問をしなくても，子供は自分が見つけた生き方のヒントをぜひ自分の生活で生かしていきたいと考えるはずである。つまり，道徳的実践につながる道徳的学習をつくっていこうとするならば，教師は，子供が自分との関わりのなかで本当に納得して道徳的諸価値をとらえることのできる授業をつくっていくことを大事にしなければならないのである。

学習課題

(1) 道徳教育の前提となる人間像について論じなさい。
(2) 学校における道徳教育の目標と道徳科の目標の関係について考察しなさい。
(3) 道徳的実践につながる道徳学習を実現するための教師の役割について具体的に論じなさい。
(4) 道徳的実践につながる道徳学習のポイントを明らかにしなさい。

〈参考文献〉
- 上地完治「道徳の教科化の意味——道徳の時間の特設から積み残された課題」,教育哲学会『教育哲学研究』第 112 号,2015 年
- 皇至道『徳は教えられるか——道徳教育の人生観的基礎』御茶の水書房,1976 年
- 田井康雄『これからの道徳教育原論——「道徳の教科化」を見据えて』学術図書出版,2015 年
- 村井実『「善さ」の復興』東洋館出版社,1998 年
- 村田昇『道徳教育の本質と実践原理』玉川大学出版部,2011 年
- 文部省『小学校道徳の指導資料とその利用 1』1976 年
- 渡邉満ほか編『シリーズ「特別の教科　道徳」を考える 2　小学校における「特別の教科　道徳」の実践』北大路書房,2016 年
- 渡邉満ほか編『シリーズ「特別の教科　道徳」を考える 3　中学校における「特別の教科　道徳」の実践』北大路書房,2016 年

第2章

「道徳科」の内容と道徳理論

　本章では，四つの視点で分類提示されている22個の道徳科の内容項目を支える道徳理論を対自的な道徳理論，対他的・対社会的な道徳理論，対超越者的な道徳理論の3観点から説明し，いじめ問題などの生徒指導上の諸問題への対応を図るための，22項目の重点化の重要性と具体化のための実践的な工夫について述べます。

　学習を進めるに当たっては，今回の改正の発端がいじめ問題等の児童生徒の生徒指導上の諸問題にあったことに留意して，道徳教育と生徒指導上の諸課題との関わりについて学習を深めることが大切です。

> **キーワード**
>
> 重点化，自律と他律，黄金律，私事化，相互行為，生徒指導上の諸問題，話し合いのルールづくり

第1節 「道徳の内容」を支える道徳理論

1. はじめに

　「道徳」が特別の教科になったことで「道徳の内容」に多少の変更が加えられたが，その本質においては従来の内容を踏襲している。そこで四つの道徳の内容の下に記されている各項目（資料集270〜273ページ）にまずは目を通してほしい。一読後，何を感じただろうか。おそらく「誰も否定することのできないりっぱなことばかりが述べられている」という印象をもたれたと思うが，さらに禁止事項がほとんど記されていないことに気づかれただろうか。明確な禁止事項として示されていることは小中学校を通しておよそ次の2点のみである。「うそをついたりごまかしたりしない」「わがままをしない」（いずれも小学校A「主として自分自身に関すること」の第1, 2学年）。

　そもそも道徳は否定と肯定の二つの側面から成り立っている。「嘘をついてはいけない，人の嫌がることをしてはいけない」というような否定的（禁止的）な側面と「思いやりの心をもちましょう，他人に親切にしましょう」というような肯定的側面である。道徳教育とは道徳的判断の未発達な児童生徒に大人の信じる善なる価値観を示すことにあるわけだから，道徳的禁止事項と積極的に行うべき肯定的事項を共に教える必要がある。肯定的事項のみを示す道徳はややもすれば単なる美辞麗句の羅列となり，何ら児童生徒の心に響かず，結果，道徳の形骸化を招いてしまうことになる。

　道徳が否定的（禁止的）命題と肯定的命題の二つから成り立つという単純な理論を意識するだけでも[1]，学習指導要領における道徳の内容項目を教えるだけでは不十分であることを認識することができ，単なる美辞麗句の羅列に終始する道徳ではなく，禁止事項を含んだより具体的な道徳へと発展させることができるのではないだろうか。道徳は常識人であれば誰もが教えることのできるという安易性を有している。しかし教師は教育のプロである以上，単なる常識論・感情論で教えるのではなく理論の裏づけをもって教える必要があるだろう。以下，具体的事例を示しつついくつかの道徳理論を示していこう。

2. 対自的な道徳理論
（1）自律と他律（その1）——プラスアルファの道徳教育

まずは道徳の内容A「主として自分自身に関すること」に関わる対自的な道徳理論から始めよう。ここでは道徳教育において一番重要であるが意外と意識されていない「自律と他律」の理論を示していく。

小学校高学年ないしは中学校の担任の立場で考えてみよう。夏休み前のホームルームの時間（以下HRと略）で子供たちに対し「今度の夏休みには地域のボランティア活動に参加してきなさい」と言ったところ，夏休み後のHRでクラスの全員が「はじめてボランティアに参加したがとても貴重な体験だった。行ってよかった」とニコニコして異口同音に語ったとしよう。こうした子供たちの感想を聞くことは教師冥利に尽きるが，さてその際，担任であるあなたはそうした報告をした子供たちにどのように語りかけるだろうか。

まずは教師の言葉を忠実に実行しかつ生き生きと体験談を語り合う子供たちを褒めることだろう。おおいに結構なことである。だがそれだけなのか。ここに道徳理論を意識した指導とそうでない指導の差異が生じてくる。

今回，子供たちがボランティアに行ったのは教師に命じられたがゆえである。子供たちもすばらしい体験をしたことで教師の道徳教育は成功したかに見えるが，「自律と他律」の道徳理論を意識した教師であれば，さらにプラスアルファの教育を行うだろう。

曰く「今回君たちはすばらしい体験をしたと思うが，では来年，担任が替わり，新しい先生がボランティアに行けと言わなかったら，どうするのだ？」ここで重要なのは，たとえ道徳的に見える行為を行ったにしてもそれが教師に命じられたから行ったのであれば，教師の言葉に単に従ったに過ぎず道徳的には不十分であるということである。教師の命令にそのまま従うのは他のものによって意志が規定されているわけだから，これは「他律」となる。

また「ボランティアをした結果，人に喜ばれたり感謝されたのでまた行きたい」と子供たちが言ったとしよう。だが，その感謝された喜びだけがボランティアを行う際の動機であったなら，それは自己の喜びという「快」を得るために行うことになる。これも他律道徳となるが，その場合，他人に見られないような，すなわち誰からも感謝されないようなボランティアは行わな

いということにつながる可能性が生じてくる。その意味で，どのような動機に基づいてボランティアを行うのかを自ら問わせる教育も必要となる。

　道徳教育は年少の頃は，言うまでもなく他律教育から始まる。すなわち親や先生が命じたことをそのまま行動させるのである。挨拶をしましょう。嘘をついてはいけない，人をいじめてはいけない等々，世間一般の道徳を教えることから始まる。ところが自律の理論を理解している教師は他律的な道徳から自律的な道徳へと移行させるため，年齢に応じて「なぜ嫌いな人にも挨拶は必要なのか」「なぜ嘘をついていけないのか」あるいは「世の中にはつかねばならない嘘もあるのではないか」などを子供たち自身の頭で考えさせるような方向へと進んでいく。これが指導要領にも示される「考えを深める学習」となる。考えを深める学習とは，どういう行為が先生に褒められるかではなく，どうすれば自律的道徳を子供たちに意識させるかが重要なのである。

　こうした他律から自律への移行に道徳性を見出す理論は，有名なカント倫理学においてもまたピアジェやコールバーク[2]のような心理学の立場からも示されているがここで重要なのは動機の純粋性と自己立法という点である。

(2) 自律と他律（その2）——道徳的自由と欲望の自由

　道徳哲学（倫理学）で有名なカントは，自律を「道徳的自由」の概念を用いて消極的側面と積極的側面の2点から説明していく。一つは自らの本能や欲望から切り離されること。二つには他者によって意志が規定されるのではなく，自ら立法し自らがそれに従うという自己立法である。そこで自律を正しく理解するためにこの自由の理論について説明していこう。

　まず理解しておかねばならないことは，ここでいう「道徳的自由」とはわれわれが通常用いる自由の概念とはまったく異なっているという点である。われわれが通常用いる自由とは一般に好きなことを行ってよいという，いわば「欲望の自由」を意味している。だが道徳的自由とは欲望の自由とは真逆の意味を有し，欲望から切り離されていることを意味する。自由とは元々は「他から切り離されていること」を意味するが，その点から道徳的自由を定義するならば，自分の欲望あるいは他人の意志から切り離されていることを

意味する。したがって自分の本能的欲望に基づいた意志の在り方や，他人の言動にそのまま従うような意志規定は他律となり，道徳的価値をもたないことになる。

　つまり他人から喜ばれるために，あるいは先生から褒められるように，さらには内申書の評価を上げるためにボランティアを行うのは下心を有している以上，その意志はあくまでも欲望に基づく意志であり，道徳的自由に基づくものではないということである。さらには先生の言いつけに従うということも，そこに自分の意志を介在させずただ単に従うのであれば，自己立法とは言えず道徳的ではないことになる。

　ここで誤解無きように注意すべきは，前者のような下心に基づくボランティアを否定することではない。教育が他律から始まる以上そのような形でボランティアが行われても致し方はない。だが下心有りのボランティアや単に教師の命令に従う他律ボランティアにとどまるか，それとも「道徳的自由」に基づく自律ボランティアへ移行させるような道徳教育を行うか，そこが教師の力量次第ということになる。

(3) 自律と他律（その3）——自律と自立の区別

　上記のように自律とは自らの意志規定，すなわち動機に関わるものであるが，自立とは行為やその状態に関わるものである。自律の対義語は「他律」であり自立の場合は「依存」である。自立とは一言で表すと「独り立ち」であり，幼少期であれば親の援助がなくても自分で身の回りのことをできるようになること，また大人であれば就職して親の経済的援助から離れて自ら食い扶持を得ること（経済的自立）というように具体的な行為・状態に関わるものである。

　中学生が起床時に親に起こしてもらうのではなく，自ら起きることは「自立」の一つと考えてよいが，その動機が「自分で起きないと親に怒られるから」というのであれば自律ではなく他律となる。また親から経済的援助を受けている学生は自立してはいないが，親から受ける援助に甘えることなく報恩という道徳的意志を有しているとすればそれは自律性を有した意志といえるだろう。それゆえ，道徳教育において示すべきことは，単に見かけ上，

自立することではなく，そこに自律を伴わせることの重要性である[3]。

(4) 動機説と結果説

上記の自律的道徳を理解するに当たっては，動機説と結果説を明確に区別することが必要である。動機説とは行為の動機に道徳的価値を見出すものであり，結果説とは行為の結果に価値を見出すものである。再びボランティアを例にとって考えてみると，結果説によればたとえ内申書の評価を上げるという下心があったとしてもボランティアという行為が実際に人様の役に立っているのだからそれは肯定されることになる。だが，動機説によれば，下心によるボランティアは善ではなくいわゆる偽善となる。

結果説の問題点は，目的がボランティアそのものにあるのではなく，内申書の評価を上げることが目的でありその手段になっていることにある。それゆえボランティアによって内申書の評価を上げるという目的が達せられれば，もはやボランティアを行う必要はなくなることになる。だが動機説を採る場合にはボランティアを行う際の動機の問題を自ら意識することになるがゆえに，ボランティアという行為そのものよりも自らの意志がどのようなものであるかを内省することとなる。

自律の理論はむろん動機説を採るが，道徳教育において重要なことは動機説と結果説のいずれを採るかという二者択一の議論ではない。たとえ動機が純粋であったにしても，結果的にボランティア先に迷惑をかけたりするのであればそれは必ずしも道徳的に肯定されるとは限らない。近年起きた東北や熊本の大震災直後の報道に接し，いてもたってもいられない心境となり，純粋な動機でボランティアに駆けつけたとしても，自分の衣食住を自ら確保できないのであれば，結果的にそのボランティアは先方に迷惑をかけるという事態にもなってしまう。それゆえ考えねばならないことは動機の純粋性と同時に自らの行為がどのような結果を引き起こすかという両面である。

動機説と結果説は，主に前者がA「主として自分自身に関すること」に，後者がB「主として人との関わりに関すること」に関連することになる。

3. 対他的・対社会的な道徳理論
(1) 他者危害則

次に B「主として人との関わりに関すること」，C「主として集団や社会との関わりに関すること」という対他的・対社会的な道徳理論について論じていこう。ここでは (1) 他者危害則，(2) 黄金律，(3) 普遍化原則，(4) 滑り坂論について示してみたい[4]。

「他者危害則」とは，通常意識しないまでも誰もが用いている一番基本的な道徳理論である。「自由な行為が許されるのは，他人に危害や迷惑をかけない限りにおいてである」という形でいわゆる「自己決定権」という形態を伴って論じられるものであり，その背景には功利主義がある。すなわち，各人の欲望や幸福追求は各人の正当な権利として認められ，国家や社会がそれをとどめようとするのは他者に対する危害を防止する場合に限られるとする考え方である[5]。要するに，「あなたには欲望に基づく自由な行為が許されるが，それは他人に危害や迷惑をかけない限りにおいてですよ」というような一番わかりやすい道徳理論である。

たしかに「他者危害則」に抵触しない行為は基本的に容認されるが，そこで生じる問題も知っておかねばならない。一つには，他者への「危害」を誰が判定するのかという問題である。危害の意図のない，多くの人は笑って済ませるような冗談でも，人によっては嫌な思いをさせられたと危害に感じることもある。

また単に「人」のみに限定するのかそれとも環境への危害というように「人以外」にも応用するかというような危害の範囲の問題も生じてくる。近隣への迷惑を与えないように近所の人がいないときに限ってならゴミを庭で燃やしてもよいと考えるか，それともダイオキシン発生というような環境への危害が生じるから全面禁止という考え方をするか。いずれにせよ，「危害」のレベルは常に相対化されるのである。

さらに大きな問題として，「他者に迷惑をかけなければ何をしても許されるのか」という問題が生じる。たとえば一人暮らしの人が部屋を散らかし放題にしても他者に危害や迷惑をかけるわけではない。また，小学生や中学生が，校則に記されていないからといって髪の毛を茶髪や金髪に染めたとして

も他者に直接的な危害や迷惑をかけるわけではない。人に危害や迷惑をかけていないからよいではないかと子供たちが言った際それにどう回答するかという問題である。

これは自らにとっての美しい生き方という美意識の問題，自律的な生き方の問題へと還元される[6]。その意味で対他的な道徳も対自的な道徳と表裏一体の構造として考える必要があるのである。

(2) 黄金律

「黄金律」とは，「あなたたちが人にしてもらいたいと思うことを，人にもしてやりなさい」（『新約聖書』）という命題や，「汝の欲せざるところ，人に為す無かれ」（『論語』）というものである。これは，早い話，「自分が望むことを人にもせよ」または「自分が望まないことを他人にするな」ということである。あなたが困ったときに他人からの援助を望むのであれば，あなたも困っている人には援助せよ。またあなたがいじめられたくないと思うのであれば，他人をいじめることはしてはいけないという具合である。

ただ，「黄金律」は相手の思いと自分の思いが同一であるという前提に立つが，そうでない場合があることも知っておく必要がある。待ち合わせの約束をしたにしても，「自分が待たされるのは嫌だから約束の時間は厳格に守る」という人は黄金律に基づいているが，その人は往々にして他者にもそれを厳格に要求する場合が多い。だが多少の時間の遅れなど気にしない人であれば，自分にも他者にもよく言えば寛容（悪く言えばルーズ）となる。どちらが道徳的なのか？自分の道徳的基準が相手と同一であることを前提とする黄金律も，常に相対化されるという危険性もはらんでいる。

(3) 普遍化原則

「普遍化原則」というのは，ある行為を普遍化・一般化して誰もが同じ行動をとった場合どのようなことが結果するかを考えるものである。授業中にある生徒が私語をしたとしよう。それを注意したらその子は「小声なのでよいではないか」と抗弁した。その子に対してどのように対応するか。その際に役立つのがこの普遍化原則である。たとえ小声であったにせよ私語をクラ

ス全員が行うようになったらどうなるか。もはや授業は成立しなくなる。
　また，人の生き方は様々なわけだから自分は将来結婚したとしても子供はつくらないと生徒が言い出したとしよう[7]。それをそのまま肯定的に容認するかそれとも何らかのコメントを示すかで，道徳教育の質が問われることになる。もしその考えを普遍化したらどうなるか。少子化は加速し，やがてその共同体は滅び去ることになる。多様な生き方が肯定的に主張される今日であればこそ，そうした意見を無条件に容認するのではなくそれを普遍化したらどういう結果を引き起こすかを子供たちに考えさせる必要がでてくるだろう。またそうした特殊な生き方を選ぶことが社会に容認されているのは，それが少数だからこそ大目に見られているのであり，普遍化できないことは道徳的ではない可能性もあるという事実を示す必要もあるだろう。

(4) 滑り坂論
　上記の普遍化原則に類するものとして滑り坂論というものがある。滑り坂論とは元々は安楽死問題で使われたもので，いったんそれを認めてしまうと滑り坂を転げ落ちるように歯止めがきかなくなってしまうというものである。たとえば学校でいったん自由な髪型を認めるようになると，髪型や髪の色ばかりでなくさらには服装，持ち物……等々といったようにあらゆることにまでそれが及ぶというその可能性を危惧する場合にこの理論が用いられる。
　近頃，授業中であろうと平気で教室をうろつき回り学級崩壊に至るという事例も多発しているようだが，これも最初に「私語を許さない」という明確な禁止事項を児童生徒に示さなかったために，坂道を転げ落ちるように収拾がつかない状態を引き起こしたと説明することができよう[8]。

4. 対超越者的な道徳理論
(1) 人は生きているのか，生かされているのか
　「人は生きているのかそれとも生かされているのか」という問いは自身の生命観を論じる場合によく行われるものであるが，いったいどちらなのであろうか。われわれは自ら意識してこの世に生を受けたのではないし，両親も「この子」を選んで産んだのではない。また人はいずれ誰もが死を迎えるが

死期がいつかはわからない。われわれに生を与えたのはそもそも誰なのか？こうした疑問は同時に明確な解答が困難であること知ることとなる。

　天災による多くの人々の死を目の前にすると，自然がわれわれの生殺与奪の力を有していることを意識せざるを得ず，結果，「自然や人智を超えたものに生かされている」という意識が生じることとなる。他方で人は物心ついたら自らの意志で行動し自らの人生を主体的に生きていることも事実であり，その点に着目すれば「人は生かされているのではなく生きている」と意識する人生観へとつながっていく。

　「生かされている」と「生きている」，実はこれら二つは排他的な関係でないことに気づく必要がある。生から死の間を人生といい，この人生はわれわれの主体性に委ねられているがゆえに「生きている」と考えることができるが，少なくとも始発点である生誕と終着点である死に関してはわれわれの人智の及ばないところにある。このように両者を二律背反的にとらえるのではなく総合的にとらえることで，少なくともわれわれの「生と死」を左右する人智の及ばない超越的な力に対し，畏敬の念が生じることになる。

(2) 水平的な道徳と垂直的な道徳

　周知のごとく，道徳は「人に親切にしよう，嘘をついてはいけない，公共の精神をもたねばならない，人に後ろ指指されるようなことをしてはいけない」など「他人やその集合体である社会」と「自分」との関連で主に論じられることが多い。他人や社会の目を意識することが道徳的規範の一因になることが多いのである。その意味でこうした道徳は対他的・対社会的な「水平的な道徳」といってよいだろう。だが「人知を超えたもの」と「自分」との関係はそうした社会的な水平的関係ではなく垂直的な関係となる。

　ある道徳書の一節に次のようなものがある。「人が見ていないからとて，自分の良心の許さないことをしては，自分で自分の心を醜くすることになります。我等はよく自分をつつしんで，天地に恥じないりっぱな人にならねばなりません」[9]。

　水平的な道徳は他人の目が前提になっているがゆえに，たとえ非道徳的なことをしたとしてもばれなければ後ろ指を指されることはない。誰も見てい

ない夜道で10万円拾ったと仮定してみるとよい。絶対にばれる恐れがない場合にネコババするかそれとも警察に届けるか。これを規定するのは対他的な道徳ではなく，対自的な道徳でありさらには超越者を意識した道徳である。

垂直的な道徳は他人や社会の目を意識した道徳ではなく自分と超越者との関係における道徳である。人は見ていなくても天（神）は我を見ているというような超越者を想定することが，水平的な道徳を中心とする今日の道徳にさらなる発展をもたらすものである。こうした垂直的道徳がD「主として生命や自然，崇高なものとの関わりに関すること」の基となっているのである。

第2節　小学校における内容項目の重点化（小学校）

1. 内容項目について

道徳教育および道徳科に示されている内容項目は，児童が人間として他者とよりよく生きていく上で学ぶことが必要と考えられる道徳的価値を含む内容を短い文章で平易に表現したものである。

道徳教育や道徳科の内容には，主に次のような特徴がある。

①道徳教育の内容と道徳科の内容は同様

②小学校から中学校までの内容の体系化を高め，構成やねらいをわかりやすく示して，指導の効果を上げる観点から，各内容項目に手がかりとなる言葉が付記されている（例：善悪の判断，自律，自由と責任等）。

③内容項目は，「第1学年，2学年」19項目，「第3学年，4学年」20項目「第5学年，6学年」22項目と小学校6年間の発達段階等を踏まえ大きく三つに分けられている。

④児童にとって対象の広がりに即して四つの視点を定めている。

　A「主として自分自身に関すること」
　B「主として人との関わりに関すること」
　C「主として集団や社会との関わりに関すること」
　D「主として生命や自然，崇高なものとの関わりに関すること」

（①〜④については，巻末資料270〜273ページ参照のこと）

道徳教育および道徳科を進めていく上で，内容項目の重点化を図ることが

大切である。重点化には二つの側面がある。一つは，上述した③にある児童の発達的特質に応じた「内容構成の重点化」ともう一方は，各学校が児童や学校，地域の実態や願いを踏まえて効果的指導をするために指導したい「内容項目を重点化」することである。

2．子供たちを巡る諸問題——子供たちの私事化と関係性

現在，いじめや不登校など生徒指導上の諸問題は，学校教育の重要な問題になっている。今回の道徳の教科化は，今日的な課題であるいじめ問題に対応した道徳教育の充実がその根本にある。

いじめは，従来明らかに異質性をもつものがその暴力の対象になっていると指摘されてきた。また，近年ではそれに加えて暴力の補完関係をつくるため対象を同一グループの内側へと追い込んで分断するといったとらえ方も浮上してきている。そのような状況に対し，いじめを当事者（いじめる側といじめる側）の問題としてとらえて対応したり，カウンセリングマインドを生かしたりした様々な取り組みがされている。

しかし，一人一人の大切さのみを強調した個別的な対応だけでは，補完関係は継続される。なぜなら，いじめは，いじめる側といじめられる側の当事者同士の問題だけではなく，むしろそれを取り巻く観衆（はやしたてたり，おもしろがったりして見ている）や傍観者（見て見ない振りをする）を含めた問題だからである。「観衆」はいじめを積極的に是認し，「傍観者」はいじめを暗黙的に支持し，いじめを促進する役割を担っているのである。

そのようななか，個別的な対応だけではいじめは一向に解決しない。それと同時に，子供たちのなかに，子供同士の社会や集団への関わりを弱め，自分中心の生活へと閉じこもろうとする傾向や社会や集団への無関心を生み出していくのではないか。また，自分を大切にするあまり，他者との関わり合いのなかで，物事を考えるのではなく，自己利害だけを優先する傾向が強まるなど子供たちの私事化に拍車をかけることになるのではないかと考える。このように個別的な対応だけでいじめ問題が解決しないのは，子供たちにとって「教室という社会」の在り方が依然として変容しないからである。つまり，個の並存を強調するとアノミーがアパシーを生み，生徒指導上の諸問

題は解決されるどころか，皮肉なことに再生産されてきた側面があったのではないだろうか。

　ミード（Meed, G. H.）は社会の結合の仕方を二つに区分する。

　A 同じ反応傾向をもつことから生じる結合，皆同じだと連帯感からくる結合

　B 異なる他者たちが総合に役割を果たしながら分業し，社会としては一つの有機体をなしているという連帯感からくる結合

　この社会的結合の在り方を，「教室という社会」の結合の仕方に置換して考えてみたい。前者においては「同質なもの」と結合できても「異質なもの」とは結合できにくい。この状況による教室の状況は，初めは安定した関係であっても同質性がますます強調され，窮屈な社会構造となる可能性がある。これまで教師が取り組んできたいじめへの対応はAの反応で，教室の子供たちの意識もAの結合によるものではなかっただろうか。子供たちは，自分たちで社会を創っていくという意識よりも，社会はすでにあるべきものという前提を引き受けてきたのではないだろうか。そのため，自分自身を含めた集団や社会すべての人々の安全・安心や幸せに関わる問題として取り組む姿勢を弱くしてきてしまった側面があったのではないかと思われる。

　しかし，後者においては，異質性が前提となるため，他者は決して排除されてはならない存在となる。それぞれが異質な存在でありながらも，全体として社会を形成しているという結合となる。構成員は，それぞれが異なっているために他者には果たせない役割をそれぞれが担う。そのような学級では，全員が安心して過ごすことができる学級の場づくりに，個々人がそれぞれのよさを発揮しながら積極的に関わっていくことができる。そして同時に，その他者なしには社会は成立しない。それゆえ，一人一人の発達と共に「教室という社会」の発達という観点による道徳の授業が必要なのである（渡邉 2002）。

　内容項目の重点化を図る際，子供たちが抱えている問題や関係性に着目し，社会や集団を前提に「考え，議論する道徳」を創っていくことが大切である。そして，子供たち自身が自ら主体的に問いをもち，日常生活において道徳的な問題を見出しながら，他者と積極的な関わりのなかで解決していく探求型

のプロセスが必要である。

3. 学びの前提となること——相互主体の関係性を

　道徳は，児童だけの問題ではない。教師と児童，児童同士が相互主体の関係性のなかで，よりよい生き方を求め，共に考え，話し合い，追求していく問題である。ともするとこれまでの道徳の授業は，中央教育審議会等も指摘するように，読み物の登場人物の心情理解にのみ偏った形式的な指導が形骸化してきた側面は否めない。主人公の心情を問うことを中心とする道徳の授業は，子供たちの思考を情緒的，感覚的な次元に押しとどめてしまい，合理的，論理的な思考ができにくくしてきた側面があるように思われる。また，学習過程では，学習内容が重視されるあまり，判断の正当性や根拠に基づいた話し合いの手続きについては吟味されてこなかったのではないか。さらに，心情を大切にする道徳教育を進めることにより，子供たちの関係性が心情を基盤においた人間関係となる。そのため，関係性が権威や利害を中心として成立するレベルにとどまる側面があったのではないだろうか。これでは，いじめ問題への対応とはなりえない。実際に，道徳授業のなかでは価値の多様性を認めておきながら，実際の生活場面では，普遍的であると思われている価値の押しつけがなされているというアンビバレントな状況を教師自身が生み出しているのである。つまり，心情理解にのみに偏った形式的な指導では，授業での学びと日常生活や遊離していることは否めないのも事実である。

　渡邉は，「教育は，子どもたちの共同活動と大人による子ども集団へのかかわりという二つの視点を共に含まなければならない」，それには「子どもの社会化という観点から教育を考えるとき，教育は大人と子どもの相互行為と，子どもと子どもの相互行為という二つの相互行為によって成り立つと考えなければならない」（渡邉 2002）と述べる。つまり，教育にはこの二つの複合的な相互関係が必要だという。換言すれば，子供たちの学びの場が「主体―対象関係」から「相互主体的関係」へ転換することがパラダイム転換を図る契機となる。

　指導に当たっては，内容項目を表す「思いやり，感謝」などの言葉を教え込んだり，知的な理解のみにとどまったりするのではなく，発達の段階を踏

まえつつ，多面的・多角的な視点から考え，議論することにより児童の道徳的な判断力や心情，主体的に道徳的な実践を行う意欲と態度を育むことが大切である。

4. 児童の発達的特質に応じた内容構成の重点化──関連性と発展性を考慮して

道徳教育の目標を達成するために指導すべき内容項目は，A～Dの四つの視点と三つの学年段階に分かれている。

A「主として自分自身に関すること」
　自己の在り方を自分自身との関わりでとらえ，望ましい自己形成を図ることに関するもの（例：善悪の判断，正直，誠実　等）

B「主として人との関わりに関すること」
　自己を人との関わりにおいてとらえ，望ましい人間関係の構築を図るものに関するもの（例：親切，思いやり，感謝，礼儀　等）

C「主として集団や社会との関わりに関すること」
　自己を様々な社会集団や郷土，国家，国際社会との関わりにおいてとらえ，国際社会と向き合うことが求められているわが国に生きる日本人としての自覚に立ち，平和で民主的な国家および社会の形成者として必要な道徳性を養うもの（例：規則の尊重，公正，公平，社会正義　等）

D「主として生命や自然，崇高なものとの関わりに関すること」
　自己を生命や自然，美しいもの，気高いもの，崇高なものとの関わりにおいてとらえ，人間としての自覚を深めることに関するもの（例：生命の尊さ，自然愛護，感動，畏敬の念　等）

この四つの視点は，それぞれが関連性をもっている。たとえばB「友達と仲よくし助け合う（友情，信頼）」ためにはC「自分の好き嫌いにとらわれないで接すること（公正，公平，社会正義）」やA「うそやごまかしをしたりしないで，素直に伸び伸びと生活すること（正直，誠実）」と密接に関わっている。指導に当たっては，児童の実態を把握しながら内容項目の関連性を考慮することが大切である。

また，小学校における内容項目は三つの学年段階で示されており，それぞ

れが発達段階に応じて内容項目も発展的に構成されている。たとえば，B「礼儀」においては，第1，2学年は，「気持ちのよい挨拶，言葉遣い，動作などに心掛けて明るく接すること」，第3，4学年では「礼儀の大切さを知り，誰に対しても真心をもって接すること」，第5，6学年では「時と場をわきまえて，礼儀正しく真心をもって接すること」というように発展的な内容項目になっている。指導に当たっては，これまでどのような内容項目で学んできたのか，今後どのような内容項目を学ぶのかを十分に把握することが大切である。

5. 指導したい内容項目を重点化する──各学校の実態を踏まえて

　道徳教育およびその要となる道徳科を学校が一体となって進めていくためには，児童の実態を把握した上で校長の方針に基づいて目標を設定することが大切である。その際，重点的に指導する内容項目を設定し，設定した内容項目については年間35時間の授業時数を複数時間指導したり，関連する内容項目を年間指導計画に適切に配置したりすることが必要である。また，重点的に指導する内容項目は，道徳科の授業はもとより，各教科や学校行事などとも意図的・計画的に関連を図ることによって一層効果的な指導が期待できる。

　とくに，学習指導要領では，指導内容の重点化を図る際には，各学年を通じて，①自立心や自律性，②生命を尊重する心，③他を思いやる心，を育てることに留意することとされている。あわせて，各学年段階においても，1，2年生では挨拶などの基本的生活習慣や善悪の判断，社会の決まりを守ること。3，4年生では，善悪を判断し正しいと判断したことを行うこと，身近な人々と協力すること，集団や社会の決まりを守ること。5，6年生では，相手の立場を理解して支えあうこと，法や決まりの意義を理解して進んで守ること，集団生活の充実に努めること，伝統と文化を尊重し，それらを育んできたわが国と郷土を愛すると共に，他国を尊重することについて指導内容の重点化を図ることが示されている。指導したい内容項目の重点化を図り，教科などとの関連性を図った道徳教育の全体計画例を次に示す。

第 2 章 「道徳科」の内容と道徳理論

道徳教育全体計画

平成○○年度　　　　　　　　　　　　　　　　　　　　　　　　　　　K市立S小学校

【学校教育目標について明記する】

○日本国憲法
○教育基本法
○学校教育法
○学習指導要領
・S県小学校教育課程編成要領
・S県指導の重点努力点
・K市指導の方向

【根拠法等について明記する】

学校の教育目標
○よく学ぶ子
○心豊かな子
○健康で元気な子

○児童の実態
素直で、言われたことは責任を持ってやり遂げようとする児童が多い。
○教師の願い
自ら進んで〇〇く生きる〇〇
○保護者〇〇
思いやり〇〇〇〇てほしい。
○地域社会の実態
親子3世代4世代が卒業生。商店も多い地区。

【児童の実態／教師の願い／保護者地域の願い／地域の実態を明記】

校長の道徳教育の方針

○道徳教育の推進にあたり，道徳科を要とし全教育活動，体験活動なら〇〇において以下の4点の行動目標に向け，全職員や関係者の叡智を結集〇〇徳性をはぐくむ

・正直に行動する・人を大切にする・きまりを守る・命を大切にする
～相互主体による考え，議論する道徳授業を通して～

【校長の指導力を発揮し，校長の道徳教育の方針を示す】

道徳教育の重点目標

A　自己をみつめ，よく考え正しく判断し，進ん〇
B　他人とのかかわりを大切にして生活する。
C　公徳心をもって法やきまりを守り，進んで義〇
D　生命を大切にし，健康で安全に生活する

【校長の方針の下，自校の課題等から四つの内容項目に沿って重点目標を設定する】

低・中・高学年別の道徳教育の重点目標

低学年	中学年	高学年

重点目標に踏まえ発達段階を考慮し各学年段階での目標を設定
【全学年共通】
①自立心や自律性②生命を尊重する心③他を思いやる心
【各学年段階】※詳細は，本文参照
1，2年生：挨拶等の基本的生活習慣や善悪の判断など
3，4年生：善悪を判断し正しいと判断したことを行うこと，身近な人々と協力することなど
5，6年生：相手の立場を理解して支えあうこと，法や決まりの意義を理解して進んで守ることなど

・自由を大切にし，自律的に判断し，責任ある行動をすること
　　　　　　　　　　　A－（1）
・誰に対しても思いやりの心をもち，相手の立場にたって親切にすること。
　　　　　　　　　　　B－（7）
・法やきまり，の意義を理解した上で進んでそれらを守り，自他の権利を大切にし，義務を果たすこと。
　　　　　　　　　　　C－（12）
・生命が多くの生命のつながりの中にあるかけがえのないものである事を理解し，生命を尊重すること。
　　　　　　　　　　　D－（19）

55

各教科，外国語活動

○各教科等のねらいを達成する過程で道徳性を養う。
○学習意欲を高めよりよい学習態度の習慣化を図る。
○学習過程で，児童相互の理解を深め助け合う態度を養う。
＊別紙1及び各教科等年間計画参照

教科等の特質に応じて道徳の内容を適切に指導すること

特別活動

○望ましい集団活動を通して，心身の調和のとれた発達と個性の伸長を図ると共に集団の一員としての自覚を深め，協力してよりよい生活を築こうとする自主的，実践的な態度を育てる。
＊別紙1参照

総合的な学習の時間

○道徳性を基盤とし，体験的な学習活動などを通して，「生きる力」を育む。

学校間や家庭地域，専門機関等との連携について明記する
＜中学校＞
保幼小高家庭地域との連携

・自分自身で自分なりの価値観を育てる。
＊別紙1参照

道徳の時間

指導方針

道徳科の指導方針を明記する
◎考え議論する道徳
◎年間35時間の確実な確保
（×月曜日）

○ついての考えを深め，道徳的実践力を育成する。
○一人一人が自分の感じ方や考え方を安心して表現できる学級経営を行う。
○児童が自己の生き方を見つめ自己への問い掛けを深め未来に夢や希望を持てるようにする。
○教え込む道徳から共に考える道徳への授業改善。
○楽しい道徳の時間になるよう指導方法を工夫する。
○資料の共有化を図り授業改善に努める。

年間指導計画
＊別綴参照

学級における指導計画
＊別綴参照

校内推進体制 ＊別紙参照

○校長の方針の下，道徳教育推進教師中心に計画・実行・評価・改善を行う
・研修，学校評価，研究授業など
・外部連携，豊かな体験活動など
・全体，年間，学級における指導計画の作成・実施・改善

幼保中高家庭地域との連携
＊別紙参照

○家庭，地域と一体となった教育環境を作り，同一歩調で子育てにあたる。
・幼保中の連絡会議　・学校評議員会
・学校応援団　・道徳教育推進会議
・各種たより，ホームページ公開
・学校警察連絡会議
・PTA，子供会，自治会
・学校開放委員会
・各行事，授業公開　など

生徒指導

道徳教育推進教師の役割を明確にする
＊学校全体を見渡せ，推進できるもの教務主任や研修主任も可
複数配置も可

ア 道徳教育の指導計画の作成に関すること
イ 全教育活動における道徳教育の推進，充実に関すること
ウ 道徳の時間の充実と指導体制に関すること
エ 道徳用教材の整備・充実・活用に関すること
オ 道徳教育の情報提供や情報交換に関すること
カ 授業の公開など家庭や地域社会との連携に関すること
キ 道徳教育の研修の充実に関すること
ク 道徳教育における評価に関すること
　　　　　　　　など

整備による指導

○児童が明るく楽しい学校生活を送れるようにする。
・人間関係の充実
・道徳的な雰囲気作り
・校舎，校庭や教室の整備

人権教育

○人権を尊重し偏見や差別を許さない態度を育てる。
＊人権教育全体計画参照

第2章 「道徳科」の内容と道徳理論

＊別紙1　各教科，外国語活動，総合的な学習の時間及び特別活動などにおける道徳教育の指導の内容及び時期
★保護者などとの協力　　☆外部講師との協力　　●地域主催　資料2

各教科，外国語活動，総合的な学習の時間及び特別活動指導の方針 ＊特別活動及び各教科等のうち外部講師との協力については明示した。 　各教科等における指導内容・時期については該当年間指導計画参照のこと。 ＊○－（○）は主として高学年の内容項目で示す。	幼稚園，保育園，中学校，高等学校，家庭，地域等との連携	校内推進体制
国語	・互いの立場や考えを尊重し… ・道徳的心情や道徳的判断力を養… ・国語を尊重する態度は伝統と文…	○共通理解を深める。 ・情報発信 ・授業公開 ・共通理解 ○道徳の時間への積極的な参加や協力を得る。 ・保護者参加 ・地域の人の参加 ・地域教材の開発や活用 ○地域全体で道徳教育を推進する。 ・多様な人との交流 ・地域行事等への参加 ・地域諸団体との連携 ・実践…	○校長の方針具現化 ○道徳教育推進教師を中心に組織で ・授業推進部 ・連携部 ・広報部
社会	・筋道を立てて考え，表現する能… ・数理的に物事を考えたり処理したりすることで真理の探究，個性の伸長を図ること。		
算数	・地域社会に対する誇りと愛情を育て伝統文化を尊重し，我が国と郷土を愛すること。 ・社会的義務や責任を重んじ公正に判断しようとする態度や能力など公民的資質の基礎を養い，4の視点とつなげること。		
理科	・栽培や飼育などの体験活動により自然を愛する心情を育て，生命を尊重し，自然環境を大切にする態度の育成を図ること。 ・科学的な見方や考え方を養い，道徳的判断力や真理を追究しようとする態度の育成を図ること。		
生活	・自立への基礎を養い道徳性を育てること。		
音楽	・音楽を愛好する心情や音楽に対する感性が美しいものや崇高なものを尊重する心につながること。 ・豊かな情操は，道徳性の基盤を養うこと。		
図工	・美しいものや崇高なものを尊重する心を育てること。 ・豊かな情操は，道徳性の基盤を養うこと。		
家庭	・生活習慣や生活を見直すことにつながること。 ・…，家族の役に立つことをしよ…		
体育	・…		
外国語活動	・日本人としての自覚…		
総合	（学び方） ・主体的に判断して学習を進め…粘り強く考え解決しよう…する資質能力，自己の目標を実…ようとする力を育てること。 ・他者と協調して生活しようとす…を育てること。 （内容）国際理解，環境，福祉，健康…尊重する態度を育てること。		
特活	・日常生活における道徳的実践の場で… ・望ましい人間関係，自律的態度，心身の健康，協力，責任，公徳心，勤労，社会奉仕の精神を育てること。		
通年	・なかよし活動（全）B－（7），C－（16）・清掃活動・黙働（全）C－（16） ・通学班（高）D－（19），D－（19），B－（8）（低）D－（17），B－（9）・一人一鉢（全）D－（18） ・朝の読書（全）D－（21）・委員会，クラブ（高）A－（5），C－（16） ・朝マラソン（全）A－（5），D－（19） ・小動物の世話（低）D－（18），C－（12）	○連携通信の発行 ○挨拶運動 ○読み聞かせ ●★登校指導	○授業実施状況の把握 ○連携通信の発行

> 各教科等と道徳の関連については，学習指導要領解説を参照

> 自校の教科等や学校行事等について内容項目との関連を明記する

> 上段は，連携のポイント。下段は，具体的な取組内容と時期について明記する

> 上段は，道徳教育推進教師を中心とした指導体制について明記する。各自の役割を明確にして取組めるよう計画する
> 下段は，具体的な取組内容と時期について明記する

1学期	4月・準備登校（6年・特）　　・健康診断等（全・特） 　　・1年生を迎える会（全・特）・全校遠足（全・特） 5月・交通指導員さんの話（1年・特）☆ 　　・田植え（5年・総）☆　　・プール清掃（5年・特） 　　・警察の人の話（4年・社）☆ 6月・虫歯予防集会（全・特） 　　・歯科医さんの話（5年・保）☆ 7月・大掃除（全・特）・生命（5年・理）★	○小中連絡会5月 ：中学授業参観 ○学校評議員会5月 ○幼保小連絡会6月	○諸計画の共通理解4月職員会議 ○学校公開日の企画4月連携部 ○PTA総会時学校説明会5月
夏期休業	・生活表（全）A－（1）（3） ・夏休みの宿題（全）A－（5） ・林間学校（5年）D－（18） ・水泳学習（全）A－（5），D－（19） ・撒水除草飼育（高）D－（20），C－（16）	●地区行事 ○小中合同研修会8月	○上期諸計画見直し ○校内研修8月
2学期	9月・引き渡し訓練（全・特）D－（19）★ 　　・運動会（全・特）A－（5），C－（16） 　　・獣医さんの話（1年・生）D－（17）☆ 　　・病気の予防（6年・体）D－（1） 　　・校内美術展（全・図特）D－（21），A－（4） 　　・秋の遠足（全・特）C－（16） 10月・全校児童集会（全・特）C－（16） 　　・稲刈り（5年・総）D－（20）☆ 　　・校医さんの話（5年・体）D－（19）☆ 　　・日光の自然（6年・特）D－（20） 11月・校内音楽会（全・特）D－（21），C－（21） 　　・読書月間（全）D－（21） 　　・芋掘り（1年・生）D－（18）★ 　　・就学時健康診断（5年・特）C－（14） 　　・秋祭り（2年・生）C－（12）★ 12月・栄養士さんの話（5年・家）A－（3）☆ 　　・大掃除（全・特）C－（14）（16）	●★地区運動会参加10月 ○授業参観懇談会10月12月 ○地区運動会10月 ●☆公民館まつり参加 ○学校評議員会10月 ○彩の国教育の日 学校公開11月 ○K市道徳の日 ●地区行事	○学校公開日 学校説明会10月 ○彩の国教育の日 学校公開11月 ○K市道徳の日 ○校内授業研修の実施 ○学校評価集計・検討 ○下期諸計画見直し
冬期休業	・生活表（全）A－（1）（3）・冬休みの宿題（全）A－（5） ・撒水飼育（高）D－（19），C－（14）	●地区行事	
3学期	1月・社会科見学（高・社）C－（12）★ 　　・なかよし給食（全・特）C－（16） 　　・給食週間（全）B－（8）☆　　・避難訓練（全・特）A－（3） 2月・地域とのつながりを広げよう（6年・家）C－（17）☆ 3月・6年生を送る会（全） 　　・私の成長（2年・生）D－（17）★ 　　・学期末大掃除（全・特）C－（14）（16）	●地区カルタ大会 ○学校評議員会2月 ○学校公開日2月 ○小中連絡会3月 ：小学授業公開 ○幼保小連絡会2月	○次年度諸計画の立案1月
その他	○あいさつ運動として，月に一度朝・放課後に，教師が交通指導もかねて，地域パトロールを行う。 ○月に一度，生活目標（1学期あいさつ，2学期時刻，3学期そうじ）に関わる講話を生徒指導部で行う。 ○月に一度の校長による講話朝会の後に，「校長先生のお話」について書く活動を行い自分を見つめさせる。		

図2-1　道徳教育の全体計画例

第3節　生き方を耕す小学校の道徳授業（小学校）

1. はじめに

　1958（昭和33）年の学校教育法施行規則の一部改正および学習指導要領道徳編の告示によって正式に開始された「道徳の時間」は，2015（平成27）年3月27日の学習指導要領一部改正により，「特別の教科　道徳」（以下，道徳科）と名称を変え，教科としての新たな歴史を刻み始めようとしている。

　ここで重要なことは，「道徳科」への名称の変更，あるいは教育課程のなかに教科として道徳科を位置づけたことだけにあるのではない。「よりよく生きるための基盤となる道徳性を養うため，道徳的諸価値についての理解を基に，自己を見つめ，物事を多面的・多角的に考え，自己の生き方についての考えを深める学習を通して，道徳的な判断力，心情，実践意欲と態度を育てる」という道徳科の目標にあるように，子供たちが自らの「生き方」を考えていくのに資するものとしての道徳授業（道徳科）を教師一人一人が子供たちと共に創り，実践できるかが重要なのである。すなわち，子供たちの「生き方」をより豊かに，より充実したものに耕してくれるものとしての道徳授業の実践が求められているといえる。

　では，「生き方」を耕す道徳授業はどのような視点をもつことが必要なのであろうか。本節では，とくに小学校における道徳授業を中心として，この問いを読者の皆さんと共に考えてみることにしたい。

2. 道徳授業の指導上の二つの困難点

　道徳科の目標から，「きっと道徳の授業は大切なのだろう」と考えることは簡単である。しかしながら，よく耳にするのは，「道徳の授業って難しい」あるいは「どのように教育していいかわからない」などといった教師の声である。まずは，この道徳授業の難しさを道徳授業の指導上の困難点という視点から考えてみよう。

　道徳授業の指導上の難点は「道徳の時間」がもっていたものであり，教科となってもその困難点自体は変わらずに存在することになる。なぜならば，

週一時間という固定化されたなかで授業を実践することによって困難点が生じるからである。この困難点とは，教育哲学者の上田薫によれば，道徳授業が「弾力性を欠くこと」と「断片的であること」の二つであるといわれる（上田 1993, p. 56）。

　まずは，「弾力性を欠くこと」という困難点について考えてみよう。道徳授業の多くは，週一時間という固定化されたなかで実践される。これは，年間指導計画の作成において系統的に計画を立てやすいという利点をもつ。ところが，子供の道徳的な問題は日常のなかでいつ起こるかわからないものである。そのため，固定化された道徳授業は「子どもの不時の問題に応ずることができない」（上田 1993, p. 56）のであり，子供が道徳的な問題に直面したときに，その都度対応できるような弾力性に欠けているのである。「弾力性を欠くこと」という困難点は，「小学校学習指導要領解説　特別の教科　道徳編」（以下，「解説」）では，年間指導計画の弾力的な取り扱いについて配慮することと関係する（解説, pp. 73-74）。「解説」では，時期，時数の変更やねらい，教材の変更などがあげられており，それらは学年などの検討を経て，校長の了解を得た上でなされる必要があるとされる。ところが，弾力的な取り扱いを強調すれば，道徳授業は必ずしも週一時間である必要がなくなるのである。すなわち，教師は「弾力性を欠くこと」という難点と自らの道徳授業の関係を考え，自らの道徳授業をどのように展開していくかを考える必要がある。

　次に，「断片的であること」という困難点についてである。この困難点も道徳授業が週一時間に固定化されることによって生じる。さらに，他の教科が一時間ごとに一定の結論へ導く授業を行うように，道徳授業も同様のものと理解されやすくなる。そのため，教師は一時間のなかで，ある一定の結論へと導こうとする道徳授業を実践することになる。ところが，子供たちの道徳的な問題は，一時間という授業時間のなかで必ず解決を見るような問題ばかりではない。すなわち，道徳授業が週一時間行うという前提によって，子供たちは自らが直面する問題に十分な時間をかけて考え，解決していく道徳授業ができなくなり，その結果として，道徳授業は子供にとって，断片的なものになってしまうのである。とくに小学校段階の子供たちにとってそれは

顕著であろう。なぜならば，小学校段階の子供たちはまだ十分に自分の言葉によって自らの意見を述べることができづらく，さらには道徳的発達段階が十分に達成されていない子供たちも多いからである。そのために，小学校段階では，子供たちが十分に考え，自らの考えを述べたり，話し合ったりしながら，道徳的な問題を考えていくまで時間がかかってしまう。そのため，小学校の道徳授業は断片的なものになりやすいのである。子供たちの実態や道徳的発達段階を考慮することは，道徳授業が子供たちにとって，「全体的なもの」であることを可能とするためのものであって，道徳授業を断片的なものとすることを助長させるものであってはならないことを意識するべきである。

　以上，上田の論に依拠しつつ，道徳授業の指導上の二つの困難点を見てきた。道徳授業は，学校におけるすべての道徳教育の中核的役割を担うことが期待されている。その期待に応えるためには，教師一人一人が，二つの困難点を意識して，自らの道徳授業を実践していく必要がある。

3. 道徳授業をどのようにつくるか①――「ねらい」の設定

　では，道徳授業を実践するときに必要な視点とは何であろうか。

　それは，道徳授業の主題をどう構成するかという視点である。道徳授業における主題は，道徳授業の「ねらい」とその「ねらい」を達成するために用いる「教材」という二つの柱で構成される。まずは，道徳授業の「ねらい」について考えてみよう。

　道徳授業を実践するときに，教師は「道徳授業で何を追求させたいのか」「どのような道徳的価値を志向させたいのか」などということを考える。これが道徳授業における「ねらい」となる。「解説」で示されている小学校第5学年および第6学年の内容項目の指導の観点「A　主として自分自身に関すること」の一つを例にとろう。

　A　主として自分自身に関すること
　自主，自律，自由と責任
　（2）誠実に，明るい心で生活すること
　ここには「自主」「自律」「自由と責任」という三つの大きな道徳的諸価値が示されている。教師はこれらの観点に基づいて道徳授業の「ねらい」を設

定していくことになる。
　「ねらい」は年間指導計画と子供たちの実態，教師の指導観によって決まる。すなわち，上記の観点が年間指導計画のなかでどのように位置づけられているのかを確認し，子供たちの実態を把握した上で，教師は自らの道徳授業を実践するのである。ここで言う「子供の実態」とは，たとえば，ある子供が友達にうそをついていたなどという表面的な行動のことではなく，「その道徳的価値に対する子供の『ものの見方・考え方』」（倉田 1989，p. 184）のことである。子供たちが「自主」「自律」「自由と責任」という道徳的諸価値についてどのように考えているかが鍵となるのである。子供たちの実態を把握することができれば，「ねらい」において「自主」あるいは「自律」などを取り上げる意義が明確となる。年間指導計画に従うことによってのみでは，その意義が見出されることはないといってよいだろう。
　教師は，子供たちが生活のなかで形成する「ものの見方・考え方」を把握し，「ねらい」を設定する。その「ねらい」のもとでの道徳授業は，子供たちが自らの「ものの見方・考え方」を問い直す機会となる。すなわち，道徳授業が，子供たち自らの「生き方」そのものを問い直す場となることが重要なのである。
　さて，教師が子供たちの実態を把握した上で，教師は子供たちにその道徳授業で学んでほしいことを「ねらい」として表現する。たとえば，「自分自身に誠実な行動をし，明るく生活しようとする心情を養う」などを「ねらい」として設定したとしよう。このような「ねらい」は道徳的諸価値を全体的に網羅した表現ではあるが，実のところ何を学んでほしいのか理解することは難しい。教師は，まず子供たちの実態を起点とし，「誠実な行動」が具体的にはどのようなものであって，それは現にそこにいる子供たちの実態と何が違うのかを考えなければならない。さらに，「誠実な行動」をすることが「明るく生活」することとどのように関係するのかについて具体的に考える必要がある。このように具体的に考えていくことによって，「ねらい」は具体的レベルでの検討を経て，より充実したものになっていく。その際，「ねらい」の表現をより適したものに変えることがあってもよいだろう。
　小学校段階の子供たちにとって，「ねらい」の抽象性が高いほど自らの生

活と「ねらい」にある道徳的諸価値との関係が薄くなってしまう可能性が高い。「ねらい」を設定するときには，道徳的諸価値の抽象性をそのままにして設定するのではなく，子供たちの実態と関係づけて考える必要がある。このような「ねらい」の設定は，小学校の教師だからこそ可能である。なぜならば，小学校の教師は担任として，一つのクラスの子供たちの日々の生活を最も近くで見ているのであって，子供たちの実態を把握しやすい立場にあるからである。

さて，「ねらい」の検討をした上で，道徳授業の主題を構成するもう一つの柱である「教材」について考えてみよう。

4. 道徳授業をどのようにつくるか②——「教材」の選択と研究

「ねらい」が設定できたら，その「ねらい」を達成するための「教材」を選ぶ必要がある。教材は教科書だけではない。「解説」にも示されているとおり，教材には「たとえば，伝記，実話，意見文，物語，詩，劇など」（「解説」，p. 80）をあげることができる。教材の選択に当たって教師は，広い視野をもつ必要があり，教科書のみが教材なのではないということを意識しておきたい。「ねらい」の達成に適したものが「教材」となるのである。

ここでは，3で示した「ねらい」と関係づけて『手品師』を教材として選択したとして，教材研究をしてみよう。『手品師』は，小学校の道徳授業で定評のある道徳資料である。『手品師』の概要を以下に示しておこう。

> あるところに，腕はいいが，あまり売れていない手品師がいた。手品師は，大劇場のステージで手品をすることを夢見て過ごしていた。
> ある日のこと，手品師はしょんぼりしている男の子を町でみかけた。手品師は，手品を男の子にみせることで，男の子を元気づけた。手品師は，その元気になった男の子と，明日も手品を見せるという約束を交わした。その夜のこと，手品師に友人から電話があり，大劇場で手品をする機会があることを知らされる。ところが，友人によればステージは明日であるとのことだった。手品師は，大劇場のステージに立って手品をしたいという気持ちと男の子の前で手品を見せる約束との間で悩んでしまう。

> 悩んだ結果，手品師は男の子との約束を選び，次の日の朝には，一人の男の子の前で手品を見せる手品師の姿があった。

　この教材は，子供たちに手品師が約束を守るときの心情を考えさせ，「誠実」という道徳的価値について学ぶことができるものであるとされる。そして，手品師の心情を通して，「ねらい」である「自分自身に誠実な行動をし，明るく生活しようとする心情を養う」道徳授業が実践されるわけである。その道徳授業における設問は，たとえば，「男の子の前で，手品をする手品師の気持ちを考えてみましょう」などとなるだろう。多くの教師は『手品師』という教材を用いて，道徳的な心情を養う道徳授業を目指すのである。

　ところが，『手品師』を教材として心情を考えさせる道徳授業については批判がなされている。教育哲学者の宇佐美寛は，「彼（筆者注：手品師）の生きかたが，不明なことだらけ」（宇佐美 1989，p. 16）であることから，手品師の気持ちがわからないと言う。さらに，宇佐美は手品師が専門家として手品を演じてみせることの意義や責任について考えていないことを問題であるとする。電話ですぐに返事をしてしまうという「軽率」，自分一人で考え込んで，友人に事実を話して相談することをしない「閉鎖的」な人間であること，などを批判するのである（宇佐美 1989，pp. 16-18）。そして，「こんな不まじめ，軽率，閉鎖的，非常識な人物の『気持ち』を考えろと言われても，私には考えられない。また考えるに値しない」（宇佐美 1989，p. 18）と批判するのである。宇佐美の批判によるならば，設定した「ねらい」を達成することは難しくなる。なぜならば，手品師の心情が子供たちにとっては理解することができないものであるために，心情を通して「誠実」について学ぶことができないからである。このとき，教師は『手品師』について，「教材」としての意義を問い直さなければならない。

　では，どう問い直すことができるのか。たしかに，『手品師』を用いて道徳的な心情を養うことは難しい。ならば，発問を変えることによって，『手品師』を「教材」として用いることはできないのであろうか。たとえば，「手品師はなぜ男の子に手品を見せるという『誠実』を優先したのか」あるいは「手品師のとった行動は『誠実』だったのか」などという発問が考えられる。

おそらく，子供たちは自らの経験をもとにして，様々な発言をすることだろう。ときには，手品師を「不誠実」であると発言する子供もいることだろう。このとき，『手品師』は子供たちにとって自らの「生き方」を考えるためのものとなり，「教材」となると考えられる。それは教師が教材を選択したのちに，多様な視点から教材研究をすることによって可能となることである。ただし，教師はこのように問い直すなかで，「ねらい」そのものを変えたり，さらには「ねらい」や「教材」を年間指導計画および子供の実態と再び関係づけ直したり，計画した道徳授業をつくり直す必要があるのである。

5．道徳授業の実践は未完成交響曲？——おわりにかえて

　ここまで，本節では子供たちの「生き方」を耕す小学校の道徳授業にとって何が必要となるのかを，道徳授業が抱えている二つの困難点，道徳授業の主題（「ねらい」と「教材」）の構成という視点をもとに考えてきた。本節の最後に，道徳授業の実践そのものについて考えてみよう。
　教育学者の大田堯は，インタビューのなかで以下のように述べている。

> 教育実践は未完成交響曲だと思うのです。教師が懸命に子どもたちとかかわり，十分な準備をしたとしても，教育という仕事はけっしてすぐに成果が表れるものではありません。しかし，子どもたちが自分の持ち味を少しでも自覚できて，自分の人生を自分でつくっていくための，ちょっとした自信をもつことができさえすれば十分だと思うのです。

（大田 2016, p. 45, 傍点部筆者）

　大田が言うように，まさしく教育実践とは「未完成交響曲」である。教師と子供たちが相互的関わりのなかでつくりだす授業をはじめとした教育実践は，完成することがないのである。この交響曲を奏でるのは誰か。それは，「解説」でもなければ，教科書をはじめとした「教材」でもなく，教師と子供たちである。もちろん，道徳授業においても教師と子供，子供相互の信頼関係を基盤におくことが必要不可欠なものとなる。「解説」でも，「教師と児童の信頼関係や児童相互の人間関係を育て，一人一人が自分の考えや感じ方

を伸び伸びと表現することができる雰囲気を日常の学級経営のなかでつくることが大切」(「解説」，p. 75) であるとしている。

　ここで注意したいことは，教師が自身の道徳的諸価値に「驕ること」である。教師は子供たちより人生経験が豊富である。そのため，多くの道徳的な問題にぶつかってきたであろうし，それを自らで，ときには友人らと協力しながら解決してきたに違いない。このような経験が豊富であることは教師として頼もしいことであるが，それが教師の道徳授業における「驕り」につながる可能性がある。すなわち，教師が自らの経験から重要であると導き出した道徳的価値を「善きもの」あるいは「絶対的なもの」として考えてしまうのである。そしてりっぱにその道徳的価値を述べることができ，子供たちを叱ることができる教師は，保護者をはじめとした周囲から尊敬の念を集める。さらに，周囲からその教師に対して「あの教師は道徳的だ」などという評価が与えられる。その結果，教師は自らが道徳的存在であると「驕り」，子供たちを道徳的存在ではないと考えてしまうのである。ここでの教師と子供の信頼関係はひどく歪んだものとなる。なぜならば，教師がすでに子供は道徳的ではないという前提によって築く信頼関係であるからである。この信頼関係では，子供たちが自分の考えを自由に表現していくことは難しくなるだろう。教師が自らの道徳的価値に「驕ること」なく，子供との信頼関係をどのように考え，築いていくかという視点が重要になるといえる。

　道徳科の誕生は，学校教育における道徳教育，そしてなによりも道徳授業を抜本的に見直すチャンスである。そのチャンスを生かすためには，これから教師になる人も含めた教師一人一人の道徳授業の実践に向けた努力が重要となる。この努力は，本節で述べた視点を教師一人一人が考えながら，自らの授業研究のなかで実践し，研究を続けていくことである。この努力を通して，教師は子供たちが「生き方」について考えていくことができる道徳授業の実践ができるといえるだろう。

第4節　中学校における内容項目の重点化（中学校）

1. 内容項目の改訂

「中学校学習指導要領解説　特別の教科　道徳編」（以下，解説編）にもあるように，内容項目とは，教師と生徒が人間としてのよりよい生き方を求めて，共に考え，語り合ってその実行に努めるための「共通の課題」に当たる。しかもその課題は，道徳科が全面主義の教育方針で貫かれているため，学校のすべての教育活動を通して，生徒自身が自らの「調和的な道徳性」を養うために必要なものとされている。さらにそれは，中学生が「人間として他者とともによりよく生きていく上で学ぶことが必要と考えられている道徳的価値」を含む内容を，短文でわかりやすくまとめたものになっている。今回の学習指導要領では，この内容項目の文章にその内容を端的に示すキーワードのタグが付されることになった。以下，中学校の内容項目のタグを示しておこう。

A　主として自分自身に関すること
①［自主，自律，自由と責任］②［節度，節制］③［向上心，個性の伸長］④［希望と勇気，克己と強い意志］⑤［真理の探究，創造］

B　主として人との関わりに関すること
⑥［思いやり，感謝］⑦［礼儀］⑧［友情，信頼］⑨［相互理解，寛容］

C　主として集団や社会との関わりに関すること
⑩［遵法精神，公徳心］⑪［公正，公平，社会正義］⑫［社会参画，公共の精神］⑬［勤労］⑭［家族愛，家庭生活の充実］⑮［よりよい学校生活，集団生活の充実］⑯［郷土の伝統と文化の尊重，郷土を愛する態度］⑰［我が国の伝統と文化の尊重，国を愛する態度］⑱［国際理解，国際貢献］

D　主として生命や自然，崇高なものとの関わりに関すること
⑲［生命の尊さ］⑳［自然愛護］㉑［感動，畏敬の念］㉒［よりよく生きる喜び］

(番号は引用者)

　このような内容項目のキーワードのタグは，あくまでも生徒自らの道徳性育成のための「手がかり」になるものであるが，教師がそれを指導するときには，タグそのものや，それを端的に示す言葉自体を教え込んだり，単なる知識の理解に終わるだけの教育指導にならないよう十分注意する必要がある。今回の改正でも，従来通り内容項目は四つの視点から分類整理され，個々の視点が相互に関連しあって全体が構成されるようになっている。たとえば「自律的な人間」であるためには，四つの視点が次のように相互に関連しあうことが重要である。

　Aの視点の内容が基盤となり，他の三つの視点の内容が相互に関連していくことで，再びAの視点に戻ることがあるし，さらにBの視点の内容が基盤となりCの視点の内容へと発展していくこともある。さらに，AとBの視点から自己の在り方を深く自覚するようになると，今度はDの視点がより重要になる場合もある。またDの視点からCの視点の内容をとらえていくことによって諸々の理解が一層深められていくことにもなり，四つの視点は相互に連関しあって学ぶように求められている。

　教師は，このような関連性を十分に意識しながら，四つの視点に含まれるすべての内容項目について適切な教育指導を行わなければならない。しかも内容項目の指導は，それぞれの学校の状況や生徒の実態に応じて適切な教育的配慮がなされる必要があり，それが内容項目の重点化と見なされるものである。

　ところで，これまで道徳教育ではこのような重点化が二重の側面からなされてきたといってよい。その一つは，学習指導要領の内容項目そのものの重点化であり，もう一つは各学校において行われる重点化である。

2. 内容項目の二つの重点化
(1) 内容項目の全体構成における重点化

　学習指導要領改正の度に，内容項目は重点化されてきた。とくに注目されるのは，平成元年の学習指導要領である。この指導要領から内容項目は四つ

の視点から体系的に構成されることになったが，それ以前は内容項目の体系化は，必ずしも十分に意識されていたわけではなかった。その意味で，内容項目が四つの視点で分類され，それ自体が精選化されたことは，内容項目の重点化を進める上で重要な意味をもっている。その背景には時代状況の影響やその時々の学校教育が抱える教育課題への対応により内容項目の見直しや再編成が求められ，結果として内容項目の重点化が進められることになった。

　ところで先に示したように道徳科の内容項目は22項目であるが，それらは中学生の発達の段階に配慮した項目が重点化されたものであるといってよい。中学生は，小学生よりも心身両面における発達が著しく，他者とのつながりを求めると同時に自我の確立を図るために悪戦苦闘する時期である。個々の生徒たちはその時期を乗り越え，やがては確固とした人生観や世界観，自己の価値観を形成させる高校生へと歩んでゆく。中学校の内容項目は，このような中学生の発達的特質を十分に考慮して，「自ら考え行動する主体の育成」を目指した有効な教育的指導ができる観点に立って重点的に示したものであるといわれている。

(2) 各学校における内容項目の重点化

　内容項目の重点化の二つめは，各学校で行われる重点化である。各学校では道徳教育を実施する際に，それぞれの学校の状況と生徒の実態に合わせて内容項目を重点化することが求められている。

　今回の学習指導要領で注目されるのは，内容項目を指導する際の重点化の在り方が，総則の配慮事項において取り扱われるようになった点である。各学校においては，以下の五つの配慮すべき事項が指導計画作成の際に求められている。

　①「自立心や自律性を高め，規律ある生活をすること」

　　自ら主体的判断と行動が可能となり，人間としての生き方への関心が高まる中学生の時期は，他方で心と体の発達の不均衡から現実逃避や，自己中心的言動が顕在化する時期でもある。そのため，道徳科の授業では，自己の振り返りや，自己探求を深めて人間としての生き方を考え，自立心や自律性を高め，規律ある学校生活を送ることができるような教育的

配慮が強く求められる。
② 「生命を尊重する心や自分の弱さを克服して気高く生きようとする心を育てること」
中学生を取り巻く社会環境や生活様式の変容は，いじめや暴力行為，自殺・自傷行為などの生命軽視の行動を誘発している。人間としての生き方についての関心が高められるこの時期に，乳幼児や高齢者との触れ合いや，生命の大切さを学ぶ機会を増やしたり，生命倫理に関わる話し合い活動を行ったり，生命の尊さと生命尊重の心を育む道徳科授業の取り組みが求められる。人間尊重の精神と生命に対する畏敬の念を培うことは，豊かな心を育成する基本である。
③ 「法やきまりの意義に関する理解を深めること」
中学生が法やきまりの意義を理解し，集団生活や社会生活の秩序と規律を維持するために，自分に課せられた義務と責任を自覚することは重要である。道徳科の授業では，中学生が社会生活における最低限の規範意識をもち，主体的な判断に基づいて社会の秩序と規律を高める意欲・態度を育てる指導が求められている。
④ 「自らの将来の生き方を考え主体的に社会の形成に参画する意欲と態度を養うこと」
中学生にとって家庭や学校と共に重要な生活の場である地域社会で，その一員としての自覚を深めることは大切である。地域における多様な関係の構築，職場体験活動による将来の生き方や地域学習を通した社会の在り方の探究，ボランティアのような体験活動などを通して社会の形成に主体的に参画できる意欲・態度の育成は，道徳科の授業の重要な教育課題である。
⑤ 「伝統と文化を尊重し，それらを育んできた我が国の郷土を愛するとともに，他国を尊重すること，国際社会に生きる日本人としての自覚を身に付けること」
知識基盤社会とグローバル化の進展により，国際的な相互依存関係が深まっている。これからの時代を担う中学生にとって，伝統と文化のよさを理解すると共に，国際的視野から他国の生活習慣や文化を尊重する態

度を養うことは重要であるし，国際社会の平和と発展，地球環境の保全と国家の発展に努めるため，主体的な生き方を見つけられる授業が道徳科では求められている。

以上のような五つの配慮事項に注意しながら，各学校においては重点的指導の工夫が求められる。すなわち，単に学校の道徳教育の重点内容項目を明確にするだけではなく，その重点内容項目に関わる具体的な指導の機会を明確化することが必要となる。

ところで，各学校において 22 の内容項目は，必ずしも各項目の一つずつを主題として設定する必要はない。各学校では，内容項目の趣旨を十分理解した上で，それぞれの学校の現状や，生徒の実態に合わせて，生徒の人間的な成長をどのようにするのかを熟慮すればよい。その際，いくつかの内容項目を関連づけて指導することや，必要な内容項目を重点的にあるいは繰り返して取り上げることも認められている。ただその場合，内容項目の関連性を踏まえた教育的配慮と工夫が求められる。解説編では，内容項目を相互に関連させて授業を行う場合には，「少なくとも，適切なねらいを設定して主題を構成し，焦点が不明確な指導にならないようにする」ことが重要であるとしている。たとえば，内容項目間の関係を十分に考慮したり，各学校や生徒の実態に合わせて指導の順序等を工夫したりすることで適切な指導を行うことが求められている。しかもすべての内容項目が調和的な関わり合いをもちながら，個々の生徒の道徳性が養われることが重要である。

また，こうした内容項目の連関性と共に考慮されるべきなのは，内容項目の発展性である。年間 35 時間行われる道徳科の各 1 時間は，単に単発的になされる時間ではなく，各学年の年間を通して発展的に指導される必要がある。とくに，必要な内容項目を重点的に取り扱ったり，繰り返し教えたりする場合には，それまで行ってきた教育指導を十分に踏まえて，それが一層深められるような教育的配慮と工夫が求められている。

各学校ではこうした関連性と発展性を考慮した内容項目の取り扱いを行った上で，学校としての道徳教育の「重点目標」を設定する必要がある。そしてその重点目標を達成させるためには，各学校が「重点的指導」に工夫を凝らすことが求められている。解説編によれば，重点的指導とは「各内容項目

の充実を図る中で，各学校として更に重点的に指導したい内容項目をその中から選び，多様な指導を工夫することによって，内容項目全体の指導を一層効果的におこなうこと」である。

　道徳科においては，内容項目に関して中学校3年間の全体を見通した重点的指導に工夫を凝らすことが求められている。そのためには，道徳科の「年間指導計画」の作成において，当該の内容項目全体の指導に配慮しながら，重点的に指導しようとする内容項目をいかなる形で取り扱うのかの教育方法上の工夫が不可欠である。より具体的に言えば，重点的指導を行う特定の内容項目の教育的指導については，次のような工夫をするよう求められている。

　すなわち，①重点的指導の必要のある内容項目は，年間の授業時数を増やす。さらに②一つの内容項目を数回に分けて指導する。③いくつかの内容項目は，相互に関連づけて指導する。このような中学校3年間の指導計画における内容項目の重点化を図るためには，道徳教育の「全体計画」にそれが反映されていなければならない。各学校では，学校の教育目標に基づいて道徳教育の重点目標を設定し，それが各学年の重点目標に反映され，道徳科の重点指導方針に生かされていくことが不可欠である。

　以下，そのモデル的な事例を紹介しておきたい。

3. 結語的考察——重点化の今後の課題

　年間35時間の道徳科の授業において今後求められるのは，個々の生徒の道徳性の育成のために，内容項目の重点化の質的向上を図ることである。そのためには，授業で必要とされる内容項目をこれまで以上に重点的かつ繰り返し取り上げ，授業の主題を明確にしながら複数の内容項目が適切に関連づけられる授業が行われることであろう。さらに，道徳教育の趣旨に沿って，個々の生徒の道徳的価値の自覚が深められ，実生活に生かせる生徒の道徳的な資質・能力が育成される授業開発も求められる。そのため教師には，生徒たちが多様な価値や世界を知り，自らの考えを深め，判断し，表現できる授業実践が求められる。道徳科の授業では，言語活動を充実させ，生徒たちが自律的，自主的に様々な学習活動を行うことは重要である。その意味で，今ほど多様な考え方を知り，異なる価値観や行動様式の意味を理解する学習活

第 2 章　「道徳科」の内容と道徳理論

教育関係法規
日本国憲法 教育基本法 学校教育法 学習指導要領等

学校の教育目標
人間尊重の精神に基づいた豊かな心をもつ生徒の育成

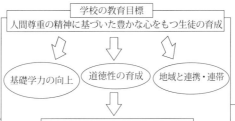

基礎学力の向上　道徳性の育成　地域と連携・連帯

生徒の状況
生徒は素直で思いやりがあるが，協同活動や主体的な行動を行う自主性や自立性を育成させることが課題である。

今日的課題への対応
高度情報化・グローバル化・少子高齢化への対応と，学校と地域の連携・連帯を通して社会貢献活動に取り組める指導を工夫する。

道徳教育の重点目標
・節度ある生活習慣を身につけられる生徒
・相互理解ができ，謙虚さと広い心をもつ生徒
・地域・社会貢献活動に主体的に関われる生徒
・自然愛護の大切さを知り，人間としての生きる喜びがわかる生徒

家庭や地域社会の状況
古くからの住民と新しい住民との相互交流が課題である。ただ，新住民たちの教育的関心は高く，学校と地域が連携した多様な活動に高い関心がある。

道徳教育推進関係者会議

各学年の重点目標

1年生の目標	2年生の目標	3年生の目標
・節度ある生活習慣を身につけ，自主的な行動ができるようにする。 ・学校や学級の一員としての自覚をもち，協同活動を通して集団生活の充実に努める。 ・生命の連続性と有限性を学び，生命の尊さを理解できるようになる。	・中堅学年としての自覚をもち，自己の向上を図り個性を伸ばし，充実した生き方を追求する。 ・相互理解を深め，相手に対して深い思いやりと謙虚さを持った生活ができる。 ・勤労の尊さや意義を理解し，地域貢献や社会貢献への取り組みが行えるようになる。	・最高学年としての役割と責任を持ち，自立心を高め，協力し合ってよりよい校風をつくっていく。 ・自然環境の大切さと人間愛の精神を深める。 ・郷土の伝統や文化を大切にし，社会のよりよい姿を考えて世界の平和と人類の発展に寄与する。

家庭・地域社会の道徳教育
・家庭と学校との連携を強め，節度ある生活習慣の育成を図る。 ・地域社会に対するボランティア活動等を通じて，社会貢献に関わる地域の一員としての自覚と公徳心を育む。

道徳科の重点指導方針
・生徒一人一人の道徳的価値の自覚を深め，よりよく生きるための資質・能力を育むこと。
・考え，問い続ける言語活動に発展するように指導すること。
・個々の生徒の考え方を尊重し，相互理解を深めさせること。

――（補充・深化・統合）――

図 2-2　中学校道徳教育の全体計画のモデル

動の在り方が問われている時代はないだろう。

　解説編では「問題解決的な学習」や「道徳的行為に関する体験的な学習」等の必要性が強調されており，このようなアクティブラーニング的な学習活動を行うためには，これまで以上に教科教育活動や特別活動等との密接な関係が求められている。一つの主題を様々な角度から論究し，合意形成を目指す「討議型」の話し合い活動や，単なる議論に終わるのではなく，さらに直接行動へと踏み出せるような「協働型」のスキルトレーニング系の学習活動（たとえばモラルスキルトレーニングなど）は，これからの道徳教育にとっても大きな意味をもつと思われる。わが国の道徳教育は，今大きな転換点を迎えているが，道徳的心情を深めていくような従来型の道徳授業のよさを再吟味しながらも，今後新しい試みとして，討議型や協働型等の授業実践が行われていくことが想定される。その際に重要なのは，その種の授業実践を進める上で内容項目の重点化をいかなる形で図っていくかであり，これが道徳教育の大きな課題となろう。

第5節　生徒の生活課題に取り組む道徳授業（中学校）

1. 中学生の生活課題とは

　中学生の生活課題としてよく取り上げられるものとして，
- 規範意識の低下
- 自己中心的な思考
- コミュニケーション能力の低下
- 自尊感情の低下

などがある。

　また，それらを背景とした学校現場における喫緊の課題として，いじめ，不登校，暴力行為などがある。そして，これらは，学校教育における様々な領域で取り組むことが求められており，また，道徳教育においても予防的観点からその取り組みが求められている課題である。

2. 生活課題に取り組む道徳授業の方向性

　これらの諸課題への取り組みの方向性は,「生徒指導提要」に見出すことができる。その第1章第2節の「2 学習指導における生徒指導」において,「一人一人の児童生徒にとって「わかる授業」の成立や,一人一人の児童を生かした意欲的な学習の成立に向けた創意工夫のある学習指導」の必要性が述べられており,その指導に際して
　①児童生徒に自己存在感を与えること
　②共感的な人間関係を育成すること
　③自己決定の場を与えた自己の可能性の開発を援助すること
の三つの留意点が示されている。

　また,国立教育政策研究所の『生徒指導リーフ』では,いじめや不登校,暴力行為などの生徒指導上の諸問題への取り組みとして,「絆づくり」と「居場所づくり」が示されている。児童生徒自らが絆を感じとり,紡いでいくことのできる主体的共同的な活動やすべての生徒児童が活躍できる場所をつくりだすことで生徒児童の自己有用感が高まり,自己存在感や充実感を感じとることが生徒指導上の諸問題の抑制につながるというのである。

　杉中は「生徒指導と道徳教育の相補性と実践上の課題」において,道徳教育と生徒指導の相補性を詳しく解説するなかで,道徳教育における問題と生徒指導上の諸問題を区別しながら,「道徳の時間」においては児童生徒が話し合うことを通して道徳的価値を自分なりに発展させていくことへの思いや課題に対する答えを導き出すことの重要性を説いている（杉中2009）。

　こうしたことから,中学生の生活課題やそれらを背景とした生徒指導上の諸課題への取り組みの一方策として話し合いを重視した学び合いの授業が考えられる。そもそも道徳の授業は,他の教科の授業とは異なり,知識の伝達の色合いが薄く,教師も含めた学級全体での話し合いでつくっていく学び合いの授業である。折しも,「教育課程企画部会論点整理」において,学習指導要領改訂へ向けて「これからの時代に求められる資質・能力の育成」の視点から,「考え,議論する」道徳科への質的転換が求められている。

　道徳の授業において,道徳の時間の目標である「道徳的価値及びそれに基づいた人間としての生き方について自覚を深め,道徳的実践力を育成」する

ことを図ると共に，充実した話し合いによる学び合いを通して，中学生の生活課題の克服に取り組むのである。

3. 話し合い活動の課題

これまでにも，とくに道徳の授業においては当然のこととして話し合いが重視されてきた。しかし，その話し合いでは，必ずしも中学生の生活課題や生徒指導上の諸課題の克服への取り組みとはならなかった場合が多い。こうした話し合いに対して，渡邉は六つのルールを提案している（第1章第3節参照）。

さらに道徳の授業において，話し合いが成立することがやさしくないという問題もある。話し合いは意見の交流であるが，そもそも生徒から意見が出にくかったり，たとえ意見が出たとしても，他の人の意見とは関係なく自分の意見を発表するだけで教師と生徒のやりとりに終始して意見の交流に至らなかったりすることが多いのである。これは生徒の表現力の問題もあるが，授業構想力（教師の教材研究や授業計画）や授業展開力（教師の生徒の反応に対する対応）といった教師の授業力の問題でもある。

こうしたことを踏まえて，ここでは中学生の生活課題や生徒指導上の諸課題の克服に取り組む道徳の授業として話し合いによる学び合いの授業のつくり方について提案する。

4. 話し合いのルールづくり

年度始めの道徳の授業のオリエンテーションでは，「道徳の時間はみんなの発表でつくる授業であること」や「道徳の授業には正解はないこと」，そして「個性的な意見は大歓迎であること」などを確認した後に話し合いのルールづくりを行う。

道徳に限らず授業における話し合いの場としては学級全体と小グループ（班）があるが，どちらにおいても話し合いを充実させるためにはルールが必要であり，その練習も必要である。

話し合いのルールづくりでは，まず，第1時で学級全体と小グループ（班）の話し合いを通して課題に取り組んでいくなかで，話し合いというものを体

第2章 「道徳科」の内容と道徳理論

表2-1 「話し合いのルールづくり」の指導展開例（指導案）
第1時

学習活動	指導上の留意点
1. 教師の話を聞く	・課題を出すので小グループ（班）や学級で話し合いを行うことと小グループ（班）の話し合いではすべての人が参加するよう伝える
2. 詩「ののはな」（谷川俊太郎）を漢字を使って書き換える ①個人で「書き換え」をつくる ②班で「書き換え」をつくる ③学級で「書き換え」をつくる	・個人の「書き換え」をもとに班で話し合って班の「書き換え」を作成し，さらに学級で話し合って学級の「書き換え」をつくる ・学級での話し合いでは教師が主導して各班の「書き換え」の相違点について議論しながら学級の「書き換え」を完成させる ・みんなでつくり上げる楽しさと共に人の意見からの気づきを実感させたい
3. 詩「教室はまちがうところだ」（まきたしんじ）を読んで話し合う ①個人で音読して気に入った箇所に傍線を引く ②個人で一番気に入った場所を選びその理由をまとめる ③班で気に入った場所とその理由を説明し合う	・隣の人を気遣いながら音読すると共に理由をわかりやすくまとめるよう指示する ・人と共感できたときのうれしさと人の意見からの気づきを実感させたい
4. 話し合いをひと通して感じたことを発表し合う	・生徒の意見をもとに話し合うことの楽しさや喜び，人の意見からの気づきなど話し合いの魅力を確認する

第2時

学習活動	指導上の留意点
1. 教師の話を聞く	・話し合いにおけるルールの必要性を確認し，班での「話し合いのルール」をつくることを伝える
2. 「話し合いのルール」をつくる ①個人でルールをつくる ②小グループ（班）でルールをつくる ③学級でルールをつくる	・具体的で行動に移しやすいルールを考えるよう指示する ・個人で考えたルールをもとに班で話し合って班のルールをつくり，さらに学級で話し合って学級のルールをつくる ・学級での話し合いでは教師が主導して各班のルールの相違点について議論しながら学級のルールを完成させる
3. 教師の話を聞く	・完成した「話し合いのルール」は掲示物にして教室へ掲示することを伝える

験し，話し合いによる学び合いのすばらしさを体感すると共に話し合いの練習を行うのである。そして，第2時でその話し合いをさらによりよいものにするためのルールづくりに取り組むのである。

5. 小グループ（班）による話し合い

　小グループ（班）での話し合いを取り入れた道徳の授業に対しては賛否があるようだが，話し合いを充実させるためには小グループ（班）での話し合いは有効である。中心発問などでは個人での思考，小グループ（班）での意見交流ののちに学級全体での話し合いを行うようにしている。これは，すべての生徒に発言の機会を保証するためである。小グループ（班）に分けて話し合わない限り1学級40名近くのすべての生徒に発言の機会を与えることは時間的に難しい。また，小グループ（班）での意見交流で人に意見を参考にしながら自分の意見を整理することで，自分の意見に対して自信をもって学級全体での話し合いに臨めるからである。ただし，この小グループ（班）での話し合いは，グループとしての意見をまとめるものや人の意見を評価するものではなく，あくまで意見交流であることを確認しておくことが大切である。

　生徒たちは，小グループ（班）や学級での話し合いにという共同的な活動に主体的に取り組み，他者に認められたり，他者の役に立っているという「自己存在感」や「自己有用感」を感じとることができると考えられる。

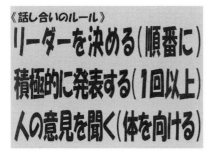

図2-3　2014年度第1年A組の〈話し合いのルール〉　　図2-4　2016年度1年A組の〈話し合いのルール〉

6. 論点を明確にした発問の工夫

生徒がその理由をもとに自分の判断や立場，心情について話し合う発問を取り入れた授業は，その論点が明確になりやすいために，生徒の意見の交流が活発に行われる授業となる。たとえば，読み物資料「手品師」（文部省1976）の「手品師は本当に誠実といえるのだろうか」や「ないた赤おに」（文部省1965）の「青おにのとった行動は本当の友情といえるのだろうか」などのように「いえるか」「いえないか」という判断とその理由を問う発問は，意見の交流を通して多様な考え方にふれながらねらいとする価値の自覚が深まっていく授業となる（杉中 2012）。

また，同じように登場人物などの心情を数値化した「心情スケール」を活用してそう判断した自分の考えをもとに話し合うことも，話し合う内容が明確で意見の交流が活発になる。たとえば，「闇の中の炎」（文部科学省 2012）の「理沙は，炎の絵を真似か真似でないかどう考えているのだろう」をグラデーションの帯を使って自分の判断を示しながらそう判断した理由を問う発問は，意見の交流が高まって多様な見方や考え方にふれることができる。

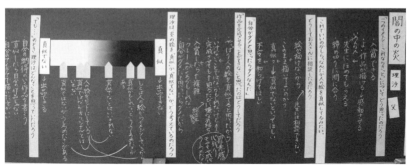

図 2-5　心情スケールを使用した授業「闇の中の炎」の板書例

7. 意見の交流を意識した補助発問の工夫

話し合い，すなわち生徒の意見の交流を促進するためには教師の授業展開力が必要になってくる。この展開力は，教師の経験とセンスに負うところが大きく一朝一夕に身につくものではない。しかし，生徒の発表に対して生徒の意見をつなぐ補助発問を用意しておくと意見交流を促進することができる。
〈意見の交流を意識した補助発問例〉

・よく似た意見の人がいたら発表してください。
・今の意見に続けて発表してくれる人はいませんか。
・今の意見を詳しく説明できる人はいませんか。
・今の意見に付け足しはありませんか。
・ちょっと違う意見の人がいたら発表してください。
・今の意見についてどう思いますか。

　よく似た補助発問や同じ意味の補助発問ではあるが，生徒や学級の実態，そのときの生徒の発表の様子や学級の雰囲気に応じてより意見の交流が深まる補助発問を選択して問いかけていくことで教師と生徒のやりとりで終わらないようにするのである。

　また，生徒の発表をつなげて意見の交流を促進するだけでなく，生徒の意見を黒板上で整理してことも大切である。ワークシートを使用した授業では人の意見とは関係なく自分の意見を発表する傾向が強いが，そうした場合は生徒から出された意見の類似点や相違点を整理して黒板上でつなげていくのである。

8. おわりに

　中学生の生活課題に取り組む道徳授業の一方策として，充実した話し合いによる学び合いの道徳授業に絞って述べてきたが，こうした授業づくりは道徳の授業に限らず教科の枠を越えて取り組まなければならない課題である。

　その他にも中学生の生活課題に取り組む道徳授業として，たとえば，学校行事や総合的な学習の時間などの道徳的行為に関する体験的な活動や教科，特別活動と意図的・計画的に結びつけた主体的な道徳の授業を目指す総合単元的な道徳学習などがある。

　また，「中学校学習指導要領解説　特別の教科　道徳編」においては，多様な方法を活用して授業を構想することが求められているが，教師がその授業のねらいだけでなく，道徳教育における授業の位置づけや生徒に身につけさせたい力を明確にして授業に向き合っていくことが大切である。

　小橋は，コラボ笠岡の研修会で，授業力について下の図のようにとらえることを提案している（小橋2013）。「構想力」とは，単元や授業の目標の設定

とその達成に向けた学習活動の計画を立てる力である（教材分析・解釈，実態把握，設計，準備などがその要素として上げられるであろう）。「展開力」とは，授業のそれぞれの局面における，学習者の反応に臨機応変に対応し，授業を成立させる力である（いわゆる教育的タクトと呼ばれるものや，様々な配慮，支援などである）。そしてそれらを支えるものとして「意志」の存在が重要だとしている。これはどのような授業をし，どのような学びを創り，どのような人間を育てたいのかといった，授業者の教育観に関するものである。

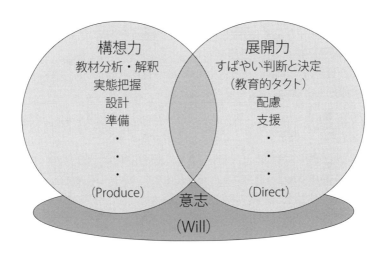

図 2-6　授業力とは？

学習課題

(1) 道徳教育の内容項目の重点化とは何か考えよう。
(2) 道徳教育の内容項目の重点化を行う観点とは何か考えよう。

〈引用・参考文献〉
・上田薫，渥美利夫ほか編『上田薫著作集 6　道徳教育論』黎明書房，1993 年
・宇佐美寛『「道徳」授業に何が出来るか』明治図書，1989 年
・江橋照雄「手品師」，文部省『小学校道徳の指導資料とその利用 1』1976 年
・大田堯「インタビュー　教育とはなにか――学習権の思想を深く豊かに」，教育

科学研究会編集『教育』No. 847, かもがわ出版, 2016 年
・小川哲哉『主体的な〈学び〉の理論と実践――「自律」と「自立」を目指す教育』青簡舎, 2014 年
・倉田侃司・山崎英則編著『新しい道徳教育――一人ひとりの生き方を問う』ミネルヴァ書房, 1989 年
・小橋典明「学び合いと道徳の授業づくり」コラボ笠岡研修会資料, 2013 年
・国立教育政策研究所『生徒指導リーフ 2「絆づくり」と「居場所づくり」』2012 年
・杉中康平「生徒指導と道徳教育の相補性と実践上の課題」, 四天王寺大学『教育研究実践論集』第 2 号, 2016 年
・杉中康平「話し合い活動による道徳授業の改善に関する一考察（PART Ⅲ）」, 日本道徳教育学会「第 74 回大会紀要」2009 年
・杉中康平「『話し合い』の充実で『道徳的価値の自覚』を深める」, 文部科学省教育課程課編『中等教育資料』2012 年 2 月号, ぎょうせい
・谷川俊太郎・瀬川康男『ことばあそびうた』福音館書店, 1973 年
・蒔田晋治・長谷川知子『教室はまちがうところだ』子どもの未来社, 2004 年
・文部省『小学校道徳の指導資料 第 2 集』1965 年
・文部省『小学校道徳の指導資料とその利用 1』1976 年
・文部科学省「教育課程企画特別部会　論点整理」2015 年
・文部科学省「小学校学習指導要領解説」2015 年
・文部科学省「小学校学習指導要領解説　特別の教科　道徳編」2015 年
・文部科学省「生徒指導提要」2010
・文部科学省「中学校学習指導要領」2015 年
・文部科学省「中学校学習指導要領解説　道徳編」2008 年
・文部科学省「中学校学習指導要領解説　特別の教科　道徳編」2015 年
・文部科学省『中学校道徳　読み物資料集』2012 年
・渡邉満「『特別の教科　道徳』新時代の授業づくり――研究者からの提言（第 1 回）『教室という社会』における『討議による道徳授業』の提案」,『道徳教育』2016 年 4 月号, 明治図書
・渡邉満ほか編『シリーズ「特別の教科　道徳」を考える 2　小学校における「特

別の教科　道徳」の実践』北大路書房，2016 年
・渡邉満ほか編『シリーズ「特別の教科　道徳」を考える 3　中学校における「特別の教科　道徳」の実践』北大路書房，2016 年

〈注〉

1 ）こうした道徳の否定的命題と肯定的命題については，完全義務と不完全義務という道徳理論で説明することも可能である。これはカントが示したもので，普遍可能性とそれを意欲できるかどうかという観点から論じられる。詳細を知りたい方はカント『道徳の形而上学の基礎付け』を読まれるとよい。
2 ）詳細は，ローレンス・コールバーグ著，岩佐信道訳『道徳性の発達と道徳教育』麗澤大学出版会を読まれるとよい。
3 ）紙面の制約上，本稿では簡単な記述になっているが，自律についての詳細は山口意友『［改定版］教育の原理とは何か──日本の教育理念を問う』（ナカニシヤ出版，2017 年）でも論じている。
4 ）これらの理論以外に「正義理論」もあるが，紙面の制約上割愛する。詳細は山口意友『正義を疑え！』（筑摩書房，2002 年）で論じている。
5 ）詳細を知りたい方は J. S. ミル，塩尻公明・木村健康訳『自由論』岩波書店，p. 114 を見られるとよい。
6 ）こうした美意識についての詳細は山口意友『反「道徳」教育論──「キレイゴト」が子供と教師をダメにする！』（PHP 研究所，2007 年）で論じている。
7 ）内閣府が 2009 年 12 月に発表した「男女共同参画社会に関する世論調査」によると，20 代・30 代の約 6 割は「結婚しても必ずしも子供をもつ必要はない」という考えに「賛成」の意を示している。内閣府男女共同参画局 HP の「世論調査」(http://survey.gov-online.go.jp/h21/h21-danjo/2-2.html) 参照。
8 ）なお滑り坂論は，古代ギリシアの「山のパラドクス」と呼ばれる逆説論法に由来しているといわれている（大庭健ほか編『現代倫理学事典』弘文堂，2006 年，p. 488 参照）。
9 ）『第 3 期　尋常小學修身書』第六　第十六課

第3章

道徳の指導計画

　道徳教育においても，その教育目的を達成する上で指導計画の策定は重要な課題です。第3章はこの道徳教育の指導計画について解説しています。これからの道徳授業はどのような授業でなければならないのか，そしてそれを実現するために必要となる小学校と中学校の連携，さらに小学校と中学校における道徳教育の全体計画と年間指導計画を中心にした道徳教育の指導計画について，校長の教育理念のもとに策定された事例を示しながら解説しています。

　学習を進めるに当たっては，各学級の道徳授業が，学習指導要領，学年や学校全体の道徳教育の方針，そして何より各学級の児童生徒の現状と課題に則して計画的に行われなければならないことの理由を理解することが大切です。

キーワード

質的転換，考え，議論する道徳，問題解決的な学習，道徳教育の全体計画，年間指導計画，道徳教育推進教師

第1節　道徳の授業展開を考え直す

1. はじめに

　これからの道徳の授業はどのように展開しなければならないのであろうか。本節では，まず，「道徳科」の目標によって示されている道徳科の授業像と，「新学習指導要領」（2015年3月告示）が求める「考え，議論する道徳」への転換とはどのようなものなのかについて，明らかにしたい。
　その上で，これからの「道徳授業」の目指すべき姿について，考察を深めていくこととする。

2.「道徳科の目標」が示す授業像

　「道徳科の目標」については，2015年3月に一部改正された「学習指導要領」（以下「新学習指導要領」）では，以下のように示されている。

> 第1章総則の第1の2に示す道徳教育の目標に基づき，よりよく生きるための基盤となる道徳性を養うため，(1) <u>道徳的諸価値の理解を基に</u>，(2) <u>自己を見つめ</u>，(3) <u>（物事を広い視野から）多面的・多角的に考え</u>，(4) <u>自己の（人間としての）生き方についての考えを深める学習を通して</u>，(5) <u>道徳的な判断力，心情，実践意欲と態度を育てる</u>。
> （「新学習指導要領」第3章「道徳科」の第1目標，（　　）は中学校，下線と番号は筆者）

　(1)「<u>道徳的諸価値の理解を基に</u>」という文言は，「道徳科」が他の教科と決定的に異なる「特別の」と言われるゆえんの「特質」を表している。
　各教科においては，未知の知識や技術の習得がまず前提としてある。例えば，小学校においては，理科の時間に，それまで知らなかった「光合成」というものを「学ぶ」のである。それは，算数科における「分数」や「小数」などの学習においても同様である。
　しかし，「道徳科」において学ぶ「友情」や「思いやり」といった「道徳

的諸価値」は，すでに児童生徒が知っている（知っているつもりになっている）ものばかりである。児童生徒が「道徳科」の時間に，各自の「道徳的諸価値の理解」をもち寄って，それを基（＝出発点）にして，議論や対話をするなかで，価値観を交流し，もう一度，学び直すことによって，より深く理解するということなのである。

その際に，重要なのは，(2)「自己を見つめ」という視点である。これまで，「道徳的価値の自覚」を深めるための一要件として例示されてきた「道徳的価値の理解」と同義ではあるが，「単に観念的におさえることに終始するのではなく，自らとの関係において深く捉え直して理解」（谷田 2015, p. 28）することは，「よりよい生き方について考える」という道徳の学習において，不可欠なことなのである。

また，教室という学びの空間で，他者との意見交流や対話を通して，(3)「物事を（広い視野から）多面的・多角的に考え」ることも大切なことである。

そして，(1) 〜 (3) の一連の学習活動を通して，「人としての生き方や社会の在り方について，多様な価値観の存在を認識しつつ，自ら感じ，考え，他者と対話し協働しながら，より良い方向を目指す」（谷田 2015, p. 28）ことが，(4)「自己の（人間として）の生き方についての考えを深める」ということなのである。

今回の改正では，1998 年以降「道徳的な心情，判断力，実践意欲と態度」の順であったものが，元の順序である (5)「道徳的な判断力，心情，実践意欲と態度」に改められている。これをもって，道徳性の情意的な側面よりも認知的側面が重視されるようになったとも考えられるが，これらの道徳性の諸様相は，それぞれが独立した特性ではなく，相互に深く関連しながら全体を構成しているものである。したがって，これらの諸様相が全体として密接な関連をもつように指導することが大切である。そして，道徳的行為が子供自身の内面から自発的，自律的に生起するよう道徳性の育成に努める必要がある。

3. 「読む道徳」から「考え，議論する道徳」へ

(1) これまでの授業は何が問題であったのか？

　文部科学省は，「道徳教育の抜本的改善・充実」(2015年3月) において，これまでの「道徳の時間」の課題例として，以下の例を挙げながら，道徳教育の抜本的改善・充実を図るために，「教科化」が必要であることを示している。

- 「道徳の時間」は，各教科などに比べて軽視されがち
- 読み物の登場人物の心情理解のみに偏った形式的な指導
- 発達段階を踏まえず，児童生徒に望ましいと思われるわかり切ったことを言わせたり書かせたりする授業

　また，今回の道徳の「教科化」は，2011年10月11日に滋賀県大津市内の市立中学校の当時2年生の男子生徒がいじめを苦に自宅で自殺するに至った事件の際に，道徳教育が十分にその成果を上げていないなどの指摘に対して，それに応えるかたちで，今回の「改正」が進められた経緯もある。

　まさに，「実効性」のある，生き方教育としての「道徳教育」が求められているのである。

(2) 「読む道徳」から「考え，議論する道徳」への転換に必要な視点

　「道徳科」の成立を機に，これまでの「読む道徳」から「考え，議論する道徳」への転換によって，より一層実効性のある児童生徒の道徳性を育むために，『新学習指導要領』では，以下のように記している。

> 　児童（生徒）の発達の段階や特性等を考慮し，①指導のねらいに即して，②問題解決的な学習，道徳的行為に関する体験的な学習等を適切に取り入れるなど，指導方法を工夫すること。その際，③それらの活動を通して学んだ内容の意義などについて考えることができるようにすること。また，④特別活動等における多様な実践活動や体験活動も道徳科の授業に生かすようにすること。
> 　（「第3　指導計画の作成と内容の取扱い」2の(5)，下線と番号は筆者）

道徳科の授業における①「指導のねらいに即して」とはどういう意味だろうか？前述したように，改正後「学習指導要領」の目標と改正前「学習指導要領」の目標とを照らし合わせてみるならば，「道徳的価値の自覚を深めることと道徳的実践力を育成する」については，本質的な部分は継承しているとみなしてよいだろう。だとしたら，「道徳科」においてなされる授業が，「道徳的価値の自覚」を深めることを抜きにしては成立しえないということは，自明のことである。

さらに，重要なことは，②で求められているのは，「問題解決学習」や「体験活動」そのものではなく，「問題解決的な学習」「体験的な学習」であるという点である。「道徳科における問題とは道徳的価値に根差した問題であり，単なる日常生活の諸事象とは異なる」（小学校学習指導要領解説　特別の教科　道徳編，p. 91）のである。また，体験的な学習についても，③で述べているように，「単に体験的行為や活動そのものを目的として行うのではなく，授業の中に適切に取り入れ，体験的行為や活動を通じて学んだ内容から道徳的価値の意義などについて考えを深めるようにすることが重要である」（同上）ということである。

また，一方で，「道徳教育」が道徳科の時間だけで完結するものではなく，他の教育活動（「各教科」や「特別活動」など）において学び，日常の学校生活において，道徳的な「行為・行動」を，日々実践していくことが大切であり，④に示すように，それらの多様な活動を生かし，道徳科において，補い，深め，関連させたり発展させたりする（＝「補充・深化・統合」する）ことが求められているのである。

では，これまでの「道徳」の，何が問題なのだろうか？「教科」化によって，あえて，強調されている「考え，議論する」道徳の授業像とは，どのようなものであるのだろうか？

(3) 中央教育審議会教育課程特別部会が求める「質的転換」

2015年8月に中央教育審議会教育課程特別部会（以下，中教審特別部会）が示した「論点整理」は，以下のように，これまでの道徳授業の課題を指摘し，その「質的転換」を求めている。

従来の道徳授業が読み物教材の心情理解のみに偏り，『あなたならどのように考え，行動・実践するか』を子供たちに真正面から問うことを避けてきた。そして，こうした読み物教材の心情理解のみに偏る授業から脱却し，問題解決型の学習や体験的な学習などを通じて，「<u>自分ならどのように行動・実践するか」を考えさせ，自分とは異なる意見と向かい合い議論する中で，道徳的価値について多面的・多角的に学び，実践へと結び付け，更に習慣化していく指導へと転換すること</u>こそ道徳の特別の教科化の大きな目的である。
（下線は筆者）

　中教審特別部会は，①実践に結びつけること，②さらに習慣化していくことまでを視野に入れて，道徳の授業が展開されることを求めているのである。

4. これからの「道徳」授業を探求する

　「道徳教育に係る評価等の在り方に関する専門家会議」（以下「専門家会議」）は，これまでの「道徳の時間」が「特別の教科　道徳」として新たに位置づけられたことを機に，道徳科や学校の教育活動全体を通じて行う道徳教育の評価に関する具体的な審議を行う場として，文部科学省内に設置されたものである。
　「評価」に関する議論と併せて，道徳科における「指導の在り方」も中心課題の一つとして，論じられている。というのも，道徳教育の「質的転換」のためには，「評価」の在り方と共に，「質の高い多様な指導方法の確立」が不可欠であるからである。
　そこで，ここでは，この「専門家会議」で示された資料「道徳科における質の高い多様な指導方法について（イメージ）」（以下「指導方法資料」）をもとに，これからの「道徳」授業の在り方を論じていくものとする。「指導方法資料」では，以下のようなただし書きがなされている。

　　＊以下の指導方法は，<u>本専門家会議における事例発表をもとに作成</u>。したがってこれらは<u>多様な指導方法の一例</u>であり，指導方法はこれらに限

定されるものではない。<u>道徳科を指導する教員が学習指導要領をしっかりと把握した上で</u>，学校の実態，児童生徒の実態を踏まえ，授業の主題やねらいに応じた適切な指導方法を選択することが重要。
＊以下の指導方法は，それぞれが独立した指導の「型」を示しているわけではない。それぞれに様々な展開が考えられ，<u>例えば読み物教材を活用しつつ問題解決的な学習を取り入れるなど，それぞれの要素を組み合わせた指導を行うことも考えられる。</u>
（下線は専門家会議）

ここで，わざわざ，このような文言を入れているのは，そもそも，文部科学省が，各教科の教育方法の具体にまで踏み込んで論じること自体が，異例であるためである。これまで，文部科学省は「学習指導要領」という大枠を示し，その具体的な指導については，現場に，その創意工夫を求めてきた。そのことをここでも強調しながら，しかし，あえて，イメージというかたちで「授業像」を示しているところに，「質的転換」を求める強い主張が感じられる。

(1)「道徳科」としては不十分な授業
　まず，以下の両極をなす指導は，「道徳科」としての授業としては不十分であることを示している。
　＊登場人物の心情理解のみの指導
　＊主題やねらいの設定が不十分な単なる生活体験の話し合い
「登場人物の心情理解のみの指導」については，「道徳教育の抜本的改善・充実」においても示されていることであり，「道徳科」のねらいが，児童生徒が主体的に「より生き方について考える」ことである以上，単にテキストの「読み取り」や「心情理解」にとどまっていてはいけないことは自明であろう。しかし，昨今，一部の現場で「これからの『道徳』は，登場人物の心情を問うてはいけない」という「誤解」が広まっているのも事実である。登場人物の考えや思い，心情を問うことが問題なのではない。「行為・行動」の意味や意義について考えるならば，むしろ，それは避けて通ることはでき

ない重要な学習過程である。「心情」を突き抜けて「生き方」に迫ることこそが肝要なのである。その際には,「道徳的心情」と呼ばれる「情意」面だけではなく,「道徳判断力」などの「認知的な」面も重視すべきなのは当然であろう。

また,「主題やねらいの設定が不十分な単なる生活体験の話合い」が不十分であるとされるのも,もっともである。「道徳科」では,「道徳的価値」に基づいた学びが前提である。単なる「生活上の諸事象」を報告し合うことは,「処世術」は学べても,道徳を学んだとはいえないであろう。

(2)「道徳科」が目指すべき三つの授業像

「指導方法資料」は,目指すべき授業像を以下のように示している。

①読み物教材の登場人物への自我関与が中心の学習

教材の登場人物の判断や心情を自分との関わりで多面的・多角的に考えることなどを通して,道徳的諸価値の理解を深める。

●教師の主な発問例

・どうして主人公は,○○という行動を取ることができたのだろう。
・主人公はどういう思いをもって△△という判断をしたのだろう。
・自分だったら主人公のように考え,行動することができるだろうか。

これまで「道徳の時間」に行われてきた多くの実践は,この「自我関与」が中心の学習である。児童生徒が読み物教材の登場人物に託して,自らの考えや気持ちを素直に語るなかで,道徳的価値の理解を図る指導方法として効果的である。しかし一方,教師に明確な主題設定がなく,指導観に基づく発問がなければ,「登場人物の心情理解のみの指導」になりかねないものである。

②問題解決的な学習

問題解決的な学習を通して,道徳的な問題を多角的に考え,児童生徒一人

一人が生きる上で出合うであろう様々な問題や課題を主体的に解決するために必要な資質・能力を養う。

●教師の主な発問例

> ・ここでは，何が問題になっていますか。
> ・何と何で迷っていますか。
> ・なぜ，○○（道徳的価値）は大切なのでしょう。
> ・どうすれば○○（道徳的価値）が実現できるのでしょう。
> ・同じ場面に出合ったら自分ならどう行動するでしょう。
> ・なぜ，自分はそのように行動するのでしょう。
> ・よりよい解決方法にはどのようなものが考えられるでしょう。

　出合った道徳的な問題に対処しようとする資質・能力を養う指導方法として有効であり，他者と対話や協働しつつ問題解決するなかで，新たな価値や考えを発見・創造する可能性もある。この授業では，問題の解決を求める探究の先に新たな「問い」が生まれるという問題解決的なプロセスにこそ価値があるといえる。しかし，一方で，多面的多角的な思考を促すような「問い」やそれを可能とする教材の選択がなければ，「道徳的価値」から離れた単なる「生活経験」の話し合いに終始することになりかねない。

③道徳的行為に関する体験的な学習
　役割演技などの疑似体験的な表現活動を通して，道徳的価値の理解を深め，様々な課題や問題を主体的に解決するために必要な資質・能力を養う。

●問題場面の役割演技や道徳行為に関する体験的な活動の実施など

> ・ペアやグループをつくり，実際の問題場面を役割演技で再現し，登場人物の葛藤などを理解する。
> ・実際に問題行動場面を設定し，道徳的行為を体験し，その行為をすることの難しさなどを理解する。

心情と行為とをすり合わせることにより，無意識の行為を意識化することができ，様々な課題や問題を主体的に解決するために必要な資質・能力を養う指導法として有効である。また，取り得る行為を考えさせ，選択させることで内面も強化されていく効果が期待できる。しかし，一方で，心情と行為との齟齬や葛藤を意識化させ，多面的・多角的な思考を促す問題場面を設定したり，それを可能とし得る教材を選択したりしていなければ，主題設定の不十分な生徒・生活指導になりかねない。

(3) より豊かな道徳の授業展開の創造を目指して

「専門家会議」でも指摘されているように，<u>読み物教材を活用しつつ問題解決的な学習を取り入れるなど，それぞれの要素を組み合わせた指導を行うことも考えられる</u>。「自我関与」中心の道徳授業においても，発問の一部に「問題解決的な発問」やグループでの話し合いなどを取り入れたりすれば，主人公の登場人物の「心情理解」にとどまらず，「考え，議論する」授業は可能である。また，「体験的な活動」という点では，そもそも「役割演技」などの疑似体験的な表現活動を取り入れることそのものが，「自我関与」や「問題解決」を効果的に進める有効な手立ての一つであるということもできる。

「道徳科」の授業展開を考えるに当たっては，学習指導要領の趣旨をしっかりと把握し，指導する教師一人一人が，学校の実態や児童生徒の実態を踏まえて，授業の主題やねらいに応じた適切な工夫改良を加えながら，より豊かな授業展開を創造していくことが求められているのである。

第2節　小中連携によって取り組む道徳授業の活性化

1.「疲れる道徳授業」の実践から──道徳授業における問題の所在

「頭が割れそうになる」「考え過ぎて疲れた」。これらは，小学校3年生児童の道徳授業終了後の感想である。この児童たちは「疲れるけどおもしろい」という感想も付け加えている。

中央教育審議会（以下，中教審）は道徳授業の抱える課題について次のよ

うな指摘をしている。「道徳教育の要である道徳の時間において，（中略）発達の段階が上がるにつれ，授業に対する児童生徒の受け止めがよくない状況にあること，学校や教員によって指導の格差が大きいことなど多くの課題」（2014年10月文部科学省「中教審答申」）があること，「小・中学校の道徳の時間については，指導が形式化している，学年の段階が上がるにつれて子どもたちの受け止めがよくないとの指摘」（2008年1月文部科学省「中教審答申」）があること。

　これらは，今回の道徳の「特別の教科」化におけるキーワードの一つである「考える道徳」「議論する道徳」への質的転換の必要性を根拠づけるものといえよう。つまり，児童生徒が道徳授業をおもしろいもの，学びがいのあるものと受け止めるためには，「考え，議論する道徳」の充実が不可欠であることを示す。そのためには，道徳授業に取り組む小・中学校の教員にとって道徳授業は指導のしがいのある，おもしろいものでなければならない。本稿では，小学校と中学校がどのような連携を行い，どのような手立てを講じつつ道徳授業を活性化すればよいかについて述べたい。

2. 学びがいのある道徳授業を創る
（1）道徳教育諸計画のグランドデザイン化
　児童生徒にとって学びがいのある道徳授業は「考え，議論する」ものととらえればよいが，その授業に取り組む教師は，具体的にどのように行っていけばよいかを共通理解し，共通実践できなければならない。児童生徒が目を輝かせて，主体的に学ぶ姿を目の当たりにすれば，指導者である教師も自ずと指導のしがいを実感するであろう。そのためには，道徳教育とその要である道徳授業をわかりやすいものに工夫する必要がある。そこで，道徳教育諸計画の要である全体計画と，道徳授業のプロットをそれぞれグランドデザインとして再構成した。それを図3-1，3-2として次に示す。これらは，道徳教育推進教師と研修主任が原案を作成し，全教職員で作成したものである。

　とくにおさえなければならないことは，全体計画について，道徳授業が全教育活動を通して行われる道徳教育の要であることを確認することである。それは全教育活動を通して，きめ細やかに取り組まれた道徳教育の指導が「補

充,深化,統合」するものとなり得ているかについて意識化することである。このことによって道徳教育とその要である道徳授業の実質化が図れると考える。さらに,道徳授業については発達段階を踏まえ,渡邉の示すとおり次のことを明確に意識化したい。

①児童生徒が「考える」場を確保すること
(小学校低学年)

「考えることも大切であるが,感じることを大切にした道徳教育を重視する必要がある。特に共感的指導を大切にしたい。道徳の授業で心を動かし,日常生活や様々な学習活動において様々に体験しながら,道徳の授業で感じたこと考えたことを実感していくようにすることが大切である」(渡邉 2016,p. 13)。

(小学校中学年,高学年,中学校)

ねらいとする道徳の内容(道徳的価値)についてしっかりと考えさせたい。とくに大切なことは,児童生徒一人一人のもつ道徳的価値についての思いや考えを,いわゆる道徳的価値観について多様に考えさせ,引き出すことである。このように多面的多角的に考えさせることにより価値理解を深めたい。

②考えたことをもとに「議論する」,つまり「話し合う」「対話する」場を確保すること

児童生徒が多面的・多角的に考えた道徳的価値観について,自分たちが納得し,合意するものについて議論する。この議論は,児童生徒が価値観を再構築する場であり,創造的な話し合いに取り組む,相互主体的な活動の場でもある。

第3章　道徳の指導計画

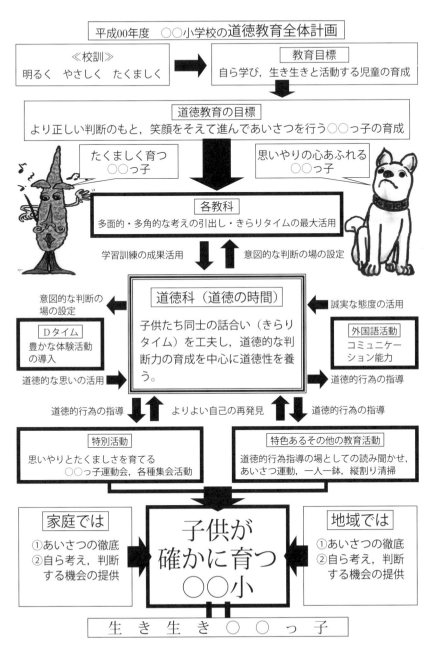

図3-1　S小学校の道徳教育全体計画（グランドデザイン）

平成00年度 ○○の学びがいのある道徳授業（カリキュラム・マネジメント）

道徳授業の目標
道徳的判断力，心情，実践意欲と態度としての道徳性（道徳心）の育成

「考える道徳」に取り組む○○っ子

「議論する道徳」に取り組む○○っ子

≪着地点を明確にしたねらいの設定≫
【判断力】正邪善悪の判断規準
【心　情】正しいこと，よいことへの憧れ
【実践意欲】道徳的行為への心構え
【態　度】道徳的行為への身構え※
　　　　　※道徳的行為の内的規範作り

価値観分析を要とする明確な指導観（価値観，児童観，資料観，指導観）の確立

他者・人間理解	価値理解	自己理解
他者の価値観，人間のもつ強さ・気高さと弱さ・醜さを自分との比較で理解（受容）する。	ねらいとする道徳的価値についての理解を，多様な価値観を通して自分なりに深める。	自分が再認識，再構築した価値観に照らして，自己内にあるすばらしさを再発見する。

授業評価の観点

コミュニケーション能力の醸成
（新たなものを創造する力として）

「きらりタイム」の日常化　　　　指導の工夫の核
自分のこととして価値について考え（アクティブに考え，学び合う），議論する場（他者を尊重し，新たなものを創造する）

児童自らの手による価値観の再認識，再構築

価値の主体的自覚による自己肯定感の高揚

子供の道徳心が確かに育つ○○小の道徳授業

図3-2　S小学校の取り組む道徳授業（グランドデザイン）

(2) 道徳授業活性化の取り組み①「話し合いにより心のなかを図示する工夫」

　ここでは，小学校1年生における道徳授業の取り組みを紹介する。発達段階を踏まえ，児童自身が感じることを大切にした授業展開としている。児童の直感を大切にしながら，児童同士，児童と教師の話し合いにより自分たちの心のなかの思いを図に表すことで，合意形成を図るという学習に取り組んだ。

　　　　　主題名　親切っていい気持ち〈親切，思いやり〉
　　　　　資料名「はしの上のおおかみ」
　　（わたしたちの道徳——小学校1，2年生）

---

1. ねらい　うさぎを持ち上げたときのおおかみの気持ちを考えることを通して，親切は自分も相手もいい気持ちになる行為であることに気づき，親切はいいなと思う心情を育てる。
2. 展開

主な学習活動	主 な 発 問	指導上の留意点
1. 資料の場面を想像する。 2. 資料「はしの上のおおかみ」を読んでおおかみの気持ちを考える。 (1) うさぎやきつねを追い返して意地悪をしているとき (2) くまの後ろ姿を見ているとき (3) うさぎを持ち上	○今日のお話は，山のなかの一本橋に，おおかみが出てきます。 ○うさぎやきつねを追い返して意地悪をしているとき，おおかみは，どんな気持ちだっただろう。 ○くまの後ろ姿を見なが	○児童の意識を資料の世界に引き込むために，場面の説明をしておく。 ○おおかみに同化しやすいように，全員におおかみのお面をかぶらせる。 ○くまの優しさにふれ，変わり始めたおおかみの気持ちを考えさせるために，おおかみの役の動作化をさせる。演技を見ている側には，おおかみの表情に着目

げたとき	ら,おおかみはどんなことを考えたでしょう。 ◎うさぎを持ち上げて「えへん,へん」と言ったとき,おおかみは,どんなことを考えたのでしょう。 ○自分の考えにぴったりするものは,どれですか。	させる。 ○多様な価値観を引き出すために,考えをワークシートに書かせ,交流させる。 ○親切についての価値の自覚に迫るために,考えの意味づけや切り返し発問を行う。 ○児童の主体性に任せ,自由に黒板を使って心のなかの様子を図示させる。
3. 自分の生活について振り返る。	○友達がまわりの人に優しくしているところを見たり,自分が優しくされたりしていいなと思ったことはありますか。	
4. 教師の話を聞く。	○学級のなかで見つけた親切を紹介する。	○親切を受け,うれしそうにしている場面を写真で見せる。

(3) 道徳授業活性化の取り組み②「話し合いにより問題解決を行い,合意形成を行う工夫」

　ここでは,問題解決を児童同士の話し合いにより行い,合意形成を通して道徳的価値の自覚を図る,小学校6年生の取り組みについて紹介する。

> 主題名　真の勇気とは〈希望と勇気，努力と強い意志〉
> 　　　　資料名「ヤクーバとライオンⅠ」
> （絵本，ティエリー・デデュー作，柳田邦男訳，講談社）

1. ねらい　主人公の勇気について考えることを通して，正しいと信じることを敢然と行おうとする道徳的判断力を高める。
2. 展開

主な学習活動	主　な　発　問	指導上の留意点
1. 勇気について確認し，学習への目的意識をもつ。	○あなたにとっての勇気とは，どういうものですか？ ○ヤクーバの勇気ある行動を通して，「真の勇気」とは何かについ考えましょう。	○勇気に関わる児童の概念や生活経験を想起させ，ねらいとする価値の方向づけをする。
2. 資料「ヤクーバとライオンⅠ」をもとに考える。 (1) 道徳的問題を確認し，解決策を考える。 (2) 課題に対する考えを書く。 (3) 話し合い活動を通して，価値観を広げ，深める。 (4) 道徳的価値を自覚する。	◎勇気ある行動として，ヤクーバは，ライオンに対してどうすべきでしょう。 ○ヤクーバは，どの思いが一番強かったから勇気ある行動が取れたのでしょう。	○主人公が道徳的問題に直面し迷う場面において取るべき正しい行動について考えさせ，行動の根底にある道徳的価値観を引き出す。 ○価値観が含まれる児童の考えが類別・対比できるように板書を整理し，自分との関わりで道徳的価値をとらえさせると共に，納得し，

3. 学習を振り返って，考えたことや思ったことを書く。	○「真の勇気」とは何だと考えますか。今日の学習を通して，学んだことや新たにわかったことを書きましょう。	合意できる思いについて考えさせる。 ○学習前と学習後の勇気についての価値観を比べて高まりを実感させ，価値を実現するための課題や目標を考えさせることで，勇気ある行動の尊さに気づかせ，実践への意欲につなげる。

（4）道徳授業活性化の取り組み③「発問の工夫により深く考えさせ，考えたことをもとに合意形成を行う工夫」

　ここでは，発問の工夫によりねらいとする道徳的価値について，自分のこととして深く考えさせる。その結果をもとに合意形成を目指して行う話し合いにより，道徳的価値の自覚を図る中学校3年生の取り組みについて紹介する。

> 主題名　人間の弱さ，醜さの克服〈よりよく生きる喜び〉
> 資料名「足袋の季節」
> （「明日をひらく」，東京書籍）

1. ねらい　人間としての弱さや醜さを自覚し，それを克服し，人間として誇りをもって強く生きていこうとする実践意欲を高める。
2. 展開

主な学習活動	主 な 発 問	指導上の留意点
1. アンケートの結果から考える。	○結果について，どんなことを感じたり，考え	○ほとんどの人が弱さをもっていることに気づ

2. 資料を読み,「わたし」について考える。 (1) おばあさんがおつりを間違えて渡したとき (2) くだものかごといっしょに捨てたものについて	たりしましたか。 ○おばあさんがおつりを間違えて渡したとき,そのまま受け取ったわたしはどんなことを考えたでしょう。 ◎くだものかごと一緒にわたしが川に捨てたものはどんなものでしょうか。わたしの心のなかに思いついたことを発表しましょう。 ○おばあさんの「ふんばりなさいよ」という言葉が思い出されたとき,どの思いが一番強くわたしの心に響いたか,考えましょう。	かせる。 ○人間の弱さについて十分に共感させ,理解させる。 ○人間としての弱さや醜さをかごと一緒に捨てたことなど,自分のこととして考えさせる。 ○生徒同士の話し合いにより,納得し,合意できるものを創造する。
3. 自分について振り返る。	○今までの自分を振り返り,弱さや醜さを克服したことについて発表しましょう。	○教師による意図的指名を行い,そのときの行為の詳細を聞き,称揚することにより,自己有用感を高める。
4. 人間の良心についての体験談を聞く。	○教師が強い感銘を受けた,人間の良心の気高さについて語る。	○人間の良心について賛美することにより実践意欲を高める。

3. 学びがいのある道徳授業づくりについての考察

(1)のグランドデザインについては，小学校のはたらきかけを通して，校区の中学校でも道徳教育のグランドデザインを作成した。要である道徳の時間については，次のように示されている。共通なものは，「話し合い活動の活性化」である。つまり，道徳授業の活性化は児童生徒同士の話し合い活動をよりどころとする。また，(2)から(4)についての取り組みもこのことに尽きる。これらの実践の核はすべて児童生徒が深く考えること，考えたことをもとに話し合い，納得できる合意形成物を創造することにある。

```
┌─────────────────────────────────┐        ┌─────────────────────────┐
│  楽しい（学びがいのある）道徳の時間 │        │ 考え，議論する場の設定 │
│  ┌───────────────────────────┐ │   ⇦   │ ・道徳的な問題の思考    │
│  │ 新たな気づき　自分なりの納得 │ │        │ ・話し合い活動の活性化  │
│  │ 将来への展望　人間としての生き方│ │        │                         │
│  └───────────────────────────┘ │        └─────────────────────────┘
└─────────────────────────────────┘
```

4. 「特別の教科化」による道徳科の真骨頂

文部科学省は2015年7月に「教育課程企画特別部会における論点整理について（報告）」を示した。これによると，児童生徒の育成すべき資質・能力について，「他者に対して自分の考え等を根拠とともに明確に説明しながら，対話や議論を通じて多様な相手の考えを理解したり自分の考え方を広げたりし，多様な人々と協働していくことができる人間であること」「社会の中で自ら問いを立て，解決方法を探索して計画を実行し，問題を解決に導き新たな価値を創造していくとともに新たな問題の発見・解決につなげていくことのできる人間であること」としている。ここで注視したいことは，「自分の考え等を根拠とともに明確に説明できること」「対話や議論を通じて協働できること」「新たな価値を創造できること」である。これら論点整理に示されている児童生徒を育成することは，換言すればコミュニケーション能力豊かな児童生徒を育成するものであるといえよう。また，道徳授業の特質の一つでもある価値理解，合意形成を目指す話し合い方法の習得については，道徳科における「知識・技能」の習得である。これらの知識と技能を活用することにより，深く考え，新たなものを創造することができる。これは，「思考力，創造力」の伸長につながる。そして，これらは集団の成員間の主体的，

協働的な学びにより進められ，アクティブラーニングによる道徳性の育成につながる。いわゆる「学力の三要素」は，道徳科による道徳性の育成に適応するものである。

おわりに本節のまとめを行う。私たちが目指す，小・中学校の連携による道徳授業の活性化はこれまで述べてきたように，考え，議論することによりみんなが納得し合意できるものを新たに創造する授業にほかならない。そのためには，小・中学校の全教員がこのことを共通理解しなければならない。手立てとして，道徳教育諸計画のグランドデザイン化と「考え，議論する道徳」の理念の理解と具体的な方法の習得が不可欠である。道徳授業のパラダイムシフトによる真の質的転換がなされなければならない。

第3節　小学校における指導計画（小学校）

1．はじめに

設計図なしで家を建てることはまず無理である。また，作業手順を示した日程表や資材供給予定表といったものが必要になってくる。基礎工事を行わないままいきなり柱を立て，屋根をつけようとしても無理である。これと同様に小学校の道徳科においても，しっかりとした指導計画を立てて，道徳教育を進める必要がある。教師の単なる思いつきや教師の都合で授業を行ってはいけない。年間指導計画に基づき実施されなくてはならない。

2．全体計画の作成

「小学校学習指導要領解説　総則編」では，指導体制と全体計画において「各学校においては，第1の2に示す道徳教育の目標を踏まえ，道徳教育の全体計画を作成し，校長の方針の下に，道徳教育の推進を主に担当する教師（以下「道徳教育推進教師」という。）を中心に，全教師が協力して道徳教育を展開すること」とある。

まず，校長の方針の下に，道徳教育のその学校における全体計画が作成されなければならない。そこで，校長の方針とはどのようなものか見てみる。

口頭で年度当初，学校経営方針を校長が話すなかでふれることもある。ま

た,年間の学校経営の重点の一つとして取り上げ,例えば,思いやりの心を中心に学習し,豊かな心や育成するといった学校もある。図3-3のように道徳を学校経営の中心において,道徳教育を中核にしたスクールマネジメントプランを作成している学校もある。

　次に,こうした校長の道徳教育に関する方針を受け,道徳教育の全体計画を道徳教育推進教師が中心となり全教員で作成する必要がある。

　道徳教育全体計画は,学校における道徳教育の基本的な方針を示すと共に学校の教育活動全体を通して,道徳教育の目標を達成するための方策を総合的に示した計画である。

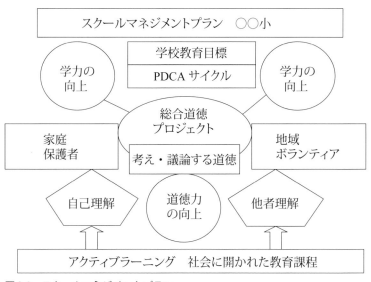

図3-3　スクールマネジメントプラン

「小学校学習指導要領解説　総則編」を参考にすれば,全体計画の意義として,
(1) 人格の形成および国家,社会の形成者として必要な資質の育成を図る場として,学校の特色や実態および課題に即した道徳教育が展開できる。
(2) 学校における道徳教育の重点目標を明確にして推進できる。
(3) 道徳教育の要としての道徳科の位置づけや役割が明確になる。

(4) 全教師による一貫性のある道徳教育が組織的に展開できる。
　(5) 家庭や地域社会との連携を深め，保護者や地域の人々の積極的な参加や協力を可能にする。

があげられる。また，具備すべき内容は，次のとおりである。
　(1) 把握事項
　　・教育関係法規の規定，時代や社会の要請や課題，教育行政の施策
　　・学校や地域社会の実態と課題，教職員や保護者の願い
　　・児童の実態と課題
　(2) 具体的計画事項
　　・学校の教育目標，道徳教育の重点目標，各学年の重点目標
　　・道徳科の指導の方針
　　・年間指導計画を作成する際の観点や重点目標に関わる内容の指導の工夫，校長や教頭の参加，他の教師との協力的な指導
　　・各教科，外国語活動，総合的な学習の時間および特別活動などにおける道徳教育の指導の方針，内容および時期
　　・特色ある教育活動や豊かな体験活動における指導の方針内容や時期
　　・学級，学校の人間関係，環境の整備や生活全般における指導の方針
　　・家庭，地域社会，他の学校や関係機関との連携方法
　　・全教師による推進体制，研修計画や重点指導に関する添付資料の記述

全体計画作成上の創意工夫と留意点には，次の諸点があげられている。
　(1) 校長の明確な方針の下に道徳教育推進教師を中心として全教師の協力による指導体制を整える。
　(2) 道徳教育や道徳科の特質を理解し，教師の意識の高揚を図る。
　(3) 各学校の特色を生かし重点的な道徳教育が展開できるようにする。
　(4) 学校の教育活動全体を通じた道徳教育の関連性を明確にする。
　(5) 家庭や地域社会，学校間交流，関係諸機関などとの連携に努める。
　(6) 計画の実施および評価・改善のための体制を確立する。

さらに，各教科などにおける指導の基本方針を明確にすると共に，それぞれ

の特質に応じて適切に指導する内容を明記することが大切である。

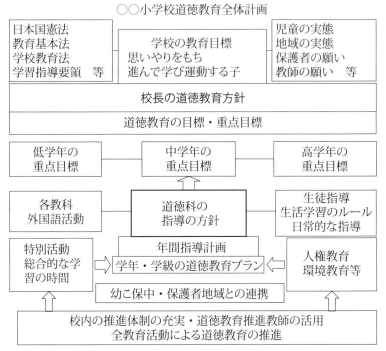

図 3-4　全体計画例概略図

3. 年間指導計画の作成

　全体計画が校長の方針を受け，道徳教育推進教師が中心となって全職員が協力して作成されたならば，次は具体的な年間指導計画の作成に入らねばならない。先ほどと同様にその意義と内容および留意点について，「小学校学習指導要領解説　特別の教科　道徳編」を参考に具体的に見ていくことにする。

　まず，年間指導計画の意義についてであるが，年間指導計画は道徳科の指導が，道徳教育の全体計画に基づき，児童の発達段階に即して計画的，発展的に行われるように組織された全学年にわたる年間の指導計画である。具体的には，道徳科において指導しようとする内容について，児童の実態や多様な指導方法を考慮して，学年段階に応じた主題を構成し，この主題を年間に

わたって適切に位置づけ，配列し学習指導過程を示すなど授業を円滑に行うことができるようにするのである。
　とくに次の点で重要な意義をもっている。
(1) 6年間を見通した計画的，発展的な指導を可能にする。
(2) 個々の学級において，道徳科の学習指導案を立案するよりどころとなる。
(3) 学級相互，学年相互の教師間の研修などの手がかりとなる。

具体的な内容としては，次のような事項を明記しておく必要がある。
(1) 全体計画に示されている道徳教育の目標に基づき，道徳科における指導について学年ごとの基本方針を具体的に示す。
(2) 各学年の年間にわたる指導の概要
　①指導の時期　②主題名　③ねらい
　④教材
　　・教科用図書やその他，授業において用いる副読本などのなかから指導で用いる教材の題名を記述する。
　⑤主題構成の理由
　　・ねらいを達成するために教材を選定した理由を簡潔に記す。
　⑥学習指導過程と指導の方法
　　・ねらいを踏まえて，教材をどのように活用し，どのような学習指導過程や指導方法で学習を進めるかにについて簡潔に記す。
　⑦他の教育活動における道徳教育との関連
　　・他の授業や学級経営上の配慮事項を記す。
　⑧その他
　　・校長や教頭，保護者や地域の方参加体制や年間指導計画改善事項を備考欄などに記す。
　　・主題を配列した一覧表だけでなく，学習指導過程を含むものが必要である。

月	主題名	ねらい	学習内容
四月	希望をもって 教材名 心をつなぐ音色	A-（5）希望と勇気・努力と強い意志 ○目標を立て，希望や夢に向かって，あきらめずに努力しようとする態度を育てる。	1.「なりたい自分」について話し合う。 2.「心をつなぐ音色」を読んで話し合う。 ○初めて拍手をもらう体験に心が高鳴ったのぶ君は，どんなことを考えたでしょう。 ◎先生に「これ以上よくならないね。もうだめだね」と言われた後，どうしようと考えたでしょう。 3. 努力を続けることについて議論する。
③	自分の役割とは 教材名 キャプテンとして	C-16 よりよい学校生活集団生活の充実 ○集団のなかで自分の役割を自覚して集団生活の充実に努めること。	1. 責任についての考えを話す 2.「キャプテンとして」を読んで話し合う。 ○コーチの「君が変われば，みんなも変わるよ」という言葉を聞いて，ぼくはどんなことを考えたでしょう。 ◎ぼくは，キャプテンとしてどうすべきだと考えたでしょう。 3. 問題を解決する方法について，話し合う。
	礼儀は心のあらわれ	B-9 礼儀 ○時と場をわきまえて礼儀正	1 四コマ漫画を見ながら，話し合う。 2「江戸しぐさ」を読んで話し合う。 ◎人々はなぜ江戸しぐさを大切にしたので

図 3-5　主題一覧表 6 年例

　図 3-5 は，主題を中心に月ごとに配列したものであり，学習内容は主なものにとどめ，主題の一覧に主眼をおいている。

　主題一覧を作成することにより，年間を通して道徳科の学習内容に見通しがもてる。一覧表が作成できたら，図 3-6 のように，1 時間ごとの指導計画を作成する必要がある。

主題名	許す心	学習時期	9月
教材名	大切な貯金箱	出典	自作教材
内容項目	B（20）相互理解，寛容	関連学習	図工（工作）
ねらい	自他共に理解し，互いにわかり合う態度を養う。		

主題設定の理由	
	人間は誰でも失敗をするものである。しかし，相手の失敗を許すのにはそれなりに納得ができる理由がいるものである。自分の考えを相手に伝えると共に相手のことを理解することが大切である。自分の考えの根拠を述べ合いながら自分と異なる意見も大切にしていく力を培いたい。
導入	1. 友達の失敗を許すことについて考えを発表する。 　学習のテーマを設定する。テーマ「あやまること，許すこと」 2. 教材を読み問題をつくり，討論する。 　条件・状況を確認する。
展開	(1) 美代子はどうしてきっぱりと断らなかったのだろう。 (2) たかしはどうすべきでしょう。 　　あやまる　　　　　あやまらない 　・壊したから　　　・わざとではないから 　・嫌な思いをさせたから　・つくり直せばよいから (3) あなたなら許しますか。 (4) 二人がわかり合うにはどうしたらいいでしょう。
終末	3. テーマについて話し合う (1) わかり合うとはどういうことでしょう。 (2) みんなが納得できたことを確かめましょう。
備考	実施しての振り返りを記入する 具体的な改善点を記入する

図3-6　1時間ごとの指導計画4年例

　学習のスタイルには，判断力を重視するもの，心情を重視するもの，実践意欲や態度を重視するものなど多様である。問題解決的な学習や体験的な学習も随時取り入れ，バリエーションのある年間指導計画を作成したい。

4. 年間指導計画作成上の創意工夫と留意点

　年間指導計画を活用しやすいものにし，指導の効果を高めるために，とくに創意工夫し留意すべきことは，「小学校学習指導要領解説　特別の教科　道徳編」では主に次のように示している。

（1）主題設定の配列を工夫する。
　　　道徳教育の状況やそれにともなう児童の実態などを考慮する。主題の配列に当たっては，主題の性格，他の教育活動との関連，季節的変化などを十分に考慮する。
（2）計画的，発展的な指導ができるように工夫する。
　　　6年間を見通した計画的，発展的な指導が行えるようにする。
（3）重点的指導ができるようにする。
　　　学校の重点的内容項目の指導時数を増やす。問題解決的な学習など多様な指導方法を工夫する。
（4）各教科，体験的活動との関連的指導を工夫する。
（5）複数時間の関連を図った指導を取り入れる。
　　　一つの主題を1単位時間で扱うことが一般的であるが，一つの主題を2時間扱いで行うなどの工夫も考えられる。
（6）とくに必要な場合には他学年段階の内容を加える。
　　　とくに必要な場合には，他学年の内容を加えることもできる。
（7）計画の弾力的な取り扱いについて配慮する。
　　　①時期，時数の変更　②ねらいの変更　③教材の変更
　　　④学習指導過程，指導方法の変更
（8）年間指導計画の評価と改善を計画的に行うようにする。

　年間指導計画に基づく授業が一層効果的に行われるためには，授業実施の振り返りに基づき，上記により生じた検討課題を踏まえながら，全教師の共通理解の下に，年間指導計画の評価と改善を行うことが必要である。そのためには，日常から実施上の課題を備考欄に記入したり，検討したりするための資料を収集することにも心がけることが大切である。

　校長の方針・全体計画を受け，年間指導計画をより視覚的に，より総合的

に示すために，ねらいを重点化し総合的に道徳教育をとらえた，図3-7にあるような道徳教育のプロジェクト構想も必要になってくる。

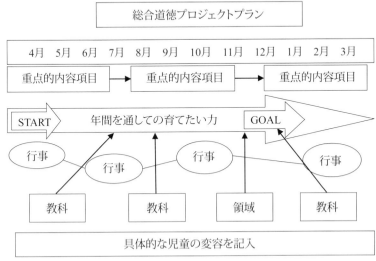

図3-7　総合道徳プロジェクトプラン例

　小学校における指導計画例としては，これ以外にも各教科などとの関連を一覧にした別葉や学級における指導計画，道徳教育を盛り込んだ学級経営案などが考えられる。

　いずれにしても，この節の冒頭で述べたように，しっかりとしたプラン（計画）のないところに確かな道徳教育はありえない。年間を見通した実質的に活用できる年間指導計画を作成し，確かな実践を重ねたい。

第4節　中学校における指導計画（中学校）

1. はじめに

　道徳教育は，自校のすべての教師で組織的に計画・推進するべきものである。このことが，中学校教師を目指す学生も多い本書読者に，本節で伝えたいことである。しかしながら，中学校現場で道徳教育実践を担う側からすれ

ば，このことは少々やっかいな課題である。それだけに，今回の「特別の教科　道徳（以下，道徳科という）」の導入は，この課題に取り組む意義を現場で広げる千載一遇の機会ととらえている。そこで，最低限理解しておくべき（道徳の）指導計画作成についての概要を押さえ，指導計画作成のためにすべての教師による協働的な指導体制を構築するための具体例を示したい。

2．道徳指導計画の作成
（1）学習指導要領に見る指導計画

　指導計画作成に取り組む前提として，「中学校学習指導要領」（2015年3月一部改正。以下，中学校指導要領という）第1章総則と第3章　特別の教科　道徳の両方に目を向け，解説も「総則編」と「特別の教科　道徳編」（いずれも2015年7月）の両方を確認する必要がある。

　「中学校指導要領」第1章総則第1の2の前半部には，学校における道徳教育は，特別の教科である道徳を要として学校の教育活動全体を通じて行うものとある。通常，各中学校で「道徳の指導計画を検討する」といった場合には，学校の教育活動全体を通じて行う道徳教育の全体計画と道徳教育の要である道徳科の年間指導計画をつくることを指しているととらえたい。

（2）校長の方針明確化と道徳教育推進教師を中心とした**全教師の協力体制**

> 　各学校においては，「中学校指導要領」第1章総則第1の2に示す道徳教育の目標を踏まえ，道徳教育の全体計画を作成し，校長の方針の下に，道徳教育の推進を主に担当する教師（以下「道徳教育推進教師」という。）を中心に，全教師が協力して道徳教育を展開すること。

　これは，「中学校指導要領」第1章総則第4の3（1）の前半部である。これに基づき，「解説　総則編」第3章第6節　道徳教育推進上の配慮事項では，校長が方針を明確にすることの意義，すなわち，校長のリーダーシップによって全教師が道徳教育の重要性についての認識をし，全教師の共通理解に基づき，具体的な指導の計画，展開，改善，充実を図ることを示している。その

際に，全教師の参画，分担，協力によって道徳教育を推進する中心となるのが，道徳教育推進教師であり，その役割は表 3-1 のとおりである。

解説編では続けて，全教師が指導力を発揮し，協力して道徳教育を展開できる体制や学校の実態に応じて全教師が積極的に関わることができる機能的な協力体制を整えることが大切であるとしている。

表 3-1　道徳教育推進教師の役割

- 道徳教育の指導計画の作成に関すること
- 全教育活動における道徳教育の推進，充実に関すること
- 道徳科の充実と指導体制に関すること
- 道徳用教材の整備・充実・活用に関すること
- 道徳教育の情報提供や情報交換に関すること
- 道徳科の授業公開など家庭や地域社会との連携に関すること
- 道徳教育の研修の充実に関すること
- 道徳教育における評価に関すること　　など

(3) 道徳教育の全体計画

　　道徳教育の全体計画の作成に当たっては，生徒，学校及び地域の実態を考慮して，学校の道徳教育の重点目標を設定するとともに，道徳科の指導方針，第 3 章　特別の教科　道徳の第 2 に示す内容との関連を踏まえた各教科，総合的な学習の時間及び特別活動における指導の内容及び時期並びに家庭や地域社会との連携の方法を示すこと。

これは，「中学校指導要領」第 1 章総則第 4 の 3 (1) の後半である。道徳教育の全体計画は，一般的には各校において，一覧表にして示される場合が多い。その場合は，必要な各事項について文章化したり具体化したりしたものを加えるなどの工夫が望まれるとされている。記載内容については，「解説　総則編」第 3 章第 6 節 1 の (2) イに示されている（表 3-2 参照）。その上で，別葉の策定が求められている。別葉とは，各教科などにおける道徳教育に関わる指導の内容および時期を整理したもの，道徳教育に関わる体験活

動や実践活動の時期などが一覧できるもの，道徳教育の推進体制や家庭や地域社会との連携のための活動などがわかるものにすることとされている。

表 3-2　全体計画の内容

基本的把握事項（計画作成に当たって把握すべき事項）
・教育関係法規の規定，時代や社会の要請や課題，教育行政の重点施策 ・学校や地域の実態と課題，教職員や保護者の願い ・生徒の実態や発達の段階等
具体的計画事項（基本的事項を踏まえ各学校が全体計画に示すことが望まれる事項）
・学校の教育目標，道徳教育の重点目標，各学年の重点目標 ・道徳科の指導の方針 ・各教科，総合的な学習の時間および特別活動などにおける道徳教育の指導の方針，内容および時期 ・特色ある教育活動や豊かな体験活動における指導との関連 ・学級，学校の人間関係，環境の整備や生活全般における指導の方針 ・家庭，地域社会，関係機関，小学校・高等学校・特別支援学校との連携の方針 ・道徳教育の推進体制 ・その他，たとえば，次年度の計画に生かすための評価の記入欄，研修計画や重点的指導に関する添付資料等を記述したりする

(4) 道徳科の指導計画

各学校においては，道徳教育の全体計画に基づき，各教科，総合的な学習の時間及び特別活動との関連を考慮しながら，道徳科の年間指導計画を作成するものとする。なお，作成に当たっては，第2に示す内容項目について，各学年において全て取り上げることとする。その際，生徒や学校の実態に応じ，3年間を見通した重点的な指導や内容項目間の関連を密にした指導，一つの内容項目を複数の時間で扱う指導を取り入れるなどの工夫を行うものとする。

　道徳科の年間指導計画作成に当たっては，上記の「中学校指導要領」第3章　特別の教科　道徳　第3　指導計画の作成と内容の取扱いの1を把握し

たい。このことについて,「解説　特別の教科　道徳編」第4章第1節2の(1)年間指導計画の意義で,道徳科において指導する内容については,学校独自の重点内容項目や生徒の実態や多様な指導方法を考慮して,学年ごとに主題を構成し,この主題を年間にわたって適切に位置づけ,配列し,学習指導過程などを示すなど授業を円滑に行うことと示されている。続けて述べられている2の(2)年間指導計画の内容と3　年間指導計画作成上の創意工夫と留意点については表3-3,3-4に示している。これらについても,校長が道徳教育の方針を明確にし,全教師に周知させると共に,道徳教育推進教師を中心にして指導体制を整え,道徳教育の全体計画に基づく道徳科の年間指導計画を全教師の共通認識のもとに作成することが重要である。

表3-3　道徳科年間指導計画の記載内容

ア　各学年の基本方針 全体計画に示されている道徳教育の目標に基づき,道徳科の指導における指導について学年ごとの基本方針を具体的に示す。
イ　各学年の年間にわたる指導の概要 (ア)指導の時期　(イ)主題名　(ウ)ねらい　(エ)教材　(オ)主題構成の理由 (カ)学習指導過程と指導の方法 (キ)他の教育活動における道徳教育との関連 (ク)その他,たとえば校長や教頭などの参加,他の教師の協力的な指導の計画,保護者や地域の人々の参加・協力の計画,複数の時間で取り上げる内容項目の場合は各時間の相互の指導の関連などの構想,年間指導計画の改善に関わる事項を記述する備考欄など

表3-4　年間指導計画作成上の創意工夫と留意点

(1) 主題の設定と配列を工夫する
(2) 計画的,発展的指導ができるように工夫する
(3) 重点的な指導ができるように工夫する
(4) 各教科等,体験活動等との関連的指導を工夫する
(5) 複数時間の関連を図った指導を取り入れる
(6) 計画の弾力的な取り扱いについて配慮する
(7) 年間指導計画の評価と改善を計画的に行うようにする

3. 指導計画を作成・実践する協働的な指導体制
(1) 期待したい道徳教育イノベーション

　ここまで，指導計画作成について，その概要を示してきた。そのなかで再三述べてきたのが自校の全教師による指導体制の重要性である。現場では，このことの大切さを十分にわかっているが，実行するには困難がつきまとう。結局は，道徳教育推進教師が一人で指導計画を作成したり，前年度の計画の焼き直しのままになったりすることも決して少なくはない。

　このような実情のなかで，道徳科導入は，学校に道徳教育のイノベーションを起こす格好の機会である。イノベーションとは，「革新・刷新」という意味であり，その中核を担う人物をイノベータという。さしずめ，校長や道徳教育推進教師がイノベータを担うことになるだろう。

　道徳教育のイノベーション（革新・刷新）は，学習指導要領や解説編の記載事項の変更についての理解から始まるだろう。その上で，自校の教師たちがその趣旨を把握すれば，道徳教育が自校課題解決に資することが理解できる。そうなれば，自校の道徳教育活性化のモチベーションが高まり，道徳科導入にともなって，自校の道徳教育の新たな実践内容や方法を検討するようになる。それは，これまでの道徳教育実践の枠組みとして，個々の教師が保持する，あるいは当該学校が保持する価値や規範にまで目を向かせ，その上で，それらに変更を加えたり，新しくつくり出したりさせることになる。それは，その学校の規範の集合体として成立するその学校独自の規範構造（渡邉 2002）を組み替えていくことにもつながる。しかも，それは全教師による協働的な指導体制でこそ実現されていくものだろう。

　そう考えるのであるならば，教師が道徳教育に関わる議論をする場合に，本書でもさかんに取り上げられる，（道徳授業における）「話し合い活動のルール」を用いたい。教師の実際の議論の場面で，「話し合い活動のルール」を機能させることは難しい面があるかもしれない。しかし，生徒たちに「考える道徳」・「議論する道徳」を求めるのであるならば，教師の道徳指導に関わるチームにおいては，ぜひ用いたい。そうすることが，生徒たちの考える・議論する（話し合う）道徳授業のモデルになるからである。なお，話し合い活動のルールの詳細は本書の本節以外の記述を参考にしてほしい。

(2) 協働的な道徳教育指導チームの組織化

学校における道徳教育のイノベーションを生じさせるために，校内の道徳教育の革新・刷新を牽引するチーム（イノベーションチーム）（木村 2016）と道徳教育を全教師で取り組む協働的な指導チーム（コラボレーションチーム）を組織することを提案する。イノベーションチームは，道徳教育推進教師を中心にした代表の数名によって，自校の道徳教育の現状を見立てたり，諸実践の原案をつくったりして，道徳教育経営の中核を担う。コラボレーションチームは全教師による道徳教育活性化チームであり，学年部会や教科等部会や様々な校務分掌の部会が道徳教育に関わるときにサブチームとして活動する。コラボレーションチームとサブチームは，道徳教育の校内研修や研究時に活動する。これら三種類のチームで教師たちが道徳教育に関わって活動する場合に，話し合い活動のルールを機能させる。

(3) 道徳教育の重点目標達成を目指したすべての教師による計画づくり

現場で道徳教育に携わるものとしてとくに願うのは，前述したように自校の道徳の指導計画が自校の教育課題解決に資することである。そのように考えた場合，道徳教育の重点目標と目標達成のための計画づくりに取り組むことは，学校経営上，非常に重要な意味をもつようになる。

イノベーションチームを中心にして企画した校内研修で，全教師によるコラボレーションチームが，道徳教育の重点目標と目標達成のための計画づくりに取り組むようにする。研修時期は，年度当初，年度途中，年度末のどの時期でもかまわない。研修中は，話し合い活動のルールを機能させる。

それでは，研修の進め方を三段階にして示す。
　Ⅰ．学校や生徒・地域の実態から現状の問題点を見いだす。
　Ⅱ．問題点を解決するための道徳教育重点目標を明確にする。
　Ⅲ．道徳教育重点目標達成のために内容や指導の工夫を計画する。

以上の三段階を話し合い活動のルールに基づいて議論する。その場合，附箋を活用するワークショップ形式で議論を進めることで論点を整理しやすくする。Ⅰ段階では，学校・生徒・地域の実態を発散的具体的に出し合い，それらを同じカテゴリーのいくつかに収束させて問題点として明確にする。Ⅱ

段階では，問題点を解決するために，目指す学校像・生徒像を見いだし，そこから道徳教育重点目標を設定する。Ⅲ段階で道徳教育重点目標達成のために，道徳教育全体計画と道徳科年間指導計画作成の視点で取り組むべき今後の課題を明らかにしていく。

　Ⅲ段階を補足すると，本節の表 3-2, 3-3, 3-4,「道徳教育の全体計画の内容・道徳科の年間指導計画の記載内容・道徳科の年間指導計画作成上の創意工夫と留意点」に提示している各項目に則り，あるいは選択して道徳教育重点目標達成のための計画を見いだしていく。その手順は以下のとおりである。
① A3 版などの一枚の用紙をセルに見立て，一つのセルに一つの項目の情報を集めるようにする。
②目的達成のために各項目について具体的な内容やアイデアを附箋に書き出す。
③書き出した附箋を項目の内容別に，セルに見立てた用紙それぞれに貼り出す。
④それらについて KJ 法を活用しながら話し合い活動によって整理する。
⑤整理された情報から，道徳教育重点目標達成のための計画を組み立てていく。

　コラボレーションチームによるこの取り組みは，今後の指導計画作成に全教師が関わることになる。もし，全教師による道徳教育の協働的指導体制が整っていなければ，この取り組みが協働的指導体制を機能させる契機となる。

　こうして話し合い活動によって取り組んだ道徳教育重点目標達成のための計画づくりの研修の結果は，イノベーションチームで整理され，校長の方針のもとでまとめられる。それらを道徳教育の重点目標とその目標を達成するための計画として，改めて職員会議などで提示する。こうすることによって，話し合い活動が機能するコラボレーションチームによる校内研修と通常の職員会議の機能の違いが明確になり，学校経営上の混乱もなくなると考える。

(4) 循環性と更新性を生じさせる RPDSAR' サイクル
　教育活動の計画・実行・評価・修正を考える場合，学校現場では PDCA サイクルが随分と一般的になってきた。これを応用した RPDSAR' サイクル

を，学校の道徳教育活性化のために活用したい（木村 2016）。

　RPDSAR'サイクルとは，具体的には，Research（学校状況の見立て），Plan（道徳教育の計画），Do（道徳教育の実行），Study（道徳教育の点検・評価・修正），Act（道徳教育の再実行），Reflect（振り返り）となる年度間のマネジメントサイクルである。Check ではなく Study とすることで，点検・評価・修正時に道徳教育研修や研究の実施を強調する。その上で Study 段階と修正された実践を試みる Act 段階を反復的に取り組むのが特徴的である。

　道徳科導入にともない，指導計画も手探りの段階でスタートする時期には，指導計画作成と共に，学期半ばの点検・評価・修正は大変大事な取り組みとなる。イノベーションチームのリードのもと，コラボレーションチームやサブチームを機能させて，校内研修や研究を活性化することは意義深いと考える。

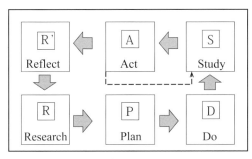

図 3-8　RPDSAR' サイクル

(5) 実践・評価・計画の循環性と更新性を保持する意義

　道徳教育の活性化を求めて，Study（道徳教育の点検・評価・修正）と Act（道徳教育の再実行）の段階を反復させることは，道徳教育の実践・評価・計画の循環性と更新性を高めて，その都度，道徳教育の諸取り組みが改善され，活性化されていく。その場合，「解説　道徳科編」第 4 章第 1 節 3 の (6) の以下の記載内容を配慮しておく必要がある。

　　（道徳科の）年間指導計画は，学校の教育計画として意図的，計画的に
　　作成されたものであり，指導者の恣意による不用意な変更や修正が行わ

れるべきではない。変更や修正を行う場合は，生徒の道徳性を養うという観点から考えて，より大きな効果を期待できるという判断を前提として，学年などによる検討を経て校長の了解を得ることが必要である。

　道徳科の授業実施に変更・修正を加えたり，学校の教育活動全体を通じて実施される道徳教育の諸取り組みについても変更・修正を加えたりして指導計画を更新した場合，イノベーションチームのメンバーで，更新された内容をその都度記録しておく。また，コラボレーションチームやサブチームで議論された研修・研究時の内容や方法も記録として残していきたい。それは，年度末のReflect（年度間の振り返り）と次年度のResearch（学校状況の見立て）の段階を意義あるものにする。イノベーションチームを中心にして，全教師が参画するなかで指導計画の修正を加味した本年度末の振り返りと次年度当初の見立てが，年度をまたいで連続的に機能することを可能にするからである。結果，新年度の指導計画作成が旧年度の実践を十分吟味しながら円滑に進むようになり，道徳教育のマネジメントサイクルがより機能するようになる。

4. おわりに

　以上，本節では，最低限理解しておくべき中学校における（道徳の）指導計画作成についての概要を押さえ，指導計画の作成や更新を活性化する全教師による協働的な指導体制の具体例を示した。ぜひ，道徳科新設にともない指導計画の作成や更新に全教師が参画することを契機にして，現場に道徳教育のイノベーションを実現させてほしい。

学習課題

（1）「特別の教科　道徳」（道徳科）の授業はこれまでの道徳授業とどのような違いがあるか。
（2）道徳教育の指導計画を作成する上で留意すべき点についてまとめよう。
（3）道徳教育推進教師の仕事にはどのようなものがあるか整理しよう。

〈引用・参考文献〉

- 押谷由夫・諸富祥彦・柳沼良太編『新教科・道徳はこうしたら面白い――道徳科を充実させる具体的提案と授業の実際』図書文化，2015年
- 木村慶「中学校における効果的な道徳教育研修――学び合うコミュニティでよりよい学校創りを構想する研修枠組み」，渡邉満ほか編『シリーズ「特別の教科 道徳」を考える3 中学校における「特別の教科 道徳」の実践』北大路書房，2016年
- 埼玉県川口市立前川小学校「研究計画・研究紀要」2015年
- 谷田増幸「『特別の教科道徳』の特質」，文部科学省教育課程課編集『中等教育資料』2015年6月号，学事出版
- 文部科学省「小学校学習指導要領」2015年
- 文部科学省「小学校学習指導要領解説 総則編」2015年
- 文部科学省「小学校学習指導要領解説 特別の教科 道徳編」2015年
- 文部科学省「中学校学習指導要領」2015年
- 文部科学省「中学校学習指導要領解説 総則編」2015年
- 文部科学省「中学校学習指導要領解説 特別の教科 道徳編」2015年
- 渡邉満「教室の規範構造に根ざす道徳授業の構想」，林忠幸編『新世紀・道徳教育の創造』東信堂，2002年
- 渡邉満ほか編『シリーズ「特別の教科 道徳」を考える2 小学校における「特別の教科 道徳」の実践』北大路書房，2016年

第4章

「道徳科」の指導

　第4章では，道徳科の授業の指導方法と授業展開の工夫について学びます。第1節では，道徳性の発達段階について科学的な研究としてコールバーグの考え方を中心に学びます。第2節では，児童生徒の主体的な学びの在り方について解説しています。第3節では，「考え議論する道徳」を進めていく上で，重要な課題となる児童生徒の論理的な思考による課題解決の在り方について解説しています。第4節では，話し合うことと書くことに焦点をおいて，それらを生かして子供たちが成長を実感できる授業づくりと授業実践を紹介しています。第5節では，いじめ問題などの生徒指導上の諸課題に対する道徳教育の予防的役割に焦点をおいて中学校の取り組みについて解説しています。

　学習を進めるに当たっては，実践が理論的な考え方にしっかりと裏づけられていることに留意することが必要です。

> **キーワード**
>
> 脱中心化，3水準6段階，アクティブラーニング，トゥールミン・モデル，論証，道徳ノート，開発的生徒指導

第1節　道徳性の発達段階と道徳科の授業づくり

1. はじめに

　本節では，道徳性の発達段階論の基本的な理論の説明とその理論に基づいた道徳授業の在り方の例を示すこととする。具体的には，ピアジェ（Piajet, J.）の道徳性発達段階論からコールバーグ（Kohlberg, L）の3水準6段階論についての説明とその理論に基づいた小学校における道徳授業の一例を示すこととする。

　ここでいう"道徳性"は，「一部改正学習指導要領」の「特別の教科　道徳」で定義されている道徳性（「自己（人間として）の生き方を考え，主体的な判断の下に行動し，自立した人間として他者と共によりよく生きるための基盤となる」）ものに限定しないで，もっと広く一般的な"道徳性"を表す。

　この道徳性の発達に関しては，世界中の多くの研究者が研究を重ね，今に至っているが，最初にこの道徳性の発達に関する研究に取り組んだのは，認知心理学を開拓したピアジェである。

　そこで本節では，まずもってこのピアジェによって始まった道徳性の発達に関する研究をひも解きながら，子供たちの道徳性の発達について共通理解しておきたい。具体的には，道徳性の発達研究の祖ともいえるピアジェの理論からスタートし，コールバーグ，そしてコールバーグの発達理論を社会理論の構築に批判的に取り入れたハーバーマス（Habermas, J.）の理論的背景について簡潔に述べたい。そして，その道徳性の発達理論をもとにしながらも，それらを日本の道徳授業にいかに援用し，実践に生かしていくことができるかについて述べたい。

2. ピアジェの道徳性発達理論
（1）ピアジェの実験（故意と過失に関する道徳的判断の研究）

　ピアジェは，道徳性の発達に関する研究を数多く行っているが，なかでも有名なのが故意と過失に関する研究（日本道徳性心理学研究会編 1992）であろう。ピアジェが子供の道徳的判断を調べるときに用いたのは，いくつかの例

題を提示しそれに関する質問に対する答えのなかに道徳性を見出すというものであった。いわゆる臨床法の技法である。故意と過失に関して彼は三つの例話を用いている。そのうちの一つを紹介したい。

> マリーという名の小さい女の子がいました。彼女はお母さんがびっくりするくらい喜ぶことをしようと，お裁縫をして自分で布を切りました。しかし，彼女はうまくはさみを使えなくて，自分の洋服に大きな穴を開けてしまいました。
>
> マーガレットという名の小さな女の子が，ある日お母さんが出かけているときに，お母さんのはさみを持ち出しました。彼女は，はさみでしばらくの間遊びました。そして，彼女はうまくはさみを使えなかったので，自分の洋服に小さな穴を開けてしまいました。

この例話は，前者は悪い動機をもっていたわけではないのであるが，過失（不器用さ・あるいは不慣れ）によって重大な結果を招いてしまった例であり，後者は，動機は悪いのだが，結果としては軽微なものですんだというお話である。ピアジェは，このような対になった話を聞かせた後，次のような質問をする。

> さて，どちらの女の子がより悪いですか？ そしてそれはなぜですか？

つまり子供たちの道徳的判断の仕方とその理由について探ったのである。

(2) 実験の結果～結果論から動機論へ

この質問に対して多くの子供たちが答えるのだが，ある年齢層の子供たちは，圧倒的に前者が悪いと言う。理由を聞いてみると，「だって大きな穴をあけたんでしょ。そりゃあ，前の子が悪いわ」と。しかしながら別の年齢層の子供たちは，圧倒的に後者の女の子が悪いと言う。理由を聞くと「後の子は自分の遊び心（単なる好奇心）のせいで小さな穴をあけたんでしょ。前の子はお母さんをびっくりするくらい喜ばせたくてしたんだから悪くないわ」

と。

　すなわち，ある年齢層の子供たち（より低い年齢層）は，善悪の判断を結果から推測したわけである。一方，別の年齢層の子供たち（より高い年齢層）は，善悪の判断を動機から推測したといえる。このことをピアジェは，前者は責任を客観的にとらえる考え方に，後者を責任を主観的にとらえる考え方に基づいているとして，〈客観的責任概念〉〈主観的責任概念〉と呼んだのである。

　これら事実からピアジェは，子供たちの道徳性は何らかの理由によって発達するということを突き止めた（他律→自律）わけである。

(3) 他律から自律へ

　上記の事実からわかることは，子供たちの道徳性は他律（誰か権威ある人物に褒められたい，あるいは怒られたくない）というものから，自律（自らの判断や第三者からよい行動だと認められると考えられる判断）に発達するということである。そして，それらは認知構造の質的変化であるため，発達した後には後退はしないというものであった。

3. コールバーグの道徳性発達理論

　前項で示したようなピアジェの子供の道徳性の発達段階論をさらに進めて，成人に至るまでに押し広げて考えたのが，アメリカの社会心理学者コールバーグ（日本道徳性心理学研究会編 1992）である。

　コールバーグはピアジェの認知発達理論を批判的に継承し，成人に至るまでの発達を実証的に証明するために，多様な年齢の被験者を調査すると共に，継続的に追跡調査も行って，横断的・縦断的研究を行った。また，世界各地で調査を行うことによって，文化的背景に左右されることなく人間の道徳性の発達の規則性にある一定の法則があることを突き止めたのである。

　子供たちが大人に近づくということは，子供たちが道徳的な判断の在り方を，きわめて自己中心的なものの見方・考え方から，他者との間に合意了解していくといったより普遍性をもつ合理的な見方・考え方に変容していくこと，いわゆる脱中心化の方向に進むことであろう。今ではこの一見ごく当た

り前のことを，心理学的な手法により明らかにしていったのである。コールバーグは，このことをピアジェの実験を参考にしてかの有名な"ハインツのジレンマ"によって検証していったのである。

(1) ハインツのジレンマ
　"ハインツのジレンマ"とは以下のようなものである。

> ハインツの妻は重い病気を患っていて余命いくばくもないという宣告を受けていた。いわゆる特殊な癌である。ハインツは妻を救うべく治療法を探し求めていた。すると隣町にそのある特殊な癌にだけ効くという薬を開発した薬屋があるという。ハインツは喜び勇んでその薬を買いに行く。ところがその薬屋はその薬を開発するに際してかかった費用の10倍もの額をかけていた。ハインツは東奔西走して金策に駆け巡るのであったが，その半分の額しか集めることができなかった。そこでハインツはその薬屋に薬の値引きか後払いを要求した。とくに後払いに際しては，後に一生をかけてでも必ず返済すると訴えた。ところがその薬屋は「この薬は蓄財のために開発したのであって，お金のないあなたには譲ることはできない」とハインツの要求をむげに断るのであった。思いつめたハインツは，その日の夜薬屋に盗みに入ってしまった。ハインツは薬を盗むべきでしたか。盗むべきではなかったですか。その理由は。

コールバーグはこの"ハインツのジレンマ"の判断そのものではなく，その理由づけのなかにその人の道徳性の発達を見出していったのである。それは，先にも述べたように"自己中心的"なものの見方・考え方から，"脱中心化"していく過程ととらえることができる。"自己中心的"というのは「自分を中心に考えていく」ことであり，「脱中心的」というのは道徳的な事柄を考える上でその視点が自分中心なものを克服していくことを示している。換言すると，「自分が褒められたい」「自分が叱られたくない」といった他律的なものの見方・考え方から，「いつ，誰が，どんな状況でもそうすべき」といった普遍化可能性（universalizability）と指令性（prescriptivity）をともなっ

た自律的なものの見方・考え方への過程ととらえる。具体的な判断理由はここでは割愛させていただくが,その結論だけを示すこととする。

(2) 3水準6段階の道徳性発達段階論
表4-1　コールバーグによる道徳性発達段階

〔Ⅲ〕脱慣習的水準	第6段階(普遍的な倫理的原理志向)
	第5段階(社会契約主義的遵法主義志向)
〔Ⅱ〕慣習的水準	第4段階(「法と秩序」志向)
	第3段階(対人関係調和志向)
〔Ⅰ〕前慣習的水準	第2段階(道具的互恵主義志向)
	第1段階(罰回避従順志向)

(Kohlberg and Higgins 1984)

①水準

〔Ⅰ〕の前慣習的水準は成人の日常の社会生活に至る以前のレベルを示し,〔Ⅱ〕の慣習的水準は日常の社会生活の基盤にある道徳性のレベルを示す。いわゆる規則や規範が理解できるレベルである。〔Ⅲ〕は〔Ⅱ〕の道徳的判断を規定する原理や原則を批判的に反省できるレベルである(渡邉2013)。すなわち規則の原理,規則が存立する理由が理解できるレベルである。

②6段階論

第1段階は,行為をその物理的結果や罰,報酬といったものから考える段階であり,幼い子供が親や教師,いわゆる権威ある者(権威のなかには信頼を含みもつ)の言うことにひたすらに従う段階である。第2段階は,単に物理的な相互の有用性を問題とする段階で,友人関係のような自己と他者との関係のなかで生じる。第3段階は,善き行為とは,他者を喜ばせたり助けたりするものであり,そのことが集団から認められることを求める考え方である。そして,行為はしばしば動機によって判断され,初めて"善意"が重要となるのである。第4段階になると,社会のなかの自己という考え方が発現し,すでにある法や社会的秩序を秩序そのもののために維持することを考えているという特徴がある。これが第5段階になると,規則は,固定的なもの

でも権威によって押しつけられるものでもなく，そもそも自分たちのためにある，変更可能なものとして理解される。正しいことは，社会には様々な価値観や見解が存在することを認めた上で，社会契約的合意に従って行為するということであると考えるようになる。さらに，第6段階になると論理的包括性，普遍性あるいは立場の互換性といった視点から構成される「倫理的原理」に従って，何が正しいかを判断する。すなわち，人間の権利の相互性と平等性や尊厳性を普遍的な原理から考えることができるようになるのである。

　もちろんこれらは，ピアジェが規定したように，認知構造の質的な変化によって生じるのであるから，段階上昇が見られれば逆行はしないし，段階間の飛び越しもあり得ない。また，すべての人間はこの過程を経るのであるが必ずしも6段階論まで到達するかどうかはわからないとするものであった。

(3) コールバーグ理論の問題点

　コールバーグは，上述したような道徳性発達段階論をいわゆるジレンマ課題に対する考え方を面接法によってその妥当性を検証していったわけであるが，一つ大きな問題点を残すこととなった。それは，彼が道徳性を個人内のものの見方・考え方に限定した点である。このことは以下のような問題をはらむこととなる。たとえば，道徳性の発達を促進するような教育活動を行った場合，個人の道徳性は上昇しても学級での生活，とくに人間関係はあまり良好にはならない場合があるということである。換言すると，人間関係の在り方が個人の考え方に変容を促すことはあっても，個人の考え方が学級の人間関係に好影響を及ぼすことは必ずしもあり得ないのである。なぜならば，学級での人間関係の在り方が個人に影響を与えることはあるが，個人が所属している学級は構成員全員によって担われているからである。そこで問題となるのは，相互行為の在り方や学級成員全員の合意・了解過程を経た規範づくりではなかろうか（淀澤 2005）。

4. ハーバーマスの道徳性発達理論に依拠した道徳授業づくり

　前述したように，コールバーグの発達段階論では個人の発達と共に変化する社会的関係のタイプや質が考えられていないことに加え，個人と共同体との関係が十分にとらえられていないことが考えられた。これに対し，ハーバーマスは，個人の道徳性の発達をその個人の周りの人間関係や社会制度のなかでとらえ，現実の社会的環境における個人と個人の相互行為という文脈において理解しようとする。

　そこで，ジレンマ資料を用いた道徳学習のもつ課題やコールバーグ理論のもつ課題を，個人内での道徳性の発達から社会のなかでの道徳性の発達へと組み替えることととらえ，解決の糸口をハーバーマスの理論に見出したい。

(1) ディスクルス（討議）を中心とした道徳学習の構想

　道徳の時間では，コミュニケーションの関係性を構築し，教室での「教師―子供」関係，「子供―子供」関係の構築が求められなければならない。

　こうした取り組みを道徳の授業のなかで行っていけば，価値の注入（indoctrination）にもならず，また倫理的相対主義にも陥ることなく，子供たちの発達段階に応じた道徳性の育成ができるのではないかと考えた。このことは，「特別の教科　道徳」登場の背景ともなった「読み物道徳」と揶揄されるような歪んだ心情主義に対するアンチテーゼともなる。

　さらに，こうしたコミュニケーション能力の育成が，子供たちに自ら選択し合意した道徳的規範に従うという自律的な力を養うと共に，それが道徳的行為（道徳的実践）への動機づけともなり得るのである。このことは，道徳教育の最大の課題といってもよい「道徳的実践力と道徳的実践の融合」という問題を，解決への道に導いていってくれる。これは，まさに「特別の教科　道徳」の目指すものであり，問題解決的な学習，「考え，議論する道徳」につながると思われる。そして，われわれの考える道徳授業では，言語活動やアクティブラーニングを重視し，道徳的判断力を求め，多面的・多角的に思考させつつ問題解決的学習に取り組もうとしているのである。その結果，当然のごとく子供たちの規範意識は高まると考える。

(2) ディスクルス（討議）を中心とした道徳学習の実践

ディスクルス（討議）を中心とした道徳学習は，基本的にはクラスの成員全員が合意・了解していく話し合いを中心とした道徳学習である。そこで，ここではこのような学習を合意形成型道徳授業としたい。その基本形は以下のとおりである。

図 4-1　合意形成型道徳授業の流れ

①資料提示⇒問題状況の把握・理解⇒コンフリクトの発生

まず，資料の提示である。そこには道徳的葛藤が描かれていることが重要である。すなわち，主人公の葛藤場面において，Aを選んでもBを選んでも道徳的に見て価値がある，すなわち正当性が認められる場合である。そうすると主人公はA，Bどちらを選んでももう一方の価値を実現することができなくなる。

子供たちは，主人公の道徳的葛藤を理解すればするほど，どうすべきか悩む（コンフリクトに陥る）ことになるわけである。つまり道徳的問題の発生とその解決への模索の必然性が生まれる。まさに問題解決的学習の成立である。

②「特別の教科　道徳」における話し合い

そこで，「主人公はどうすべきか」という命題に対して，学級成員全員がその解決に向けて話し合いを促すわけである。おそらくは，各人それぞれに確からしい理由をもっているであろう。しかしながら，改めてその解決に向けて話し合いをもつことで，何らかの終着点を設けなければならない。子供

たちはみんなが納得する道を見つけなければならないわけである。しかも，その決め方はあくまでも理想的発話状況（誰しもが等しい発言権をもち自由に話し合いに参加できる状態）における話し合いでなければならない。教師はそのために普段から子供たちのなかに隠れた権力構造をもたないような学級経営に努める必要があろう。もちろん，はじめのうちはなかなかクローズエンドにまで達することは難しいであろう。しかし，みんなが納得できる理由を見つけようとしていくなかで真の民主主義の在り方を学んでいくと考えられる。そしてみんなが合意・了解できたとき，学級という小さな社会のなかに新しい価値なり規範が生まれるのである。

③実践化

上述したような取り組み（道徳学習）を続けていけば，クラスのなかで類似した出来事，たとえば「いじめ」のような問題が起こったとしても，クラスのみんなはここで話し合ったような理由づけをもって実践しなければならない。なぜならば，みんなが納得して決めたルール（価値や規範）であるのなら，それを守っていくことが自己目的的であろうし，守らなければ自己矛盾を引き起こしてしまうからである。当然のごとく，スムーズに実践化が行われることであろう。

第2節 アクティブラーニングとしての道徳の学び

1. はじめに

活動的な学習というと，近年，アクティブラーニングに注目が集まっている。「活動的な学習」あるいは「能動的な学習」と訳される「アクティブラーニング」は，大学の授業改善を目指して導入された学習方法論であるが，現在では小・中・高等学校の教育課程を再編する新たな学びの方向性として広がりを見せている。

そこで本節では，アクティブラーニングの意味を確認した上で，それがなぜ道徳授業にとって重要な意味をもつのかということを論じる。そして，アクティブラーニングの一例として話し合い活動を取り上げ，その実践的な留

意点を説明する。

2. アクティブラーニングとは何か
(1) アクティブラーニング導入の経緯

　2014(平成26)年12月の中央教育審議会答申では，日本の大学教育について次のような指摘がなされた。「我が国が成熟社会を迎え，知識量のみを問う『従来型の学力』や，主体的な思考力を伴わない協調性はますます通用性に乏しくなる中，現状の高等学校教育，大学教育，大学入学者選抜は，知識の暗記・再生に偏りがちで，思考力・判断力・表現力や，主体性を持って多様な人々と協働する態度など，真の『学力』が十分に育成・評価されていない」。そのため，「大学教育を，従来のような知識の伝達・注入を中心とした授業から，学生が主体性を持って多様な人々と協力して問題を発見し解を見いだしていくアクティブラーニングに転換し，特に，少人数のチームワーク，集団討論，反転授業，実のある留学や単なる職場体験に終わらないインターンシップ等の学外の学修プログラムなどの教育方法を実践」すべきである(中央教育審議会答申「新しい時代にふさわしい高大接続の実現に向けた高等学校教育，大学教育，大学入学者選抜の一体的改革について」2014年12月)。

　そして，「従来のような知識の伝達・注入を中心とした授業から，学生が主体性を持って多様な人々と協力して問題を発見し解を見いだしていく」という授業改善の流れは，小・中学校の教育課程へと現在波及している。次期学習指導要領の在り方に関して中央教育審議会に諮問された内容を見ると，「ある事柄に関する知識の伝達だけに偏らず，学ぶことと社会とのつながりをより意識した教育を行い，子供たちがそうした教育のプロセスを通じて，基礎的な知識・技能を習得するとともに，実社会や実生活の中でそれらを活用しながら，自ら課題を発見し，その解決に向けて主体的・協働的に探究し，学びの成果等を表現し，更に実践に生かしていけるようにすることが重要である」と述べられている。そして，そのためには，「何を教えるか」という知識の質や量の改善はもちろんのこと，「どのように学ぶか」という，学びの質や深まりを重視することが必要であり，課題の発見と解決に向けて主体的・協働的に学ぶ学習(いわゆる「アクティブ・ラーニング」)を充実させる必

要があると指摘されている（中央教育審議会への諮問「初等中等教育における教育課程の基準等の在り方について」2014 年 11 月）。

(2) アクティブラーニングとは

アクティブ（active）とは，「能動的」とか「活動的」と訳され，アクティブラーニングとは，学習者が能動的に学習に取り組むことをさす。文部科学省によれば，アクティブラーニングとは，「教員による一方向的な講義形式の教育とは異なり，学修者の能動的な学修への参加を取り入れた教授・学習法の総称」であり，それによって，「学修者が能動的に学修することによって，認知的，倫理的，社会的能力，教養，知識，経験を含めた汎用的能力の育成を図る」ことが目指されているという。そして，その具体例として，発見学習，問題解決学習，体験学習，調査学習のほか，グループ・ディスカッションやディベート，グループ・ワークなども有効なアクティブラーニングの方法であるとされている。

(3) アクティブラーニングの特質

能動的であるということは，第一に，身体的な活動があるということを意味する。教師からの一方的な知識の伝達という受動的な学びが批判され，子供たちが身体的な活動をともなう，能動的で主体的な学びを実現することがここでは求められている。もちろん，知識を伝達することそれ自体が悪いわけでは決してない。知識伝達型の学習が問題なのは，教師が知識や大切なことを伝達しようとする教育的な行為が，子供たちを受け身にしてしまい，伝達された内容をただ漫然と「受け取ること」が学習だととらえられてしまうからである。また，教師が伝達したつもりでも，子供には伝わっていない，つまり子供は学んでいないという状況が授業のなかで頻繁に起こるからである。知識伝達型の授業では，主体的に問題へと向かおうとする積極的な姿勢が学習者になくても授業が進行してしまう。「座学」が批判される理由はこの点にあって，伝達という教師の行為ではなく，能動的な学習が生起しているかという観点から授業をとらえ直そうと試みられているのである。

知識伝達型の「座学」が批判されるもう一つの理由は，それが単調でつま

らない活動としてとらえられてしまうことにある。授業のなかで積極的に意見を発信したり，活動に参加することで身体を通した学びを実現すること，あるいは仲間と一緒に議論したり問題を解決することが，能動的な学びには含まれる。

ただし，後述するように，授業のなかでただ身体的な活動があればよいというわけではない。それが学習活動である以上，たんに活動するだけでなく，そこに学びとしての能動性も備わっていなければならない。つまり，ここでいう「能動的」という言葉は，身体的な活動だけでなく，精神的な活動という意味で能動的であるということを示唆していると考えなければならない。

さらに，体験活動や話し合い活動のような「参加的な学び」は，アクティブラーニングのもつ協働的な学びという側面を浮かび上がらせる。アクティブラーニングに協働的な学びが必要とされる理由は，伝達型の学びからの転換に由来している。学習者が自分の頭で問題を考えるとき，ただそれだけでは自分だけの主観的な考えのままであり，独りよがりな考えとなる危険性がある。また，そもそも正解のない問題に対して，みんなで真剣に立ち向かって解をつくり出すということが，新しい学びにおいて求められている。したがって，アクティブラーニングは必然的に協働的な側面を含むことになるのである。

以上のことから，アクティブラーニングとは，身体的・精神的活動において能動的であり，他者と何らかの実践に参加するなかで学ぶという意味で協働的な学びである，と定義することができる。

3. 道徳学習がアクティブラーニングでなければならない理由
（1）アクティブラーニングは新しい観点ではない

先述した文部科学省の定義では，アクティブラーニングの具体例として，発見学習，問題解決学習，体験学習，調査学習，グループ・ディスカッションやディベート，グループ・ワーク等が挙げられていた。しかし，こうした学習方法は何も今回新たに導入されたわけではなく，道徳の教科化以前からすでに学習指導要領においてその重要性が強調されていたことである。すなわち，職場体験活動や集団宿泊活動，ボランティア活動，自然体験活動といっ

た諸々の体験活動における豊かな体験を通して，児童・生徒の内面に即した道徳性の育成が図られるよう考慮すべきだと指摘されている。また，話し合い活動等の言語活動の充実も，道徳の教科化以前から，教科・領域を問わず小・中・高等学校のすべての教育課程においてその重要性が強調されるようになっており，その方向性は道徳が教科化された2015（平成27）年版の学習指導要領においても継承されている。したがって，アクティブラーニングは教科化によって新たに打ち出された方向性では決してなく，むしろ，1998年改訂や2008年改訂の学習指導要領から一貫している道徳教育・道徳授業改善の動向のなかに位置づけて理解されるべきである。

それに，小・中学校の道徳授業では，従来から子供たちに発表させたり話し合わせたりすることが必要だと認識されており，とりわけ，小学校の道徳授業では，こうした活動に加えて，役割演技や動作化といった手法もこれまで積極的に取り入れられてきたという事実もある。そのため，学校現場では，アクティブラーニングの重視に対して，「今さら」という思いを抱く人もいるかもしれない。

そこで，道徳学習の本質的な特徴という観点から，アクティブラーニングの必要性を改めて確認していきたい。

(2) 能動的で協働的な道徳学習の本質

道徳学習が能動的で協働的な学びである必要性は，道徳というものの本質に照らして説明することができる。

まず，道徳的な行為とは，その本質からして主体的な行為でなければならない。たとえば，教室に落ちているゴミを子供たちが拾うという場面を想定してみよう。担任の先生がゴミを拾うことに対して褒美を約束したり（拾ってきたゴミ一つに対して100円をあげると約束する），あるいは罰を設定すれば（教室にゴミが一つでも落ちていたら，その日の宿題の量を倍にする），子供たちは喜んで，あるいはしぶしぶ教室のゴミを拾うだろう。しかし，彼らがゴミを拾い，その行為によって教室がきれいになったとしても，私たちは彼らのその行為を道徳的であるとは呼ばないだろう。なぜなら，そういった行為は，褒美や罰によって引き起こされたものであり，本人の主体的な行為とはみな

されないからである。つまり，道徳とは，本人自らが「そうすべき」と思って行為することなのであり，それが，カント（Kant, I.）が道徳の本質として指摘した「自律」ということなのである（カント2004）。

話し合い活動もまた，道徳の本質上，必要不可欠なものとしてとらえることができる。道徳授業で話し合い活動がなぜ必要かというと，まず，自分とは異なる他者の意見に出合うためである。では，他者の異なる意見に出合って，次にどうするのか。

私たちは他者の意見を常に無条件ですべて受け入れているわけではない。まずその意見の内容や妥当性について吟味し，自分の意見と比較しながら，その意見に対する判断を下す。このときに，賛成であれ反対であれ，その判断理由が重要となる。そして，この判断内容（賛成／反対）と判断理由（○○という理由で賛成／反対）を自分の意見として表明し，その意見に対してまた他の人が同様の判断と判断理由を示す。このプロセスが話し合いと呼べるものである。つまり，他者の意見（あるいは資料の内容）との出合い→個人での吟味→発表→集団での吟味というプロセスのなかで，よりよい意見，より正しい意見をつくり出すために，話し合いという協働的な学びが不可欠なのである。

4. 道徳授業における話し合い活動
（1）話し合い活動の種類

ここでは，アクティブラーニングの具体的な事例として話し合い活動を取り上げて考察する。

話し合い活動には，隣の人とペアで行うもの，4～6名程度のグループで行うもの，教室全体で行うものなどがある。どの話し合い活動の形態を授業で採用するかは，それぞれの特徴に応じて使い分けるのがよい。ペアでの話し合い活動は，授業のなかで机を移動することなくすぐに話し合うことができるし，気軽におしゃべり感覚で話をすることができる。グループでの話し合い活動では，4～6名というのが議論に適した人数であるため，ある問題について議論して意見をまとめるという活動に適している。学級全体での話し合いでは，恥ずかしくて手を挙げられないという子供も出てくるが，反面，

多様な意見に触れる機会を設けることができる。

　また，子供一人当たりの発言時間を単純に考えると，学級全体よりグループ，グループよりペアでの話し合いのほうが多くなる。たとえば，話し合い活動を10分間行うとすると，一人当たりの発言時間を単純に計算すると，ペアで5分，5名グループだと2分，40人学級全体だとわずか15秒となる。したがって，子供たちに今日は思ったことをしっかりと話させようという意図があれば，ペアでの話し合いが効果的だということになる。いずれにせよ，授業の場面でどの形態の話し合い活動を選択すべきかということは，その場面での話し合いのねらいに即して決めるべきである。

　なお，アクティブラーニングのなかにはディベートも挙げられているが，ディベートは自分の意志とは無関係に特定の立場を擁護する点や，勝ち負けを競う点で，道徳学習には向いていない方法である。

表4-2　話し合い活動の形態別特徴　(○：メリット　△：デメリット)

ペアでの話し合い	グループでの話し合い	学級全体での話し合い
○緊張せずに気軽に話すことができる。 ○グループ活動のように机を動かす必要がないので，活動の切り替えが早い。 ○一人当たりの話す時間が長くとれる。 △多様な意見に出合う機会が少ない。	○人数的に，問題を深く吟味したり，グループで意見を一つにまとめるのに向いている。 ○ペアでの話し合いと比べて，自分とは異なる意見と出合いやすい。 △机を移動する時間がかかり，少し騒がしくなる。	○多様な意見が出る。 ○意見を教室全体で吟味したり，共有することができる。 ○議論の推移や状況を授業者が把握しやすい。 △全員が発言する時間を確保できない。恥ずかしがって発言できない人もいる。そのため，発言が特定の人に偏る危険性がある。

(2) 道徳学習における話し合い活動の意義と留意点

　話し合い活動の構成人数だけでなく，話し合い活動の本質的な部分にも目を向けると，道徳授業において話し合い活動をする主な意義として次の2点

が挙げられる。

　第一に，他者の異なる意見に出合うことである。道徳的な問題をどうとらえるか，また道徳的な価値についてどのような考えをもっているかということは，個々人によって異なる。したがって，自分では「こうすべきだ」としか考えられない場合でも，他者は別の観点から異なる解釈を抱いていることがよくある。道徳的な考え方を深めたり，豊かにするためには，自分とは異なる他者の意見に触れることが不可欠である。

　第二に，そうした他者の意見に真摯に向き合うということは，その意見を吟味することである。つまり，話し合いとは，異なる意見を吟味し，よりよい考えを見つけたりつくり出す場でもある。道徳には「間違いはない」とよく言われるが，どうすべきかということを考えるということは，「○○すべきではない」ということを考えることでもある。道徳的な考え方が人によって異なる以上，唯一の正解が存在するという想定は困難であるが，だからといって，「なんでもアリ」では道徳の役割を果たすことができない。

　意見の吟味を通してよりよい意見やより正しい考え方を追求する話し合い活動では，その意見を正しいと考える「理由」が非常に重要となる。端的に言えば，話し合いの焦点は「どうすべきか」という行為の選択ではなく，「そうすべきだとする理由」の妥当性（判断理由の妥当性）に向けられなければならない。

　また，学習者にとって話し合いの相手とは，教師というよりもむしろ学習者同士である。つまり，話し合いとは，「教師―学習者」の間よりも，「学習者―学習者」の間で展開されることが重要である。そのために，話し合いのなかでは，他者の発言をきちんと「聴く」という活動が不可欠となる。

　こうした話し合い活動を展開するための前提として，まず何より，学習者は誰でも平等に発言する権利が保証されなければならない。また，他者の意見に対して理由をともなって批判することはいいが，他者の人格を攻撃してはならない。否定していいのは意見であって，他者の人格それ自体は尊重されなければならないのである。

5. 道徳授業におけるアクティブラーニングの留意点

　最後に，道徳授業をアクティブラーニングで行う際の留意点を指摘しておきたい。それは，「『アクティブ』であればよいのか？」という問いのかたちで表すことができる。アクティブラーニングは，座学のような受動的な学習に対する批判として登場し脚光を浴びたため，話し合いのような「活動すること」に注目が集まる。しかし，活動（たとえば話し合い）をすれば，それだけでよい学習といえるわけではないことは，当然の理屈である。そこでは，身体的な活動だけでなく，精神的な活動もともなっていなければならず，身体的に活動すれば，それが自動的に精神的な能動性を引き起こすわけでは決してない。つまり，アクティブラーニングにおいても，単に活動するだけでなく，学びの深さが同時に保証されなければならないのである。それは単なるアクティブラーニングではなく，ディープなアクティブラーニングと呼ばれている（松下 2015）。

　また，話し合い活動が適している学習場面もあれば，そうではない場面もある。話し合い活動は，他者の異なる意見に触れたり，みんなで協議して考え吟味したり，あるいは話し合われている問題に対する興味関心を学習者に惹起するという点では優れている。しかし，問題について深く考え込んだり，自分の意見を精緻に吟味するには，ひとりで静かに深く考える時間も必要である（宇佐美・池田 2015）。したがって，授業者が授業のなかで話し合いが必要または有効な場面で，適切な形態の（ペア／グループ／学級全体での）話し合い活動を取り入れると同時に，学習によっては個々人がしばらくゆっくりと考え込む時間を保証することも重要となるのだ。後者の場合，授業時間内に収まらなければ，当日の宿題にしたり，あるいは数日から次の道徳授業の日までの宿題とすることで，その時間を確保することもできるだろう。

　アクティブラーニングは一つの学習方法であり，すべての道徳教育・道徳授業をこの単一の方法で行うことは不可能である。そのようなことは学習指導要領でも解説でも求められてはいない。大切なことは，アクティブラーニングという学習方法によって目指されている学習観の転換，学びという営みのとらえ直しをしっかりと意識し，その個々の方法論の特質を理解して，授業のなかでそれを適切に活用することである。

第3節　多面的・多角的に議論を深める問題解決的な学習

1．共同の学びとしての道徳学習における議論の意義と指針
(1) 主体的判断力等の伸長を期す「考え，議論する道徳」の実践

　教科化への移行に向け 2015 年に一部改正された学習指導要領では，道徳教育の重要な使命の一つとして，子供たちにいじめなど現実の困難な問題に主体的に対応できる力，すなわち「自分はどうすべきか，自分に何ができるかを判断すると共に，それを実行する手立てを考え，実践できる力」を育成することが明確に打ち出されている。そして，こうした「実効的・機能的な道徳学習」の実現に向け，あらためて教師主導の形式的な指導からの脱却を図ると共に，子供たちの学びを，主体的能動的に道徳課題に向き合い知恵と力を出し合う（学び合う）活動へと抜本的に転換していくよう示されたのが，「考える道徳」「議論する道徳」という方法論的指針である（文部科学省 2015，pp. 2-3）。

　こうした指針の自明性を裏づけるように，渡邉（2016）は，道徳的な規範や価値自体が元来社会のなかで他者との共同によりつくり出され共有される（従われる）ものである以上，教室において課題を通して判断や行為の拠り所となる規範や価値を問い，その根拠を探る道徳学習も，共同の学びとして展開されなければならず，その中核として話し合い活動（以下，「議論」で統一）が位置づけられるべきと指摘している（渡邉 2016，pp. 1-18）。つまり，道徳的規範や価値をめぐる探究の過程において，そこでの解釈や判断を尊重や実行に値するより合理的・理性的なものへと高めていくためには，議論という言語コミュニケーション行為を通して多様な視点から様々な考え方を出し合い，多面的・多角的にそれらの妥当性を確かめ合う思慮深さが不可欠なのである。

(2) 主体的能動的な探究に向かわせる議論の前提

　道徳の学習において，これまでも議論は，ねらいに迫る手立ての一つとし

て展開過程に一般的に取り入れられており，学習の形態や手法という意味ではそこに何ら新規性はない。しかしながら，先のように改正の指針が打ち出されていることを鑑みれば，今一度われわれは議論と呼ばれるものの意味や意義をとらえ直し，それを実践に具体的に反映させていくべきであろう。

渡邉（2015）が示唆するように，議論の本質的基盤である（言語）コミュニケーションとは，元来，ラテン語の「communicare（「共にする」の意）」にその語源をもち，お互いに共有できるものを一緒につくり出しながら個々が社会（コミュニティー）の一員としての在り方（アイデンティティー）を見出していくことを目的とするものである。つまり，子供たちが道徳の学習で展開する議論も，単にそれぞれが自分なりの考え（意見）を発表したまま終わったり，自身の理解の深まりのために互助的に他者の発表から示唆を得合ったりするなど，これまで教室でしばしば見受けられてきた相対的個別的なものでは不十分といわざるを得ない。

やはり，この度打ち出された，自分たちにとっての規範や価値の在り方を主体的に見つめ直し，実行・実践を見据え具体的な判断に向き合う学びを展開していくための手立てとしての「議論」とは，多様な意見を相互主体的に出し合いながら，自分たちなりの価値観を編み直し，共有，すなわち合意・了解の形成を目指す「共同[1]の学び」の核心をなすものでなければならない。

(3)「探究のサイクル」における体験的な学びとの一連化という必然

探究的な学び全般においてそうであるように，社会の在り方や人としての生き方についての規範や価値を探る道徳の学習においても，見学や調査などによって社会の実状を把握したり，ロールプレーなどのかたちで状況を再構成しそこでの実感を確かめたりするなどの「体験的な学び」が，課題事象への視野を広げ多面的・多角的に認識を深めていくための有効な手立てとなる。

ところが，こうした「為すことによって学ぶ」の発想は，「体験すれば自ずと何かが学べているはず」という意識にすり替えられ自己目的化しやすく，道徳の学びでも体験内容を個々が形式的な振り返りとして発表するだけになることが往々にしてある。鶴田（2016）は，21世紀型学力を目指しすべての教科・領域等に亘って今後一層推進が図られる「アクティブラーニング」と

いう学習方法の理念・指針をこうした悪しき傾向から脱却させるため，改めてその視点を「外面的活動的な能動性」ではなく「内面的思考的な能動性」に置き，議論をベースにした主体的共同的な学びとして基礎づけている。

　そこで，その先駆け的役割を担うとされる道徳の学びにおいても，やはり，体験の役割を探究過程の活動的な活性化に留めず，認識的な活性化（多面化・多角化など）につなげ，思考の深化を図っていかなければならない。そして，そのためには，体験内容を教室に持ち帰り，課題との関わりのなかでそこでの意味や意義を，知識（言葉）の学びと一体化しながらじっくり振り返り，認識・理解を形成または更新する機能を議論に十分発揮させ，そこから新たな体験や知識の学びを起動させ一連化させる「探究のサイクル」を図 4-2 のように展開していくことが不可欠となる。

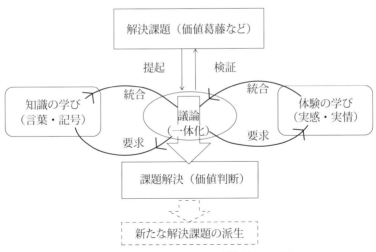

図 4-2　「探究のサイクル」による問題解決的な道徳学習の展開

2. 自覚的に課題に向き合い議論を中核に探究を深める道徳学習の弾力的構想

（1）問題解決的なアプローチの有効性

　「機能しない道徳」と揶揄されるように，子供たちのなかには，道徳の学習を通過儀礼のように侮り，日常生活での実態や本音を都合よく乖離させな

がら，教師の発問への模範的な回答をすればその時間のねらいが成し遂げられるととらえる傾向があることが指摘されて久しい。そしてその一因として，授業展開の方法がこれまで，読み物資料の登場人物の心情理解を問うたり，わかりきった価値づけ方を杓子定規に言わせたり書かせたりするなど，教師側の独善的で形式的なものに偏りがちであったことが挙げられている（文部科学省 2013）。

そこで，改正学習指導要領では，学びが子供たちに価値判断の主体としての当事者意識をしっかりと沸き立たせるものとなることが重視され，その具体的方策の一つとして「問題解決的な学習」の導入が挙げられている（文部科学省 2015, pp. 2-3）。つまり，学校や地域の生活のなかで実際に見受けられ，何らかの道徳的な価値判断や対応が求められるような場面・状況を，自分（たち）が解決すべき問題として設定することによって，子供たちはまず，自分たちにとってのその価値の意味や意義，その場面・状況でのあるべき価値づけ方などを探っていく必然性や使命感を「主体性」として起動させることになるのである。

そこから，必要に応じ数時間の単元として構成される解決の過程で，現実の課題だからこそ建前的な回答では如何ともしがたい（侮っていられない）と同時に，自分（たち）のアプローチの仕方次第で解決の様相（具体的な影響や効果）が左右される，という責任感ややりがいを実感していくことによって，子供たちは「創造性」を発揮し，理想と現実の間の矛盾などにも真摯に向き合いながら自分たちなりの判断・解決を導き出していくのである。また，道徳の学びをこのように学校や地域社会の問題への具体的な解決，すなわち，その問題に関わるメンバー間での統一的な判断および実行意識の共有を求めていく取り組み（意見が対立し，一つに絞り込みにくくなることも想定に含めながら）として位置づけることにより，探究過程全体に先述の意味での「共同性」がもたらされるのである。そしてさらには，このように主体的な学習体制が創造・共同の姿勢を起動しながら構築されるからこそ，機転や熟慮が求められ独力では展開しがたい先の「探究のサイクル」が活性化され，探究過程の本質（「探究性」）がさらに明確化され深められていくのである。

(2) 道徳の時間を核とするプロジェクト（総合単元）の構想

　先の問題解決的なアプローチ導入の発想をさらに発展させ、子供たちの学びへの主体性や能動性を一層引き出す工夫として、押谷 (2016) は、議論を通して共同的体系的に問題を追究していく「プロジェクト型道徳学習」の可能性を示唆している (押谷 2016, pp. 1-15)。「プロジェクト」とは、具体的なテーマの実現に向け、様々な教科・領域等の学びを取り入れながら、横断的に試行錯誤を重ねていく学習手法である。たとえば、図 4-3 のように、直接道徳的な学びの必要性を示唆するものではないが子供たちにはより現実性や当事者性の高い「トピック」がプロジェクトのテーマ（目的）として立ち上げられ、そこから派生するテーマ実現のためのいくつかの課題それぞれに子供たちが、道徳学習などで構成された数時間分の単元のかたちで向き合っていく展開も考えられる。

　この例では、「電車内での過ごし方のルールを決めよう」という課題に対して、子供たちは、飲食についてどうすべきかを検討しクラスの案として提言するため、道徳を中心とした探究の学びを展開することになり、その導入として類似した状況での困惑や葛藤を題材にした読み物教材を投げかけられることになる。そこで子供たちは、こうした状況では具体的にどういったことが問題になりやすく、そこにどのような配慮が求められるのかを、まずは第三者的（客観的）な視点からとらえていく。そして、「人の迷惑になることをすべきではない」という基本的価値観を電車利用の想定のなかでどのように運用・適用すべきかを議論するなかで、改めて自分たちの状況を重ね、当事者的（主観的）な視点から現実問題としての難しさや矛盾も認識し合いながら問題を掘り下げ、自分たちなりの価値判断を導き出していくのである。

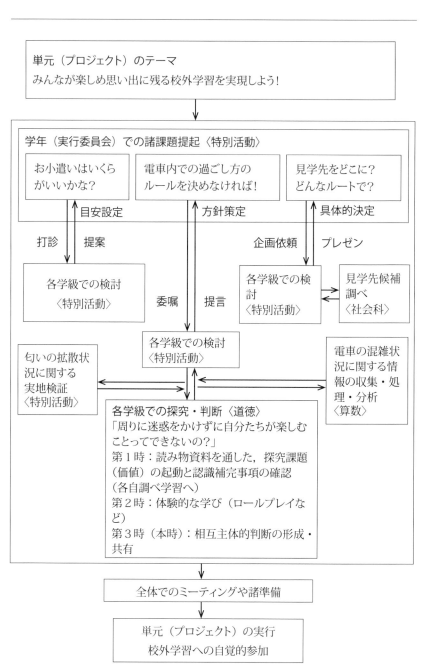

図4-3 道徳学習を核とするプロジェクト活動の構想・展開例

また，テーマや課題の特質上，探究に向かう議論は，事実認定などを憶測に頼らざるを得ない状況に陥りやすく，そこに何らかの客観的な判断材料を補完する必要性が生じてくる。そこで，たとえば算数の時間で自分たちの乗車予定時間帯の混み具合いに関する情報を集めてグラフ化して分析したり，学級活動などの時間で状況を再現し実際にスナック菓子を食べた場合の匂い方の実感を検証したりするなど，知識の学びや体験の学びを機能的横断的に一体化させていくことになる。

　このように子供たちは道徳の学びを，プロジェクトの大きな目的意識のもと，あくまでもテーマの実現やその質的高まりに資する手立ての一つとして位置づけながら，他の教科等からのアプローチと共に「探究のサイクル」を活性化させアクティブかつダイナミックな価値探究を展開していくのである。

3. 道徳的価値をめぐり深まる議論の実現

(1) 論理的な議論展開と論証の図式（トゥールミン・モデル）の活用

　課題をめぐる多面的・多角的な共同思考が自分たちにとって納得できるものに練り上がっていくためには，お互いの発言がつながり思考が少しずつでも積み上がっていく議論が展開されなければならない。しかし，概して子供たちは，話の道筋を追いながら友達の考えを筋道立てて把握したり自分の考えを筋道立てて表したりする力，いわゆる，論理的な言語技術力の乏しさから，議論を，個々の思いつき（恣意）や思い込み（偏向）に任せる単発的な発言の応酬で這い回らせたり，斬新さやインパクトのある発言の勢いに乗じて結論的なものを得ようとしたりする状況に陥りやすい。これらを回避し，子供たちの議論を理知的生産的な活動として補正・維持していくためにはやはり，自他の発言の論理性や議論全体の論理的推移を客観的形成的に評価し合う拠り所となるものを子供たちに共有・活用させる必要がある。

　そこで，蓋然的な議論の論理性の基本要件を構造化した図4-4の「トゥールミン・モデル」が有用となる（足立 1984，pp. 259-262）。子供たちは，発言の伝え手として，他者からの内容把握および納得が得られるよう図式に沿って「要件間の意味的なつながりが確立されているか」や「発言内容全体として意図が伝わるものか」を確かめながら論述を構成・表現すると同時に，発

言の受け手としても，図式に照らし「意味がつながるよう要件が揃っているか」や「全体的に意図が伝わる内容か」を評価し，適宜指摘や質問，補足などを返すのである。

　ところで，図式のなかで「論拠（W）」は，事象に対する認識の基礎や基本的な（道徳的）価値観を示す部分として，日常的には「隠された理由」となり「暗黙の了解」が得られているとそれぞれのなかで目されているものであるため，いざそれを持ち出して精緻な議論を展開する必要に迫られれば，改めて自分のなかでの認識の曖昧さに気づいたり他者の認識との間に齟齬を生じたりしやすい。そこで，子供たちの議論においても，「データ（D）」から「主張・判断（C）」への論証の飛躍を下支えする「論拠（W）」をお互いに積極的に明らかにし合っていくことが重要となり，そのために，適用する価値観としての妥当性を，「論拠の根拠（B）」からの意味的なつながりの成否や是非という観点から見極め合っていくことが，議論の核心として展開されることになる。

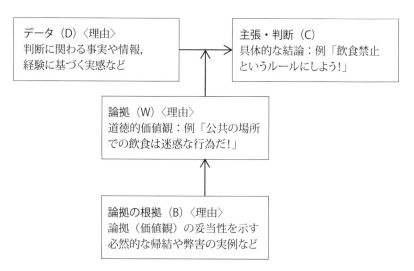

図4-4　トゥールミン・モデル（一部改変[2)]）に基づく論証の構造

(2) 問題解決場面における図式を拠り所とする論理的な議論展開

　表4-3は，児童Aが自分の考え方を，道徳的価値観を「論拠（W）」として添えながら表明したことを受けて，児童Bが基本的にはその価値観に共感しながらも実際の適用・運用面では自分とズレがあることに気づきそれを反映させた自分なりの考え方を打ち出し，さらに，その相違を起点にクラス全体が議論を展開していく様子を例として表したものである。

　ここで着目すべきは，児童Aの考え方での「論拠の根拠（B）」になり得るものを児童Cが提示したり，児童Eが他の検討すべき視点を加えたのに対して児童Fがそこへの配慮を盛り込んだ修正案を提起したりするなど，共同でより合理的・理性的な判断を築き上げようと，相互主体的に考え方を提示し合っている点である。つまり，子供たちは，二つの異なる論理構成をそれぞれ図式に当てはめて視覚化した上で，単なる「どちらが」という二項対立的な議論にこだわるのではなく，第三案浮上の可能性も見据えながら，「どうすれば」自分たちの共有すべき考え方としてより納得できる「筋道立て方」ができるのかを目指し，知恵を出し合いそれぞれの図式を補完し合っているのである。そしてそのなかで，お互いの「二つの考え方に対する図式的な認識」から一致・共通している部分やズレ・開きが残る部分などを浮き彫りにし，そこから考察を深めていくべき論点を絞り込んでいくことによって，「考えが練り上がっていく議論」を展開しているのである。

表4-3　図式に基づく論理的な議論展開の具体例

児童A：「僕は，他の人も乗り合わせている電車のなかで，食べたり飲んだりすることは迷惑になるから，『何も食べない飲まない』というルールにすべきだと思う」
児童B：「僕も，人の迷惑になることはすべきじゃないと思うから，基本的にそれに賛成なんだけど，飲み物ぐらいは大丈夫じゃないのかな？」
教　師：「（二通りの図式を板書して）似ているところもあるけれど，二つの考え方が出てきたね。「どっちか」ではなく，それぞれの筋道立てから自分たちが納得できるものにたどり着くためには，どこをどう考えていけばいいのかな？」
児童C：「飲み物ぐらいって言うけれど，なかには乗り物が苦手で気分が良くな

　　　　い人もいるかもしれないし，そういう人にとっては飲み物の匂いでも
　　　　すごく迷惑じゃないかな？」
児童B：「え，そこをそんな風に考えるんだ。でもそれ本当？」
児童D：「確かに，私の妹は牛乳とかのアレルギーがあるので，近くで飲んでい
　　　　る人がいたら匂いでもすぐにわかって，だんだん気持ち悪くなるって
　　　　言ってた」
児童B：「なるほど，そうなのか。だったらダメかな」
児童E：「いや，でも逆に気分が悪くならないように，お茶ぐらい飲みたい人も
　　　　いるんじゃないかな。僕はそうだな」
児童F：「だったら，お茶とかお水とか，あまり匂いが広がらない飲み物だった
　　　　らいいことにしない？」
教　師：「ちょっと待って。さっきまで，飲み物は迷惑か迷惑じゃないかを，
　　　　それぞれ理由と一緒に考えていたのに，いつの間にか必要か必要じゃ
　　　　ないかという話に変わってるんじゃない？E君，『でも逆に』っていうこ
　　　　とは，ひとまず飲み物は迷惑だっていうことでいいのかな？」
児童E：「いや，そういうわけじゃないけど」
教　師：「だったら，話を戻して，まずは『どうして飲み物は迷惑になるのか，
　　　　あるいは，迷惑にはならないのか』それぞれの決め手になるものを一
　　　　緒に考えていきましょう」
児童A：「僕は匂いよりも，こぼした時の迷惑のほうが大きいと思うな。食べ物
　　　　でも迷惑だけど，飲み物ならもっとだよ」
児童G：「うーん，確かに，ここでは4人は座っているけど，そのすぐ近くに立っ
　　　　ている人の服とかを汚した場合のことを考えると，やっぱり一切禁止
　　　　のほうがいいかも……」
児童H：じゃあ，実際に僕たちの乗る時間帯にその電車は，どれぐらい混んで
　　　　るのかな？」
児童全：「そうだよね，そこを調べてみないとね」〈調べ学習へ〉

　このように図式を議論の足場として共有しながら，個々の論述の論理性（図式要件を整え筋道立てられた「論証」としての意味的なまとまり）を確立し合ったり，議論展開の論理性（論点に沿って筋道立てられた「発言同士」の意味的なつながり）を保持し合ったりすることで，議論全体が，みんなにとって納得・共有に値するものを導き出し得る精緻さを帯びていくのである。

4. まとめ（コンテンツの道徳学習からコンピテンシーの道徳学習へ）

　道徳の学びを通して，子供たちが道徳的価値内容への理解を深め，自覚的実践的な態度としてそれらを内面化していくことは重要である。しかしながら，今後ますます価値観が多様化複雑化していく社会のなかでそれらの多くは絶対的普遍的なものではなく，むしろ具体的な問題の解決に向き合うなかで常に妥当性が問われたり編み直しが求められたりするものになっていくと考えられる。したがって，そういった時代や社会を生きていく子供たちには，より合理的・理性的な価値判断をコミュニティーのなかで，共同で形成していくための「構築的なコミュニケーション能力」を伸ばしていくことと，その判断の視点をより高次（脱中心的）なものへと成長させていくことが重要となる。

　もちろん，子供たちにとっての学校や日常生活での問題には，答えが一つではなく正解も存在しない場合や，道徳的価値が相反・錯綜する状況のなかで何らかの決断を求められる場面が多く，そこで考え方を一つにまとめていくにはそれ相応の妥当性も一緒に導き出さなければならず決して容易なことではない。しかし，だからこそ個々の相対的な判断に委ねたまま終始させるのではなく，課題に主体的共同的に向き合わせ，多面的・多角的にとらえさせながら論理的に議論させ，暫定的であっても自分たちにとって最も納得がいき共有できるものを探り導き出させていくことが，子供たちに，コンテンツベースの学力（道徳的価値認識の有無や量として評価される）に留まらないコンピテンシーベースの汎用的学力（どんな状況においてもよりよく生き，よりよい社会を築いていく資質・能力）を伸ばしていくのである。

第4節　話して気づき，書いて深める道徳の学習（小学校）

1. 主体性を高めるための導入の工夫

　本節では道徳の授業における「主体性を高めるための導入の工夫」や「対話を大切にするための書く活動の工夫」を具体的に示す。

　まず，導入には様々なかたちが考えられるが主な四つに分類される（新宮）。

導入では，児童が主題や資料に対して興味関心をもつだけでは授業の取り組みに対する意欲がそれほど高まらないと考えられる。導入は授業の一番の鍵であり，導入において，児童がしっかりと問題をとらえられれば，展開においてさらに課題や問題を解決しようとする意欲が高まり，理解が深まると考えられる。そこで，下記のBをしっかりと子供たちにとらえさせ，高める方法を考察していきたい。

A　経験を想起させて，興味関心をもたせる導入
B　経験を想起させ，問題意識をもたせて教材につなげる導入
C　教師から問いかけて，問いをもって教材の読みに入る導入
D　教材に出てくる代表的な人物や事物を示して興味関心をもたせる導入

(1) 教材のなかから問題を意識させる導入
　児童が読んだ教材から積極的に自ら問題を見つけ，自ら判断することで，展開において解決したい問題を自覚させ意欲を高める導入として以下の発問が考えられる。
　・この教材の解決したい問題点はなんでしょうか。
　・この教材からどんなことがわかるでしょうか。
　・この教材からどんなことを考えたいでしょうか。
　・この主人公だったらどうするべきでしょうか。
　（理由を検討しながら追求していく）

(2) 言葉の意味を考えることで問題を意識させる導入
　「きまりと約束の違いはなんですか」「思いやりと親切は同じですか」など，同類語や反対の意味をもつ言葉をそれぞれ考え，比べたり，違いを考えたりすることで授業前における児童の道徳的価値についての学級全員で共有すると共に自分は本学習で何を学ぶのかを明確にとらえる効果があると考えられる。

(3) 生活場面やエピソードをもとにして問題を意識させる導入

「夜中に誰も渡らない横断歩道が赤信号でした。あなたは渡りますか（自由ときまり）」「母が事故で病院に運ばれました。車でスピード違反してもいいですか（思いやりときまり）」など身近なニュースやエピソードを用いることで興味関心が高まり，また，主題に関わる教材と同じような場面を用いることで，展開における学びのケースと比較しながら考えられるよさがある。

(4) 子供自身がもっている価値を明確にすることで問題を意識させる導入

導入で，「友達だから……できるの？」「夢を叶えるために……なの？」「……な命のこと？」などの発問をすることにより，子供がもっている道徳的価値を自覚させ，学級で共有することで問題の共有化が図られ，学級全体で学び合うスタイルに磨きがかかると考えられる。また，終末で再び聞いたとき「……」がさらに説明できたり，意味づけたりすることができれば授業における理解や道徳的価値の深まりが成立したと考えられる。

2. 書く活動を通して思考を深め，磨き合う展開の工夫

2015年7月に文部科学省が改訂した学習指導要領解説の「書く活動の工夫」においては，「書く活動は，児童が自ら考えを深めたり，整理したりする機会として，重要な役割をもつ。この活動は必要な時間を確保することで，児童が自分自身とじっくりと向き合うことができる。また，学習の個別化を図り，児童の考え方や感じ方をとらえ，個別指導を行う重要な機会にもなる。さらに，1冊のノートなどを活用することによって，児童の学習を継続的に深めていくことができ，児童の成長の記録として活用したり，評価に生かしたりすることもできる」とある。

そこで，書く活動の指導の工夫として，下記に詳細を示す。

● 〈手立て〉1冊の道徳ノートを通して学習を行う。
①宿題などで道徳的価値について自分の経験や考えを通して，辞書で調べたり，保護者と話し合いながら書いて整理しながら自分の考えをもって授業に取り組む。（導入）
②友人，教材，教師などの考えを対話により自分の考えを広める。話し合

いにおいても書いて自分の考えを整理する。（展開→話し合い・板書・終末）
　③授業で学んだことをもとに家庭でもう一度，道徳的価値について書いて
　　考える。
　④まとめた内容について，道徳通信を通して，学級で共有し話し合うこと
　　で実践につなげ，次回の学習で生かす。（実践のための話し合い活動・発展）

(1) 道徳的価値について自分の考えを明確にするためにノートに書く（授業
　　前）
　学習においては，授業開始時から児童の意識を高めることが授業での集中
力を高め意欲的に学ぶことにつながる。そこで，宿題などで道徳的価値につ
いて調べ学習などを行い，自分の現時点での考えを明確にもたせることが主
体的な学習活動につながる。

(2) 話し合いによって自分の考えを深めるためにノートに書く（授業中）

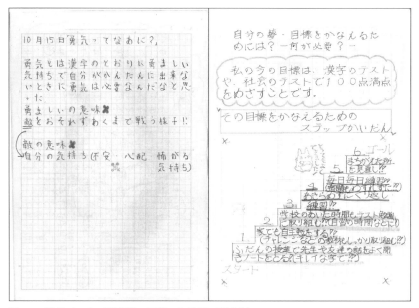

図4-5　道徳ノート（授業前の子供の価値観の明確化）

道徳の授業においては，自分の考えをさらに高めるためにも自分の考えだけではなく，友人や教師との話し合いが最も大切である。その話し合いの内容を高めていくためにも，自分の考えを整理する必要がある。

　まず，児童には書く意義について説明し，書いて考えることで自分はどのように学びを深めることができるのかを共有する。次に，授業中の大まかなまとめ方を示す。ここで大切なのは，形式化しないことである。なぜならば，書くことに夢中になりすぎてしまい，話し合いに参加しなくなってしまうからである。はじめは，板書を写すなどを指導するが授業を重ねるに従って自分の考えを，思考ツールなどを使って書いて自分の考えを書くようになる。自由度を高くして児童の思考を広げ高められるようにしていきたい。

(3) 児童の学び合いの舞台を黒板にする（授業中）

　児童の話し合いによる学びを活性化させるためにも，黒板を教師のものだ

図4-6　道徳ノートの手引き（授業編）

けではなく，児童の学びの舞台として活用したい。また，板書は時系列的なものだけでなく，児童が黒板を見て思考の流れがわかるようにしていきたい。

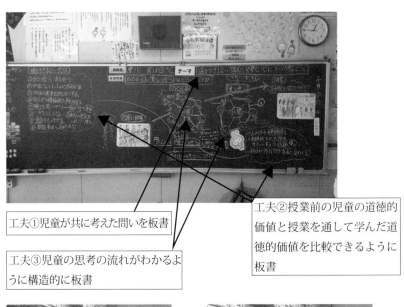

工夫①児童が共に考えた問いを板書

工夫③児童の思考の流れがわかるように構造的に板書

工夫②授業前の児童の道徳的価値と授業を通して学んだ道徳的価値を比較できるように板書

図4-7 黒板を使って児童の思考をアクティブにすることで学びの質を高める

(4) 家庭学習としての道徳ノート活用（授業後）

　児童が帰宅後に道徳の授業を改めて振り返る機会を設ける。また，道徳ノートをもとに，道徳の事業の内容や帰宅後の振り返りで書いた内容等について，家族と話し合ったり，道徳的価値について家族の考え方を聴いたりすることによって，児童の道徳性がより深まり，家庭での道徳教育に対する理解も深まるのである。さらに手引きを示すことで考える視点を与えることが大切である。

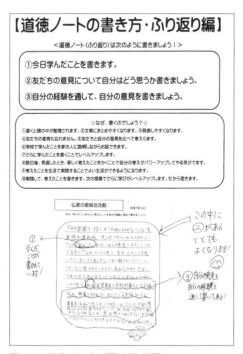

図4-8　道徳ノート（振り返り編）

(5) 道徳通信で学び合いさらに学習を発展させる（授業後）

　道徳の授業の学習内容や様子等が保護者等にも伝わるよう「道徳通信」を発行する。保護者等に学級の児童の多様な考え方等を伝えることができ，家庭での話し合いをさらに深めることができると考える。また，「道徳通信」を発行する際には，児童に配付するだけではなく，朝の会や帰りの会などの時間を用いて，改めて，道徳的価値について学び合う機会を設けるようにする。

3. おわりに

　以上のように「話して気づき，書いて深める道徳の学習」を具体的な手立てを通して示してきた。児童の思考の高まりは子供だけの学び合いだけでは足りない。そこに教師の発問や児童の発言に対して問い返しをすることで，

さらに真の思考の高まりが感じられるようになる。また教師は、教師として授業に取り組むのではなく、ひとりの人間として児童と切磋琢磨できる関係を築くことで授業が創造性の高いものになることを目指していくことが今後一層大切になってくると考える。

【授業中に書いたノート】
↓
【振り返りで書いたノート】
↓
【道徳通信にして児童に渡す】

「道徳通信」を発行する際の指導例

①「道徳通信」に掲載された内容を該当児童が、全体に向けて発表する。
②他の児童は、掲載内容について、よいと思った所に赤線を引く。
③線を引いた箇所とその理由を述べる。
④新しく出た課題・疑問点について話し合う。
⑤みんなから学んだこと・新しく出た課題について道徳ノートに書く。
⑥次回の同じ価値での学習で課題を追求する。

図 4-9　道徳ノートの「道徳通信」の連携

第4章 「道徳科」の指導

図4-10　道徳通信による学びの共有化と発展学習

第5節　生徒指導に取り組む中学校の道徳教育（中学校）

1．生徒指導と道徳教育の関係性

　ここでは，いじめ問題等の生徒指導問題に対応するための実効性のある道徳教育の方向性を示していく。

　『生徒指導提要』は教育機能としての生徒指導は教育課程内外の全領域において行われなければならないとし，第2章「教育課程と生徒指導」において，「教科における生徒指導」「道徳教育における生徒指導」「総合的な学習における生徒指導」「特別活動における生徒指導」を取り上げている。「道徳

161

教育と生徒指導」の関係について，「道徳授業の指導は計画的・発展的に毎週1時間行われるのに対し，生徒指導は突発的・偶発的に生じた問題をその場で指導する」「道徳の授業の特質は内面的資質としての道徳的実践力を身につけること。生徒指導は日常生活における具体的な問題に対して援助し指導すること」とされている。いじめ問題等の教育問題に対しては，早期発見・早期対応，生徒指導場面における組織対応や集団指導，学級活動における好ましい学級集団づくりなどに対応を求めている。現行の道徳教育に対しては，「いじめをしない・許さない」といった個人の内面的資質の発達を求めており，いじめ問題等への直接的な解決を道徳教育や道徳授業に期待しているとは言いがたい。

2. いじめ問題に対応する道徳教育の課題

2008年の中央教育審議会答申において「現在行われている道徳教育や道徳授業は形骸化しており実効性が上がらない」という指摘がなされた。こうしたなか，2013年「いじめ防止対策推進法」が成立し，学校では道徳を教科化し，いじめ問題等に対応できる新たな枠組みでの道徳教育を充実させることが求められてきた。柳沼（2013）は『道徳の時代がきた』のなかで，「従来の道徳授業をそのまま教科化してもそれほど実効性は高まらない」として，「いじめ問題などにも対応させるためには，子どもの日常生活の問題解決にも役立つようなスタイルに道徳授業を根本から再構築する必要がある」（押谷・柳沼, p.13）と述べ，「単にネガティブな対処療法的な生活指導（生徒指導）のような道徳授業にしてしまうのではなく，肯定的で予防（開発）的な『心の教育』としての道徳授業として再構築し，実効性の高い多様な指導方法を取り入れること」を求め，生徒指導や特別活動（学級活動）とも関連・連携しながら，現実的な問題にも対応できる問題解決的な道徳教育の必要性を述べている。

3. 道徳教育と道徳授業の再考

自分が所属している集団において「いじめ問題」に遭遇したとき，どうしたら，それを見過ごしている集団の一員である自分を自覚し，いじめを自分

や自分たちの問題として受け止めることができるようになるのであろうか。渡邉（2013）は『「いじめ問題」と道徳教育』のなかで「一般的には，道徳というものを一人一人の人間の内側の問題だと構想し，内側を整えていくことによって外側がよくなっていくという考え方を基本にして道徳教育を構想し，道徳の授業を行ってきたように思われる」（渡邉 2013, pp. 34-35）と述べ，学校現場で多く行われている現在の道徳授業は，人と人とのつながりの在り方を考えることができにくく，内側も外側も変わっていかないと指摘する。それは「人と人とが日常生活のなかでかかわり合っていて，そのかかわりのなかでいろいろな問題が起き，それを何とかしようと一緒に解決に取り組むなかで，自分のあり方を考え直し，その結果自分の内側が多少まともなものになってくるのではないか」と現在の道徳教育や道徳授業の課題に対し，問題を共同で解決していく取り組みを通じて学級内に規範やルールを創りだし人間関係を育てていく道徳教育を構想し実践している。

4．道徳教育を要とする生徒指導の意義

　生徒指導の側から見ると，これまでの道徳教育は「いじめをしない・許さない」といった個人の内面的資質の向上にその課題を求めているが，現在の「読み物の登場人物の心情理解のみに偏った形式的な指導」といった道徳教育では，いじめ問題等の人間関係改善に関わる社会的問題に対して根本的な解決を求めることは期待しにくい。このような状況下，道徳教育の重要性を再認識し，新たな枠組みで「特別の教科　道徳」として教科化することが提言された。それは，「答えが一つではない道徳的な課題を一人一人の生徒が自分自身の問題と捉え向き合う『考える道徳』，『議論する道徳』への転換を図るものである」として，いじめ問題等に対応できる道徳教育への抜本的な改善を行おうとしていることを示している。

5．新たな枠組みによる道徳授業再構築の視点

　いじめ問題等に対応できる実効性のある道徳授業とは，「友人関係に関わる葛藤を集団で討議し解決していく経験を積ませることによって，相互行為調整能力を高めていく道徳授業」といえる。子供たちが自分で判断し解決策

を考え，互いの解決策を共同で討議し学級内の合意形成を目指すなかで，その子供たちの集団に変容が起こり，しかも子供個人がその集団に照らして新たな自分を明確にしていく。ここでいう討議とは，互いの解決策が納得できるかどうかみんなで考えていく話し合い活動である。納得できるかどうかの判断の基準は，その解決策に従って行為を行った場合に引き起こされる結果が妥当であるかを予測して行為選択ができるかどうかにある。

　このような道徳授業において子供が討議する問題状況は，子供の現実生活と深く関わる問題であり，しかもわれわれが社会のなかで出合う問題状況の縮図でなくてはならない。そして討議においては，われわれ大人が行うのと同様に，まず取り得る解決方法を数多く挙げ，そのなかで最も妥当であるものを選択していくのである。子供からクラスや学校全体に目を向けた意見が出ることにより，議論に深まりが生まれてくる。子供は他の子供のより妥当性をもつ解決策に自らの考えを照らして自らを変容させていくのである。判断し，討議し，合意を目指す道徳授業の可能性とはすなわち，すでにある大人側の規範を与えるのではなく，子供が非合理であるかもしれないがすでにもっている規範を，共同で吟味し合意を目指す過程を通じて学級の人間関係の質を高めることであるといえる。

6. 学級における発達段階の組み替え

　これまでのいじめ問題等に対応する道徳教育や学級づくりの在り方は，学級で派生する問題を合理性に基づいて議論するというよりは，読み物資料を用いて情に訴えて諭したり，学級の一体感を前面に出し心情的なつながりを強調したりする解決策を探ってきたように思われる。教育が心の発達を重視する営みである限り，心の動きを視点に教育指導が行われていくことは当然である。しかし，心情を媒介とした相互行為のままで終始するのであれば，学級という社会的視点の獲得は期待できない。心情に基づいて他者との関係を築く子供は，情の結びつきの深さによって友人関係をつくり，グループで共有している道徳的価値に対する情的な期待に従うことが正しいとする。その集合体としての学級は，子供が学級という視点をもたないため孤立する子供が生まれやすく，孤立した子供への関心も薄くなる。昨日まで仲のよかっ

た子供たちの間で，急に特定の子に対していじめが生じることがあるが，これは情によって結びついていたグループ内の関係が，何かの理由で情的な関係がとれなくなったことが原因と考えられる。ここに心情主義による学級づくりの問題点がある。いじめを見て見ないふりをしている傍観者が，いじめに否定的に関与するようになることが解決の鍵を握ることを考えると，心情を超えた社会的視点に立てる道徳授業を実践していかなければならない。

渡邉（2013）は「いじめが起きるということは，いじめている者だけではなく，学級の構成員が未だこの発達段階に関して低い状況にあるということであり，さらには学級でいじめがあれば，その学級の社会的関係の営みが未だ低い段階にあることを表していると考えられる」（渡邉2013, p.42）として，子供たちが営んでいる社会的関係を発達段階に対応したものに組み替えていく必要性を述べている。以下では，これらの構想を基盤にしたいじめ等の生徒指導問題に取り組む道徳教育の実践を紹介していく。

7. 生活問題解決に向けた道徳教育の日常実践化

「中学校学習指導要領解説　総則編（抄）」（2015）は，「道徳教育の指導内容と生徒の日常生活」において「日常生活の様々な場面で意図的，計画的に学習の機会を設け，生徒が多様な意見に学び合いながら，物事を多面的・多角的に考え，自らの判断により，適切な行為を選択し，実践するなど，道徳教育の指導内容が生徒の日常生活に生かされるようにすることが大切である」として日々の生活に関連づけて道徳教育を展開していく大切さを述べている。さらに同項目の「（ア）いじめの防止」において「とりわけ中学校では，生徒自身が主体的にいじめ問題の解決に向けて行動できるような集団を育てることが大切である」としていじめ防止に向けた道徳教育の進め方を示した全体計画の立案や開発的・予防的生徒指導の充実を求めている。

これらのことを踏まえ日々の生活問題の解決につながる実効性のある道徳教育を展開していくのであるが，それは学級を構成している規範やルールを日常的に見直していくことを通じて,学級の一員としての自分を見直したり,考え直したりしていくことであるといえる。生徒たちの相互行為に関わる葛藤を「どうすればよいか」「それはなぜか」「その判断はどのような結果をも

たらすか」を集団で討議し問題解決していく経験を繰り返し積ませることによって，仲間との相互行為を調整していく力が高まり，学級の質的発達につながってくると考える。学級開き当初は，「自分とは関係がない」と自分以外には興味を示さない生徒や「問題には関わりたくない」という傍観者の立場でいた生徒が，日常的に学級の視点から解決策を考えていくことで「自分たちの問題である」と考えるようになってくる取り組みともいえる。次項ではこの構想をもとにして学級における人間関係の質的発達が見られた道徳授業実践（渡邉 2016，pp. 139-151）の概要を示していく。

8. 学級における人間関係の質的発達を目指した道徳授業実践

①主題名　クラスの正義（中学2年）

②内容項目　C　主として集団や社会との関わりに関すること

　〔11　公正，公平，社会正義〕正義と公正さを重んじ，誰に対しても公平に接し，差別や偏見のない社会の実現に努めること。

③主題設定の理由

　本学級はよりよい学級を創っていこうと考えている生徒が多い。反面，仲のよい特定のグループがいくつかあり，グループ間の対立やグループ内での揉めごともある。仲間関係を大切にしてはいるが，グループ内の約束事に従えない場合，その仲間に対してきつく当たったり，罵声を発したりするときがある。いじめを目撃した立場で判断させ「見てみないふりをする」「関わりたくない」という傍観者の視点から教室で起きた問題は「自分たちの問題である」という当事者の視点へと学級全員が納得する解決策を考えていくなかで，自らも学級の仲間にも不正な行動やいじめを断固許さない道徳的態度を育成していく。

④ねらい

・価値や規範を共有化することができる。

・物事を公正，公平に見る目をもち，無関心にならず，不正な行動やいじめを断固許さない道徳的態度を育成する。

⑤資料　ひとりぼっち（中学生の道徳2「自分を考える」廣済堂あかつき）

　いじめの実体験をもとにした資料である。いじめが深刻化していく過程，

いじめのまっただなかにいる生徒の悲痛な叫びが綴られている。仲間はずれにされていたS君をかばったことで，3人組からのいじめが始まる。度重なるいじめを受け続けた主人公は，級友からの助けもなくひとりぼっちになり，「自殺」を実行する直前まで追い詰められていく。(出典 生徒手記)
⑥展開（生徒個々の判断と討議）
- 「いじめを目撃した。あなたなら止めますか」「それはなぜですか」「その判断はどういう結果が予測されますか」を個々にワークシートに記載させた。
- 「いじめを止める。正義に反するから。しかし今度は自分が標的になるかもしれない」「止められない。見て見ぬふりをする。自分が標的にされてしまうから。いじめはさらにエスカレートする」の大きく二つに分けられた。それぞれの判断，理由，予測を板書し，納得できるか話し合いをもった。

〈合意形成に向けた討議内容の概要〉
- 止めない。（理由）止めると自分が標的になってしまう。いじめは正義に反することはわかる。しかし，自分が標的にされたくない。
- 止めない。（理由）止める勇気もないがいじめにも加担したくない。グループから距離をとりなるべく関わらないようにする。いじめの解決にはつながらない。自分には解決策が浮かばない。みんなに見つからないように個別に声をかける。いじめに遭っている生徒の親にそっと伝える。
- 止める。（理由）いじめは正義ではない。生きる気力を奪っていく。今後，私がいじめられる可能性があるが，今のままでは学級生活が楽しくない。
- 止める。（理由）傍観者になってはいけない。学級で起こった問題は自分たちの問題である。自分には関係のない問題とみんなが考えることが自殺という深刻な問題につながっていく。早く対応すれば防げるが，ここまでエスカレートしたら誰も止められない。みんなとの学級生活が苦痛になる。
- 判断理由が納得できるかどうか話し合う前は「関わりたくない」「勇気を出していじめを止めたいが，自分が標的にされるかもしれないので止められない」という無関心や傍観者的立場が多かったが，友達の判断や

その理由を聞き合いみんなが納得する解決策を探るなかで「いじめを止められなくて困っているのは自分だけでなく，みんなが困っていることがわかった。見て見ぬふりをすることがいじめを助長することになる。みんなで解決策を考えたい」という意見から「一人では止める勇気がないが，多くの仲間が一緒なら止められるかもしれない」という仲裁者としての意見につながり「いじめはクラスの問題として考え，すぐに対応しなければ解決しない」と学級の視点から当事者として解決策を模索する方向に進んでいった。

⑦授業後（事後指導）
・授業の感想（今後について）を記載させた。「いじめにつながる問題を見かけたときはエスカレートする前にすぐに対応する。話し合いでみんなが納得する解決を目指す」といった，個人やグループの視点より学級の視点からの感想が多かった。

9. 実効性のある道徳教育の可能性

　いじめ問題への対応として，まずは早期発見・早期対応，被害者の救済，加害者への指導等といった生徒指導対応が重要である。加えて，道徳教育においても長期的展望に立った「いじめしない。許さない」といった内面的資質の育成と同時に，今ここにあるいじめ問題の解決に向けて短期的見通しが期待できる実効性のある道徳教育が必要であると考える。現在多くの学校で展開されている道徳教育は人と人とのつながり方である社会的側面を切り離した個人の道徳性の育成をねらいとしている。このような道徳授業では個人の判断した正しさをみんなですり合わせ，「自分たちの学級の正しさとは何か」を共同で議論をして合意形成を目指していかないため，学級の規範形成につながらないという根本的な問題を抱えている。いじめは対人関係のなかで生じている問題であり，一個人の道徳性の高まりやその総体としての学級で解決できる問題ではないであろう。学級の質的発達を促す道徳教育を通して個々人の道徳性を発達させていくという取り組みのなかに，単に考え方を育てるだけでなく実際の行動に結びつく，いじめ問題等の対人関係問題に対応できる実効性のある道徳教育の可能性があると考える。

学習課題

(1)「主体的な学び」を進める具体的な方法について考えよう。
(2) 道徳の授業において考えを深めるとはどのようなことか考えよう。
(3)「いじめ問題」に道徳教育はどのようにして役割を果たすことができるか考えよう。

〈引用・参考文献〉
・足立幸男『議論の論理――民主主義と議論』木鐸社，1984年
・宇佐美寛・池田久美子『対話の害』さくら社，2015年
・押谷由夫「これからの時代に求められる小学校の道徳教育」，渡邉満ほか編『シリーズ「特別の教科　道徳」を考える2　小学校における「特別の教科　道徳」の実践』北大路書房，2016年
・カント，I，宇都宮芳明訳『道徳形而上学の基礎づけ』以文社，2004年
・教育再生実行会議（第一次提言）「いじめ問題等への対応について」2013年
・新宮弘識「埼玉支部発足式　講演資料」日本道徳基礎教育学会，2015年
・鶴田清司「コンピテンシーとしての論理的思考力・表現力を育てる」，第22回日本道徳教育方法学会シンポジウム，2016年
・手塚裕「開発的生徒指導を担う道徳教育」，渡邉満ほか編『シリーズ「特別の教科　道徳」を考える3　中学校における「特別の教科　道徳」の実践』北大路書房，2016年
・日本道徳性心理学研究会編著『道徳性心理学――道徳教育のための心理学』北大路書房，1992年
・松下佳世編著『ディープ・アクティブラーニング――大学授業を深化させるために』勁草書房，2015年
・文部科学省　道徳教育の充実に関する懇談会「今後の道徳教育の改善・充実方策について（報告）――新しい時代を，人としてより良く生きる力を育てるために」2013年
・文部科学省「小学校学習指導要領解説　特別の教科　道徳編」2015年
・文部科学省「生徒指導提要」2010年

- 文部科学省「中学校学習指導要領解説　総則編（抄）」2015 年
- 柳沼良太「道徳教育の成果と課題を考える」，押谷由夫・柳沼良太編著『道徳の時代がきた！――道徳教科化への提言』教育出版，2013 年
- 淀澤勝治「『コミュニケーション的行為の理論』を実践に生かした道徳学習に関する研究――ディスクルスを中心とした道徳学習」,『道徳教育方法研究』第 10 号，日本道徳教育方法学会，2004 年
- 渡邉満『ERP ブックレット　「いじめ問題」と道徳教育――学級の人間関係を育てる道徳授業』ERP，2013 年
- 渡邉満「議論し，学び合い，成長を実感することができる道徳授業」，道徳冬季研究会 in KAWAGUCHI シンポジウム，2016 年
- 渡邉満「これからの時代に求められる中学校の道徳教育」，渡邉満ほか編『シリーズ「特別の教科　道徳」を考える 3　中学校における「特別の教科　道徳」の実践』北大路書房，2016 年
- 渡邉満「道徳の教科化とこれからの道徳教育」，高崎市教育センター講演配布資料，2015 年
- Kohlberg, L., and Higgins, A. Moral stages and moral education, 1984（岩佐信道訳『道徳性の発達と道徳教育―― コールバーグ理論の展開と実践』広池学園出版部，1987 年）

〈注〉

1）本論では論旨に沿って，学習指導要領上の「協同」や「協働」の記載を，既述部分も含め，あえて「共同」という表記に当てはめ直し記述している。
2）文献で訳者は，略号 W（Warrant）および略号 B（Backing for Warrant）に対して「理由づけ」および「理由づけの裏づけ」と訳しているが，ここでは文脈上それぞれを「論拠」および「（論拠の）根拠」と訳し替えている。

第5章

教育活動全体を通じて行う道徳教育

　第5章では，学校の教育活動全体を通じて行う道徳教育に関して，要としての道徳科と他の教育活動との関わりや連携の在り方について，そしてグローバル化社会における新たな教育課題であるシティズンシップ教育を取り上げ道徳教育との関わりを論じています。

　学習を進めるに当たっては，急激に変化しつつある現代社会の特質と，今日の児童生徒の生活上の諸課題を念頭に置きながら読み進めることが理解の助けとなります。

キーワード

要としての道徳科，道徳教育の全体計画，コンピテンシー，シティズンシップ教育，討論

第1節　他教科との連携による道徳授業

1. 道徳教育の全体図

　序章，第1章で述べられたように，学校における道徳教育は，道徳科における道徳教育と学校の教育活動全体を通じて行う道徳教育との双方向的な関係性のもとで理解されなければならない。

　それでは，実際に学校ではどのような道徳教育の全体図が描かれるのであろうか。小・中学校の「学習指導要領」の第1章では，「各学校においては，第1の2に示す道徳教育の目標を踏まえ，道徳教育の全体計画を作成」することが求められている。さらに，「道徳教育の全体計画」の作成に当たっては，たとえば，小学校の場合には，「児童，学校及び地域の実態を考慮して，学校の道徳教育の重点目標を設定するとともに，道徳科の指導方針，第3章特別の教科道徳の第2に示す内容との関連を踏まえた各教科，外国語活動，総合的な学習の時間及び特別活動における指導の内容及び時期並びに家庭や地域社会との連携の方法を示すこと」が求められている。「学校における道徳教育の基本的な方針を示すとともに，学校の教育活動全体を通して，道徳教育の目標を達成するための方策を総合的に示した教育計画」である「道徳教育の全体計画」では，それゆえに，「基本的把握事項」である教育関連法規の規定や教育行政の重点施策，学校や地域の課題，子供の実態と課題などの基本的把握事項に基づき，学校の教育目標，道徳教育の重点目標，各学年の道徳教育の重点目標などの「具体的計画事項」が設定され，他教科，外国語活動，総合的な学習の時間および特別活動などにおける学校の教育活動全体における道徳教育の指導の方針や指導内容の要として道徳科が位置づけられることになる。

　しかしながら，各学校において策定されている道徳教育の全体計画では，学校関連法規や重点施策，学校や地域，子供の実態と課題を含めた学校のすべての活動と道徳科との関係が必ずしも適切に表現されている訳ではない。そのため，道徳科で教えるべき内容については，学校の教育活動全体を通じて行う道徳教育の内容との関連を十分に検討することが求められる。そのこ

とによって，道徳科において追求される道徳的諸価値についての理解は，日常的な生活や教科の学びへと転換していくものであり，その理解もまた，児童生徒の日常的な生活や教科などの学びから充実が図られるのである。

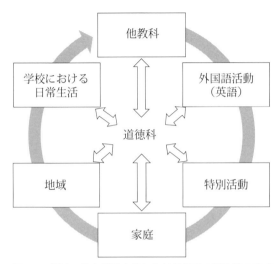

図 5-1　学校の教育活動全体における児童の道徳性の育成

2. 他教科，教科外活動など学校教育活動全体との連携

　他教科の指導や特別活動の指導など，道徳科以外のあらゆる教育活動は，すべて道徳教育と密接な関連をもち，重要な役割を担っている。それゆえに，他教科などにおける道徳教育の充実は，各教科における学習指導の充実にも大きな影響を与えるものとなる。このことが，たとえば，「小学校学習指導要領」では，「学校における道徳教育は，［中略］，道徳科はもとより，各教科，外国語活動，総合的な学習の時間及び特別活動のそれぞれの特質に応じて，児童の発達の段階を考慮して，適切な指導を行わなければならない」と述べられている。実際，各教科などの内容や教材には，道徳的な内容を含むものも少なくない。しかしながら，他教科，教科外活動には，それぞれの目標と役割がある。すなわち，学校における道徳教育の目標は，他教科，教科外活動の目的を達成することによって，自ずと達成されるものとして理解されな

ければならないものなのである。
　しかしながら，それだけでは，不十分である。なぜならば，他教科，教科外活動のなかで展開される道徳教育は，たとえ，道徳的な内容を含む場合であっても，児童・生徒の道徳性の前面に触れるものとは限らない。それゆえに，他教科，教科外活動のなかで展開される道徳教育は，道徳科との密接な関連のもとで，すなわち，道徳科における計画的・発展的な指導との関連のもとで展開されなければならないのである。このことは，学習指導要領の「第3　指導計画の作成と内容の取り扱い」に，「第3章　特別の教科　道徳」の第2に示す内容について，それぞれの特質に応じて適切に指導することが明示されている。
　具体的に述べると，他教科，教科外活動の授業の内容に加えて，授業の形態や方法もまた，児童・生徒の道徳性を育む上で，重要な役割を担っているということを示唆している。すなわち，グループ活動を取り入れ，児童・生徒の相互の協力を促すことや自らの個性を生かした役割を担うことなど，児童・生徒が他教科，教科外活動に主体的に取り組むための様々な工夫には，道徳的な特質が十分に含まれている。
　この点でいうと，総合的な学習の時間は，道徳教育ととくに密接な関連をもつものとしてとらえることができる。押谷由夫が総合的な学習の時間について「体験による道徳教育の場」としてとらえ，その充実を主張していることからも明らかにすることができる（押谷・柳沼 2014）。
　「望ましい集団活動を通して」行われる特別活動についても，道徳教育と強い関連をもつものとして理解することができる。なぜならば，「集団活動」は，互いの協力によって，集団の一員としての自覚を深めると共に，他者と協力してよりよい生活を築くことをめざすものに他ならないものといえるからである。
　他教科，教科外活動において指導すべき目標および内容や，学習時における児童の活動のなかに道徳科との関連を見出すこと。道徳科における計画的・発展的な指導を考慮すること。そして，それぞれの教科の特性と合わせ，学校の教育活動全体と連携させていくことが，やがて各教科における学習指導の充実の助けとなっていくのである。

3. 他教科, 教科外活動など学校教育活動全体との連携の実際

　それでは, 道徳科と他教科や教科外指導との連携とは, 具体的にどのようなものなのであろうか。道徳科において行われる道徳教育, つまり道徳科の授業における道徳教育理解を踏まえ, その連携がどのように学校の教育活動全体を通じて展開されていくのかということについて, 具体的な実践例をもとに考察する。

(1) 小学校1年体育科の場合

　道徳科の年間指導計画を立てる際には, 各月の教育活動が道徳のどの内容項目と関連しているか, 学校行事や各教科との関連を見渡した上で, 道徳科の時間に扱う時期を意識して指導する内容項目を計画していくことが重要である。

　たとえば, 小学校体育科「第2　各学年の目標及び内容」として, 第1学年および2学年には「1目標（2）だれとでも仲よくし, 健康・安全に留意して意欲的に運動する態度を育てる」とある。これと連携させるかたちで, 道徳科の内容項目である「A 主として自分自身に関すること　希望と勇気, 努力と強い意志」を水泳学習開始直後の6月末に取り上げる場合について考えてみる。

　まず, 道徳科の授業の前に道徳教育の成果を上げるための布石として, 学校の教育活動の全体における道徳教育の場面を見出し, 学級担任が子供に意図的・計画的に道徳教育を行うといったことが考えられる。その際に有効な道徳教育の手立てとして, 日常における担任教師の声かけや見守りといった指導があろう。この場合でいうなら, 「がんばったね」「できるようになったね」といった言葉かけを学校生活の様々な場面で言えるように, 子供たちを活動や状態を見取るといったことである。

　その上で道徳科の授業で価値理解を得るための授業をもつ。たとえば, 読みもの教材として『うかんだ　うかんだ』(『どうとく①みんな　なかよく』東京書籍, p.16)などを扱い, 道徳的諸価値に迫る授業をもつ。

　その後に行われた体育の「D 水遊び」の学習においては「ぼくができることがふえた」「できないと思ったけど, がんばってみたら（体が）浮いた」

などというふりかえりをする児童が生まれる。
　さらに，その後の学校の教育活動全体において，「がんばってみたいこと発表」や「がんばっている自分を認めてもらうこと」などの指導につなげていくことが考えられ，諸価値の理解が自己の生き方につながる。さらに学級担任が指導の場面において，児童への声かけとして「がんばることができたね」「できるようになったね」といった声かけを重ねることなどによって，学校の教育活動全般に広げていくことが可能となる。
　子供たちにとって，より身近で具体的なものとして道徳が存在する場所は，日々の学校生活の様々な場面である。その様々な場面において，子供たちをよく知り，寄り添い，よりよき成長を支え促すことを使命とする教師の指導は，児童生徒の道徳性を養い，実践に直結するということに対し多大な影響力をもつ。それゆえ，日常における教師の声かけや見守りといった指導には，日々の学校生活のなかにおける道徳教育が集約されているということもできる。その際，学校の教育活動全体で行う道徳教育の充実が，道徳科において育てようとする道徳的価値に沿ったものとして，意図的に適切に行われるのであれば，このような教師の指導は，他教科の指導の効果が期待されるだけでなく，学校の教育活動全体を通じて行う道徳教育の成果はもちろん，道徳科の授業の充実に大きく貢献することになる。

(2) 中学校　総合的な学習の時間の場合
　「中学校学習指導要領」の「総合的な学習の時間　第1目標」には「横断的・総合的な学習や探究的な学習を通して，自ら課題を見付け，自ら学び，自ら考え，主体的に判断し，よりよく問題を解決する資質や能力を育成するとともに，学び方やものの考え方を身に付け，問題の解決や探究活動に主体的，創造的，協同的に取り組む態度を育て，自己の生き方を考えることができるようにする」と示されている。加えて「横断的・総合的な学習は，例えば，国際理解，情報，環境，福祉・健康などの横断的・総合的な課題，生徒の興味・関心に基づく課題，地域や学校の特色に応じた課題等，一つの教科等の枠に収まらない課題に取り組む学習活動を通して，各教科等で身に付けた知識や技能等を相互に関連付け，学習や生活に生かし，それらが生徒の中で総

合的に働くようにすることをねらいにしてきた」とある。

　たとえば「地域に生きる誇りと自信を持ち，地域に貢献できる活動を持とう」というねらいのもとに，総合的な学習の時間の単元に取り組む際，そこには社会参画，勤労，郷土愛といった，道徳科において指導すべき道徳的諸価値が多く含まれるなかで学習計画が進み，深まっていく。したがって，道徳科との関連を意識して年間指導計画の内容を意図的・計画的に具体化していくことが重要である。また，道徳科の授業の前に道徳教育の成果を上げるための布石として，学校の教育活動の全体における道徳教育の場面を見出し，学級担任が子供に意図的・計画的に道徳教育を行うといったことは小学校の場合と同様に非常に有効な事柄である。布石として行う道徳教育または道徳科の理解後に行われる道徳教育の場面としては，たとえば学校の月の生活目標やクラスの目標，掃除や給食の時間，朝や帰りの話し合いの時間（ホームルーム）や部活動といった日常の様々な場面が考えられる。それは，これらの具体的な場合において，道徳的価値が対立，矛盾し，生徒にとって，克服すべき課題として自覚されるからである。合わせて中学校の特質上，各教科，学年担任教師たち全体による指導体制の確立が重要となってくる。生徒に関わる教師たちの連携のもとに，声かけや見守りといった教育活動は，道徳教育の効果を高めていく上で，非常に重要である。このような教師のはたらきかけによって生徒たちは問題解決的な学習や体験的な学習過程のなかで思いやりや友情，相互理解といった道徳的基盤が確かなものとなり，道徳的価値が自己の生き方へと関連づけられるようになる。道徳科において生徒たちの道徳性の育ちを見取ることもまた，総合的な学習の時間，さらには学校行事といった学校の教育活動全体に向かう生徒の問い直す機会となることが可能となるのである。

　なお，キャリア教育，シティズンシップ教育といったこれからの充実が求められる教育のなかにも，道徳的諸価値の理解の基盤となる場面が存分にある。それゆえに今後，他教科と同じく，様々な場面において道徳科との連携が図られていくことが期待される。

4. 道徳教育から教科横断的なコンピテンシー・ベースの教育へ

　学校における道徳教育は，国民一人一人が一生をかけて人生を形成していくための基盤となる豊かな教育に他ならない。それゆえに，学校における道徳教育は，学校の教育活動全体を通じて，計画的・発展的に積み上げていかなければならない。他教科，教科外指導は，道徳教育と連携することによって，道徳教育は，これまでの知識・内容を習得することを主としたコンテンツ・ベースの教育から，コンピテンシー（教科などを横断する汎用的な能力）・ベースの教育へと転換を遂げることになる。自己の行為や他者との合意を支える道徳的価値を形成する場である道徳科において得られる諸価値の理解は，これまでの自己の知識や生活経験と関連づけられ，具体的に考察されることになる。この過程において，課題を解決するために必要な思考力，判断力，表現力などが養われていくのである。道徳科において得られる理解を，他教科，教科外指導の連携による学校の教育活動全体のなかへと往還させていくなかで，児童生徒が主体的に学習に取り組む態度の育成や学びに向かう力・人間性などの育成が図られ，コンピテンシーに対応できる学びが実現されるのである。

第2節　デジタル化時代のシティズンシップ教育

1. 社会におけるデジタル化の進展とシティズンシップ教育

　近年，あらゆる分野において，デジタル化が急速に進行している。家電やテレビ，電話など，あらゆるものがアナログからデジタルへと移行し，私たちの社会は，大きく変化しつつある。20世紀後半の「第3次産業革命」とも呼ばれるデジタル化の主要な技術であるITは，その後も，飛躍的な進歩を遂げ，社会の在り方に多大な影響を与えてきた。現在では，人工知能（AI）を活用した音声案内や自動車の自動運転機能，ロボットなど，社会のデジタル化がますます加速化し，ITは，人との関わり（ICT）だけでなく，物との関わり（IoT）にも多大な影響を与えるようになっている。教育の分野も例外ではない。そのため，文部科学省は，情報教育の推進や教科指導におけるICT活用，ICT環境の整備など，学校教育分野，社会教育分野における情報

化の推進を積極的に図っている。「デジタル・ネイティブ」（ITの普及している環境の中で生まれ育った世代）と呼ばれる現代の子供たちにとって，メールやチャット，SNS（ソーシャル・ネットワーク・サービス）を使用した他者との交流，様々な動画や写真の共有，検索による情報の収集・閲覧など，日常生活の多くの営みはITを通じて自然に行われている。その一方で，インターネット上での誹謗中傷やいじめ，学校非公式サイト，犯罪や違法・有害情報などデジタル化された社会における新たな課題が生じている。

　これらの課題を改善していくための試みとして注目されているのが，社会と個人の新たな関係の構築を目指すシティズンシップ教育である。デジタル化によって加速化されるグローバルな社会の形成者としてシティズンシップを十分に発揮していくために必要な資質能力には様々なものがある。しかしながら，これらを育む上で，道徳がきわめて重要な役割を果たすことは間違いない。実際，わが国のシティズンシップ教育の代表的な取組とされる東京都品川区の「市民科」の目指すものは，道徳における主要課題でもある「自らの人生観を構築するための基礎となる資質や能力」の育成であるとされる。このような意味において，シティズンシップ教育は，道徳教育の新たなかたちとしてとらえることのできるものなのである。

2.「特別の教科　道徳」におけるシティズンシップ教育の実際

　ここでは，新しい「学習指導要領」を踏まえたデジタル化時代のシティズンシップ教育の趣旨や，それに対応した教材などを紹介する。

（1）道徳教育推進教師を中心とした指導体制の充実

　各学年や学級で進める道徳の時間の指導については，学校としての計画に基づいて見通しをもって実施し，相互に情報交換したり，学びあったりして一層の効果を高める必要がある。そのためには，「解説」でも示されているように，校長や教頭などの参加，他の教師との協力的な指導などについて工夫し，道徳教育推進教師を中心とした指導体制を充実することが重要である。

（2）「（小）集団宿泊活動」「（中）職場体験活動」を例に加え，体験活動を

生かすなどの指導の充実

「解説」では，総則と同様に，例として（小）集団宿泊活動（中）職場体験活動を加え，主として指導方法に関わって創意工夫ある指導を行うことをより明確にしている。具体的には，中学校においては，職場体験活動に向けて総合的な学習の時間で行う「（実際に職業に就いている人の話を聞く）職業講話」だけでなく，教科「道徳」の内容項目【C-（13）勤労】に関連する道徳授業に，ゲストティーチャーとして職業人を招いてティームティーチング形式で授業を行うことなどが考えられる。また，デジタルコンテンツ（例：「あしたをつかめ～平成若者仕事図鑑～」「人生デザイン U-29」「10min. ボックス　職業ガイダンス」，いずれも NHK for school）の活用も考えられる。

(3) 先人の伝記，自然，伝統と文化，スポーツなどを題材とし，児童・生徒が感動を覚えるような魅力的な教材の開発や活用

　昨今，全国的に知名度の高い著名人（先人を含む）を題材とした道徳教材が増えてきている。児童・生徒の関心を高めるためには有効な手段であるが，児童・生徒にとって身近な人物ではないため，道徳的価値の深化にまでつながらないケースも多い。また，ここでも「解説」において，多様な教材を生かした創意工夫ある指導を行うことが求められている。
　そこで，以下の2点の開発教材（表5-1，5-2，いずれも映像資料を使用）を紹介する。

表5-1　現代社会で活躍する著名人を題材とした道徳授業（指導案A）

	中学校　第2学年　道徳学習指導案
主題	内容項目 C-（11）正義を重んじ，だれに対しても公正，公平にし，差別や偏見のない社会の実現に努める。
資料	大島美幸（森三中）「たましいの授業（いじめについて考える）」（TBS テレビ）
ねらい	正義を重んじ，だれに対しても公正，公平にし，差別や偏見のない社会の実現に努めようとする意志と態度を育てる。
主題設定の理	○主題について 　正義を重んじるということは，正しいと信ずることを自ら積極的に実践でき

由	るよう努めることであり，公正，公平にするとは，私心にとらわれて事実をゆがめることや，偏ったものの見方・考えかたを避け，社会的な平等が図られるように振る舞うことである。 　中学生になると，社会の在り方についても目を向けはじめ，現実の社会がもつ矛盾や課題に気付き，理想を求める気持ちや正義感も強くなってくる。その反面，周囲の目を意識し，多くの意見や考えに左右されたり，自己中心的な考え方や行動をとったりしがちとなる。そのため，不正な行動やいじめをはじめ差別的言動が目の前で起こった場合，内心ではいけないと思っていてもそれを勇気を出して止めるなど，差別や偏見のない社会を実現しようと行動することに消極的になってしまうことも多い。 　そこで，自己中心的な考え方から脱却して，社会のなかにおける自分の立場に目を向け，社会をよりよくしていこうとする気持ちの大切さや，「見て見ぬふりをする」とか，「避けて通る」という消極的な行動に終始するのではなく，不正な言動を断固として否定し，正しいと思うことを実践することの大切さを，資料を通して考えさせたい。 ○生徒の実態について（省略） ○資料について 　本資料は，大島美幸さん（森三中）が小学生時代に受けたいじめの実体験を小学生に向けて伝えているものである。被害者の悩みや苦しみが本人の口から直接伝えられることで，多くの生徒が共感できるものであると考えられる。この資料を通じて，正義を重んじ，だれに対しても公正，公平にすることの大切さに気づかせ，差別や偏見のない社会の実現に努めようとする意志をもたせたい。

展開の大要

学習活動	主な発問と予想される反応	指導・援助の留意点
1<導入> 　森三中の大島さんについて，知っていることを発表し，子供時代のことを想像する。 2<展開> 　映像資料「たましいの授業」を視聴して考える。	○森三中の大島さんはどのような人か。また，昔はどのような子どもだったのだろうか。 ・お笑い芸人 ・元気で明るい ・子どものころから人気者	・森三中の写真を見せる。

(1) 大島さんが語った中学校時代のいじめ体験のなかでとくに印象に残った場面を発表する。	○大島さんが語った小学校時代のいじめ体験のなかで，とくにどのような場面が印象に残ったか。 ・変なあだ名で呼ばれる。 ・砂場に埋められる。	・「たましいの授業」を視聴させる。 ・目標を提示する。 ・本時の目標を示す。 ・視聴後，ワークシートを配布する。
(2) 大島さんのいじめ体験を聞いての感想を書く。	○大島さんのいじめ体験を聞いてのどのようなことを感じたか。 ・ひどい。かわいそう。 ・今の大島さんからは，昔そんなことがあったとは思えない。 ・自分が同じ立場だったらと考えると大島さんの気持ちがわかる。 ・まわりに助けてくれる人はいなかったのだろうか。	・いじめを受ける側の立場に立ち，苦しみや痛みに共感させる。 ・いじめに積極的ではない傍観者も被害者にとっていじめを助長させる存在であることを理解させる。
(3) 大島さんをいじめていた先輩が，大島さんに「私のこといじめていましたよね？」と聞かれたときの心境を考える。	◎大島さんをいじめていた先輩は，大島さんに「私のこといじめていましたよね？」と聞かれたときどんな気持ちだったか。 ・いじめていたかな？覚えていない。 ・今さら何を言っているのだろう。 ・覚えていたけど言えなかった。 ・冗談半分だったのに。	・班で意見を交換させる。 ・班でまとめたいくつかの意見を紙に書かせて黒板に貼り，紹介する。 ・加害者と被害者のいじめに対する考えや重みの違いに気づかせる。 ・以前「いじめの正体」で学習した集団が１人をいじめることの深刻さを交えて話す。
3 < 終末 > 感想を書く。	○いじめをなくすために大切なこととは何か。また，いじめについて改めて考えたこと，いじめについて今，言いたいことは何か。 ・見て見ぬふりをしない。 ・冗談のつもりでも，相手の心を傷つけてしまうこともある	・自分の周囲を振り返って考えさせいじめをなくそうとする実践する態度を養いたい。

	ので，言葉に出す前に相手の気持ちを考えてみる。	
4教師の説話を聞く。		・相手の気持ちを考えることの大切さや，傍観者の関わりを避けようとする心の弱さについても気づかせる。

評価の観点
○正義を重んじ，だれに対しても公正，公平にし，差別や偏見のない社会の実現に努めようとしていたか。【ワークシート，討議】

表5-2 地域に誇る先人の生き方を題材とした道徳授業（指導案B）

中学校　第1学年　道徳学習指導案	
主題	内容項目A-（4）着実にやり抜く強い意志と態度
資料	「鏡獅子」（板野敦子作）※以前に井原市道徳班会で作成された資料
ねらい	より高い目標を目指し，希望と勇気をもって着実にやり抜く強い意志と態度を育てる。
主題設定の理由	○主題について 　人間としてよりよく生きるためには，目標や希望をもつことが大切であり，その目標が達成されたときには，満足感を覚え，自信と勇気が起こるものである。このような達成感は自己の可能性を伸ばし，人生を切り拓いていく原動力となり，次のより高い目標に向かって努力する意欲を引き起こすことにもなる。中学生の時期は，自分の好むことや価値を認めたものに対しては意欲的に取り組む態度が育ってくる。また，希望と勇気をもって生きる崇高な生き方に憧れを抱く年代でもある。しかし，障害や困難に直面すると簡単に挫折して物事をあきらめてしまうこともあり，理想どおりにいかない現実に悩み苦しむこともある。 　このような時期に，高い理想を掲げて目標を目指し，粘り強く最後まで着実に物事をやり抜くことを体得し，希望をもつことの喜びを感じ取り，目標を達成して自分の人生を高め，充実するようにさせたい。 ○生徒の実態について（省略） ○資料について 　本資料の「鏡獅子」は，井原市出身の彫刻家である平櫛田中翁が20年間の歳月をかけて完成させた「鏡獅子」を制作する過程を描いたものである。田中翁は，その生涯を日本木彫芸術の復興と発展のために尽くされた人物である。 　「いまやらねばいつできる。わしがやらねばだれがやる」といった強い信念をもって，幾多の苦心と努力を重ねながら作品を生み出し，百七歳の生涯を閉

| | じるまで第一線で活躍された人物である。その努力の成果である作品は，一つ一つが生涯を乗り越えて前進し続けていった人間としてのすばらしい生き方を教えてくれている。20年間の歳月をかけ，木彫芸術の理想を追求していった「鏡獅子」制作における苦心と努力の跡を追いかけながら，苦境に立ったときの人間の底力の強さと，苦しみを乗り越えて自分の理想を実現させたときの喜びの大きさとを気づかせたい。 |

展開の大要

学習活動	主な発問と予想される反応	指導・援助の留意点
1＜導入＞ 　自らの課題を知る。	○これまでの自分の生活のなかで，目標を達成できなかったことはないだろうか。	・あらかじめ記入させたアンケートを返却し，発言しやすい雰囲気をつくる。
2　作者とその経歴について知る。	○「いまやらねば…」は，誰の言葉か。また，平櫛田中翁についてどんなことを知っているか。 ・平櫛田中翁の言葉 ・田中美術館 ・郷土（井原市）出身の彫刻家 ・代表作は「鏡獅子」	・平櫛田中翁の言葉（書）は，木之子中学校の校長室や玄関に額として掲示してあることを紹介し，書や作品の写真を見せて生徒の関心を高める。 ・ビデオを視聴させて，時代背景，とくに岡倉天心について，その理想などの予備知識を整理しておく。
3＜展開＞ 　資料「鏡獅子」を読んで考える。 (1) 失敗作を前にして目を閉じ，身動きもしなかったときの平櫛田中翁の気持ちを考える。 (2) 鏡獅子を完成させた平櫛田中翁を支えていたものは何であったかについて考える。	○平櫛田中翁は制作中の鏡獅子（失敗作）の前で，どのようなことを考えていたのだろうか。 ・やめようか。果たして自分にできるのか。 ・どうすればうまくいくのか。 ・やめるものか。何とか完成してみせる。 ◎多くの困難にもめげず，鏡獅子を完成させた平櫛田中翁を支えていたものは何だったのだろうか。	・読み物資料（前半）を配って教師が範読する。 ・発問はできるだけ登場人物の心情に添うように工夫する。 ・田中美術館には失敗作（試作「鏡獅子」）が保存されていることに触れる。 ・読み物資料（後半）を配って教師が範読する。 ・平櫛田中翁の意欲，使命感，自信，時の重要性などについて気づかせると共に，その根

		・理想を求める平櫛田中翁の願い ・意志の強さ ・師の岡倉天心の教え	底にある伝統的な木彫の美を追究する強固な目的意識にも気づかせる。 ・班での話し合い活動を取り入れ，自分なりの考えをもって相手に伝え，お互いの意見を話し合わせる。
4	<終末> 将来の自分へのメッセージを書く。	○目標を達成できなくてくじけそうな将来の自分に対して，メッセージを書いてみよう。	・これまでの自分はなぜ目標を達成できなかったのかを考えさせる。 ・普段の日常生活や学校生活で生かせることがないか着目させる。
5	教師の説話を聞く。		・最後までやり抜くことが，自己を高め，成長させることにもつながることを生徒に伝える。

評価の観点
○より高い目標を目指し，希望と勇気をもって着実にやり抜く強い意志と態度の大切さを考えられたか。
【観察（表情），発言，つぶやき，話し合い活動のようす，ワークシート】

(4) 自分の考えをもとに，書いたり（小）話し合ったり（中）討論したりするなどの表現する機会を充実

　児童・生徒は，自分とは異なる考えに接するなかで，自分の考えを自らの成長を実感できるようになる。生徒の考えをこれまで以上に変容させるためには，教師自身も，従来の道徳授業で一般的であった心情中心的な指導法から問題解決型の指導法へと変容させる必要がある。ここでは，自分の考えをもとに，書いたり話し合ったり（討論したり）するなどの表現する機会を充実させるための教材として，NHK for school の「ココロ部！」を紹介する。

　　○番組内容（HP より抜粋）

『ココロ部！』は，小学校5・6年生，中学生の子どもたちに，考える力とコミュニケーション力，'道徳力'を楽しんで身につけてもらう番組です。

人は生きているといろいろな"ピンチ"にあいます。『あっちも大事だけど，こっちも大事』『自分の気持ちを優先するか，他人の気持ちを優先するか，それとも…』そんな時どうすれば良いか，じっくり話し合うことで，自分の生き方について考えていくのが，架空の部活動『ココロ部』です。『ココロ部』の部員に扮するのは，お笑いコンビ・アンジャッシュの児嶋一哉さんと渡部建さんです。

番組の最後は，結論が出ないまま終わります。決まった正解はありません。

自分ならどうするか？学校や家で話し合いながら，ぜひ考えてみてください。そう，あなたも『ココロ部』部員です！

○授業例「最後のリレー」

＊授業のねらい【C-（15）役割の自覚と責任・B-（8）友情・信頼】
・タクヤの足のけがを監督に「言う」か「言わない」か悩むコジマくんを通して，キャプテンとしての責任や友情について考えることができる。

※指導案などについては，HP参照。

(5) 情報モラルに関する指導に留意

近年のスマートフォンなどの急速な普及にともない，高い利便性を得る一方，児童・生徒が，無料通話アプリやSNS，オンラインゲームなどの利用などを通じて，長時間利用による生活習慣の乱れや不適切な利用によるいわゆる「ネット依存」や，ネット詐欺・不正請求などの「ネット被害」，SNSによるトラブルなど，情報化の進展にともなう新たな問題が生じている。

「解説」でも，「児童の発達の段階や特性等を考慮し，第2に示す道徳の内容との関連を踏まえ，情報モラルに関する指導に留意すること」とある。端的にいえば，情報化の影の部分への対応を重視しているといえる。現代社会においては喫緊の課題であり，解決すべき問題も多く含んでいるが，大部分

の教師にとっては経験が少なく，指導に苦手意識をもっている分野である。

　ここでは，指導に苦手意識をもっている教師や，指導経験の少ない初任期の教師でも実践しやすく取り組みやすい教材をいくつか紹介する。ただし，児童・生徒の実態を踏まえず，ただマニュアル通りに実践したり，価値の押しつけになったりしないように，教材については事前に内容を吟味し，指導に当たっては十分に配慮する必要がある。

　一例として，デジタル化時代のシティズンシップ教育に対応した情報モラル教材として，NHK for school の「スマホ・リアル・ストーリー」を紹介する。

　○番組のねらい（HP より抜粋）
　　この番組は，実際にスマホを持った小学生のリアルな体験を伝える番組です。ナビゲーターは，小学生の鈴木福くん。実際に起きた話に基づいた，5つのエピソードを紹介します。学校の友達とのコミュニケーションも，楽しいエンターテインメントも，注意すべき危険が潜む闇の世界も……すべて小さなスマホを通してつながっています。そんなスマホと今後，どうつきあっていけばいいかを学んでいきます。
　○授業例「たった一言の違いが…」
　　＊授業のねらい
　　・実話をもとにした映像教材を用いながら，子供自身にも起こり得ることとして，トラブルの回避策を考えることができるようになる。
　　・SNS（ソーシャル・ネットワーク・サービス）でのコミュニケーションについて，実際のコミュニケーションとの違いに気づき，実生活に生かすことができる。
　　※指導案などについては，HP 参照。

　この他，デジタル化時代のシティズンシップ教育に対応した情報モラル教材として，文部科学省「学校教育－情報化社会の新たな問題を考えるための児童生徒向けの教材，教員向けの手引書（動画教材あり）」，NPO-ACE「考えよう，ケータイ（DVD 教材）」，GREE「事例に学ぶ情報モラル（DVD 教材）」の活用も考えられる。

3. 教育活動全体を通じて行う道徳教育の視点から

　これまで紹介した道徳教材は,「特別の教科　道徳」での実践に限定するものではない。「解説」にも示しているように,学校における道徳教育は,道徳の時間を要として学校の教育活動全体を通じて行うものであり,道徳の時間はもとより,各教科,外国語活動（小）,総合的な学習の時間および特別活動のそれぞれの特質に応じて,児童・生徒の発達の段階を考慮して,適切な指導を行わなければならない。

　児童・生徒は地域に生きる貴重な人材であり,彼らを育てることこそ教育の使命である。われわれ教師は,教育活動全体を通じて行う道徳教育の実践を通じて,これからの社会を担う彼ら一人一人が課題に向き合い,それらに主体的に取り組み,自ら判断する力をもつことできるようにすることが今,切に求められている。

学習課題

（1）道徳科が学校における道徳教育で果たす役割について考えよう。
（2）シティズンシップ教育は学校の全教育活動において行われる教育課題であるが,道徳教育はどのような役割を果たすことができるか考えよう。

〈引用・参考文献〉
・押谷由夫・柳沼良太編著『道徳の時代がきた！――道徳教科化への提言』教育出版,2013年
・押谷由夫・柳沼良太編著『道徳の時代をつくる！――道徳教科化への始動』教育出版,2014年
・小島弘道監修,吉田武男ほか『学校教育と道徳教育の創造』学文社,2010年
・梨木昭平『道徳教育法・特別活動指導法』大学教育出版,2014年
・橋本将志「日本におけるシティズンシップ教育のゆくえ」,早稲田大学大学院政治学研究科『早稲田政治公法研究』第101号,2013年
・林忠幸・堺正之編著『道徳教育の新しい展開――基礎理論をふまえて豊かな道徳授業の創造へ』東信堂,2009年

- 藤原孝章「日本におけるシティズンシップ教育の可能性——試行的実践の検証を通して」『同志社女子大學學術研究年報』第 59 号，2008 年
- 村井実・遠藤克弥編著『共にまなぶ道徳教育——その原理と展開』川島書店，1990 年
- 文部科学省「小学校学習指導要領解説　特別の教科　道徳編」2015 年
- 文部科学省「小学校学習指導要領　新旧対応表」2015 年
- 文部科学省「中学校学習指導要領解説　特別の教科　道徳編」2015 年
- 文部科学省「中学校学習指導要領　新旧対応表」2015 年
- 文部省中央審議会「21 世紀を展望した我が国の教育の在り方について（第一次答申）」1996 年
- 若月秀夫『品川発「市民科」で変わる道徳教育——なぜ，あたり前のことができなくなったのか』教育開発研究所，2009 年
- 『どうとく①みんな　なかよく』東京書籍
- NHK for school「あしたをつかめ——平成若者仕事図鑑」「人生デザイン U-29」「10min. ボックス　職業ガイダンス」「ココロ部！」「スマホ・リアル・ストーリー」http://www.nhk.or.jp/school/（2016.10.26 最終確認）
- NPO 法人企業教育研究会「考えよう，ケータイ」http://ace-npo.org/info/kangaeyou/index.html（2016.10.26 最終確認）
- 『河合塾ガイドライン』2015 年度 11 月号，「変わる高校教育　第 8 回　シティズンシップ教育」http://www.keinet.ne.jp/gl/15/11/04_kawaru.pdf（2016.10.26 最終確認）
- GREE「事例に学ぶ情報モラル」http://corp.gree.net/jp/ja/csr/statement/internet-society/educational-activity/teaching-materials/（2016.10.26 最終確認）
- 文部科学省「教育の情報化に関する手引」http://www.mext.go.jp/a_menu/shotou/zyouhou/1259413.htm（2016.12.14 最終確認）
- 文部科学省「情報化社会の新たな問題を考えるための児童生徒向けの教材，教員向けの手引書」http://jouhouka.mext.go.jp/school/information_moral_manual/（2016.10.26 最終確認）

第6章

学校・家庭・地域社会との連携

　第6章では，新学習指導要領「第1章　総則」における道徳教育の改善と「第3章　特別の教科　道徳」の内容に基づき，家庭や地域社会と連携して進める道徳教育について解説しています。その際，東京都が取り組んでいる道徳授業地区公開講座を取り上げ，保護者と道徳教育についての意見交換会の実施，地域の人々や社会で活躍する人々に授業の実施への参加協力，地域教材の開発や活用への協力，異校種と連携による道徳教育の推進など多様な取り組みを紹介しています。また，日常生活における多様な実践活動や体験活動の道徳科の授業への活用について，具体的な実践を紹介しています。

　学習を進めるに当たっては，第1節と第2節の実践の背後には授業者のどのような考え方や工夫があるのかに留意しながら読むことも理解を深める手立てとなります。

> **キーワード**
>
> 地域社会や保護者と共に考える道徳教育，豊かな心を育むことへの共通理解，地域教材の開発や活用への協力，体験的な活動を生かした道徳授業，めあて

第1節　学校・家庭・地域の連携で取り組む道徳教育の実践

1. 道徳教育に関わる積極的な情報発信

　この節では，新「小学校学習指導要領」「第3章　総則」における道徳教育の改善と「第3章　特別の教科　道徳」の内容に基づき，家庭や地域社会と連携して進める道徳教育について述べていく。

　これからの時代を生きていく子供たちには，これまで以上に複雑で解決しにくい問題が待ち受けていると予想される。また，今後社会の有り様が変化し，科学技術が急速に発展・発達していくなかで，人間としてどう生きていくか，どのような判断をすることがよいかを問われる場面はますます増えていくであろう。

　さらに，わが国全体を見渡したとき，地域社会や世代によって考え方などの微妙な違いが人間関係を築く上で大切な要因となることも多くあることが予想される。そのようななかで，学校教育だけで道徳教育を完結させるのではなく，地域社会や保護者と共に考える道徳教育を先導する役割を学校は強く期待されている。

　学校で行う道徳教育は，自立した人間として他者と共によりよく生きるための基盤となる道徳性を養うことを目標として行われる。このような道徳性は学校生活だけに限られたものではなく，家庭や地域社会においても，児童の具体的な行動を支える内面的な資質である。そのため，学校で行う道徳教育をより強化するためには，学校と家庭や地域社会が児童の道徳性を養う上での共通理解を図ることが不可欠である。そのため，学校には，学校の道徳教育に関わる情報発信と併せて，学校の実情に応じて相互交流の場を積極的に設定することが求められる。

（1）道徳教育の実情についての説明や情報交換会の定例化

　道徳の時間は全教育活動を通じて行う道徳教育の要であり，その授業を公開することは，学校における道徳教育の理解と協力を家庭や地域から得るた

第6章　学校・家庭・地域社会との連携

めにも，きわめて重要である。

しかし，道徳の授業をどのように行っているかについては，情報量が十分であるとは言いがたく，「道徳の授業は考え方の押しつけではないか」「テレビを見て登場人物の心情を考えることが道徳の時間」という誤解がまだまだ多くある。

それゆえに，道徳の時間に対する理解を深めるためには，積極的に道徳の授業を公開することが必要である。

図 6-1　蔵前小学校学校公開ポスター

(2) 道徳授業地区公開講座の実施（東京都教育委員会）

東京都教育委員会は，学校，家庭および地域社会が連携して子供たちの豊かな心を育むと共に，小・中学校における道徳教育の充実を図ることを目的として，区市町村教育委員会と連携して，1998（平成10）年度から都内公立

小・中学校などで道徳授業地区公開講座を開催している。
道徳授業地区公開講座は，2000年度から「心の東京革命」の一環として位置づけられ，2002年度以降，都内全ての区市町村立小・中学校で実施されている。内容は，授業参観と参観者による意見交換である。

(3) 授業公開にあたり準備する内容

　台東区立蔵前小学校では，6月第3週の土曜日を道徳授業地区公開講座に位置づけ実施している。公開に当たっては，道徳教育推進教師が中心となり，学校全体で充実した道徳の授業が徹底されていることが前提とされる。また，学校における道徳教育全体計画に位置づいた年間指導計画に基づいた授業を展開するために，年度当初に計画を見直し各学年の重点項目や指導内容について共通理解を図ることが重要となる。

　授業では，学級の実態や児童の発達の段階，指導内容や指導方法などについて学年間で十分に話し合い授業の構想を組み立てる。使用する教材を効果的に生かすために，登場人物の立場にたって自分のとの関わりで道徳的価値について理解したり，自己を見つめ直したりするなどの工夫が必要である。

　とくに低学年においては教材との出合いを大切にするなどの工夫をし，保護者が日常的に道徳の時間をどのように展開しているかを理解してもらうためにも学習内容を事前にお知らせするなどの配慮も必要である。

(4) 授業後の意見交換会の実施

　授業公開後には，保護者と道徳教育についての意見交換会を実施する。講師を招いて子供の躾や道徳性に関する話をしていただいたり，各学校の校長から本校における道徳教育についての取り組みを話したりするなど，学校により工夫した取り組みが実施されている。

　毎年の道徳授業地区公開講座を工夫することで，多くの参観者を集め，子供たちの豊かな心を育むことへの共通理解を深めていきたい。

2. 道徳の授業への積極的な参加や協力

　道徳科は，家庭や地域社会との連携を進める重要な機会となる。その実施

や教材の開発，活用などに，保護者や地域の人々の参加や協力を得られるよう配慮していくことが考えられる。

　家庭や地域社会の題材を資料として生かした学習，家庭や地域での話し合いや取材を生かした学習，地域の人や保護者の参加を得た学習など，家庭や地域との連携強化を図った指導を工夫することも必要である。そのため，保護者や地域の人々が参観しやすいような工夫が望まれる。

(1) 授業の実施への保護者の協力を得る

　保護者は児童の養育に直接関わる立場であり，その協力を得た授業の工夫が考えられる。授業前にアンケートや児童への手紙などの協力を得たり，事後の指導に関して依頼したりする方法などが考えられる。

　その際，授業の目的を明確にして学年だよりなどで保護者に呼びかけること必要である。また，様々な家庭状況があることを十分に配慮し，保護者に依頼する内容については学年でよく検討する必要がある。

(2) 授業の実施への地域の人々や団体など外部人材の協力を得る

　地域の人々や社会で活躍する人に授業の実施への協力を得ることも効果的である。たとえば，特技や専門知識を生かした話題や児童へのメッセージを語る講師として協力を得るなどの方法が考えられる。青少年団体などの関係者，福祉関係者，自然活動やスポーツの関係者，伝統文化の継承者，国際理解活動や企業，NPO法人を運営する人などを授業の講師として招き，実体験に基づいてわかりやすく語ってもらう機会を設けることは効果的である。

　そのために，日頃からそうした人々の情報を集めたリストなどを作成しておくことが有効である。その際，児童が講師の話を聞くだけでなく，質問したり考えを伝えたり話し合ったりするなどの一定の時間を確保しておく配慮が大切である。また見通しをもって実施するための，計画に位置づけておくことも重要である。

　道徳科の指導は，学校における教育課程の実施の一環であり，学校が責任をもって行うことが大前提であるが，保護者や地域の人々が児童の豊かな心を育むことに寄与したいという思いを抱くことで，学校の教育活動全体で行

う道徳教育への協力も促されると同時に，家庭や地域社会において児童の豊かな心を積極的に育もうとする意欲を高めることにもつながることが考えられる。

図6-2 町会の方々にダンスを披露する（左），警察と連携した取り組み（特色ある教育活動，右）

(3) 地域教材の開発や活用への協力を得る

地域の先人，地域に根づく伝統と文化，行事，民話や伝説，歴史，産業，自然や風土などを題材とした地域教材などを開発する場合には，地域でそれらに関することに従事する人や造詣が深い人などに協力を得ることが考えられる。

教材の開発だけでなく，授業でそれを活用する場合にも，たとえば，資料を提示するときに協力を得る，話し合いを深めるために解説や実演をしてもらう，児童の質問に回答してもらうなどの工夫が考えられる。また，地域教材を活用する際に，地域人材の協力を得ることは，授業の効果を一層高める効果が期待できる。

蔵前小学校の場合，周囲は自然がほとんどなく，児童が自然体験をするためには，地域の協力に頼ることが大きい。近くの町会の公園を借りてさつまいもを栽培する総合的な学習の時間をもつなど，児童はこの体験活動を経て，道徳の授業で「自然愛護」を扱い，自然に親しみ自然や動植物のもつ不思議さや生命の力などを感じることで大切に育てようとする気持ちを育んでいる。

3. 学校運営協議会や異校種の学校等と連携した道徳教育の充実
(1) 学校運営協議会制度（コミュニティ・スクール）の活用

　学校の道徳教育の成果を具体的に報告し，それについての意見を得ることは，学校における道徳教育を地域に理解していただくと共に，地域が学校への道徳教育の期待を理解する上でも大切な取り組みである。

　蔵前小学校では，年間で3回学校運営協議会を開催している。委員は地域の町会の代表，青少年委員や民生児童委員代表，コミュニティ委員会代表とPTA代表者で構成されている。学校運営協議会の主な役割は「校長の作成する学校運営の基本方針を承認する」「学校運営に関する意見を教育委員会又は校長に述べる」「教職員の任用に関して教育委員会に意見が述べられる」の三つがあり，保護者や地域の方々の意見を学校運営に反映させることができ，自分たちの力で学校をよりよいものにしていこうとする意識を高め，継続的・持続的に「地域と共にある特色ある学校づくり」を進めることができる。

　各学校においては，年間3回程度の学校運営連絡協議会（学校により名称に違いはある）を開催している。第1回の学校運営連絡協議会を6月頃に開催し，学校運営方針の一つとして「道徳教育の方針について」を示し，委員との意見交換を行い，その際，とくに重点項目については，地域の子供として期待される資質・能力はどのようなものか意見聴取し，学校における道徳教育全体計画に反映させる。第3回の協議会においては年間を通じた道徳教育の取り組みを報告し，児童の道徳性の高まりについて意見を寄せてもらい，次年度の計画に反映するなどして道徳教育の充実を図ることが大切である。

表6-1　2016年度台東区立蔵前小学校における道徳教育の方針

蔵前小学校における道徳教育の方針
道徳教育は，道徳の時間（道徳科）を要として学校の全教育活動を通じて行うものであり，道徳の時間はもとより，各教科，外国語活動，総合的な学習の時間及び特別活動のそれぞれの特質に応じて，児童の発達の段階を考慮して適切に指導するものである。 　　台東区教育大綱では，先人が歴史と伝統に恵まれた地域を基盤に，情緒ある個性豊かな文化財産を生かし，学校，家庭，地域の信頼と支え合いの中で将来の台東区で活躍する人の育成を掲げている。本校では，教育大綱を受けるとともに蔵

前小学校教育目標に基づき，児童がこれからの社会でよりよく生きるため道徳性を育成することを目指す。

特に，生命の尊さについて考えを深めるとともに，相手の立場に立ち考えることでそのよさを互いに認め合い，自らの大切さに気づくとともに社会の一員として必要な規範を身につけられることをねらいとしたい。

また，道徳の時間においては，読み物の登場人物の読み取りのみに偏った指導をするのではなく，特別の教科「道徳」にあたり，質の高い多様な指導方法を工夫し，児童一人一人が自分の答えを見出すことができる時間をめざしていきたい。

以上の点をふまえて次の内容項目を本校の道徳教育の重点とする。

◎誰に対しても思いやりの心をもち，相手の立場にたって親切にすること《B　親切，思いやり》
◎生命が多くの生命のつながりの中にあるかけがえのないものであることを理解し，生命を尊重すること《D　生命の尊さ》
◎法やきまりの意義を理解した上で進んでそれらを守り自他の権利を大切にし，義務を果たすこと《C　規則の尊重》
◎より高い目標を立て，希望と勇気をもち，困難があってもくじけずに努力して物事をやり抜くこと《A　希望と勇気，努力と強い意志》
◎我が国や郷土の文化を大切にし，先人の努力を知り，国や郷土を愛する心をもつこと《C　伝統と文化の尊重，国や郷土を愛する態度》

(2) 異校種と連携による道徳教育の推進

　道徳教育は小学校で完結するものではない。就学前教育や中学進学後と継続的な育成が必要である。たとえば，東京都台東区では，0歳から15歳までの継続した学校教育を目指しており，幼稚園・こども園・保育園と小学校，中学校との連携を重視している。年間2回だが異校種の授業参観や教員による意見交換会を実施しているが，その際にも児童・生徒の道徳性の育成を一つの視点としている。

　とくに中学校と小学校では互いの学習指導案を交換し，実際の授業を参観した後で授業者の意図や授業内容・方法について話し合い授業の充実を目指している。たとえば，ねらいに含まれる道徳的価値については，発達段階に応じて道徳的価値の理解をもとに，教師の指導を児童生徒の学習の手順が有効なのか，学習活動と主な発問と予想される児童生徒の発言や評価について検討している。日常的に中学校の教師が小学校の授業に参加したり，小学生が中学校を訪問したりするなどの取り組みのなかで，互いに高め合いよりよ

い教育を目指そうとする意識が高まってきており，効果的な取り組みであると考えている。

(3) 公開を前提とした充実した道徳の授業の創造

授業公開を行うためには，初任者からベテラン教諭までどの学級でも安定した学級経営に基づく道徳の授業の実施が求められる。また，内容は発達段階と児童の実態の応じたわかりやすい授業展開を計画していかなければならない。

そのためには，道徳の授業に限らず日常の教科などの学習においても学校共通のスタンダードに基づき，話し合い活動や問題解決型学習を取り入れた授業展開の工夫が必要である。こうした授業は一朝一夕にできるものではなく，教師が日頃から切磋琢磨し授業研究を進めていくことで実現できるものである。

蔵前小学校の場合，毎月１回研究会を開催し授業の質の向上を高めると共に，主任教諭が若手教員を日常的に指導しながら授業力向上を図っている。

図6-3 授業の課題を，付箋を活用しながら意見交換する

①道徳の学習指導案を作成する

道徳の学習指導案には教師が年間指導計画に位置づけられた主題を指導するに当たり，児童や学級の事態に即して，教師自身の創意工夫を生かして作成する指導計画である。具体的には別の章に述べられているので省略するが

地域に公開することを前提に学習指導案を作成するために配慮すべき事項を述べたい。

　まず，用語の意味を変更せずにわかりやすく示すことである。研究授業と同様の指導案では保護者や地域の方々には馴染みなくわかりにくい。導入，展開，終末といった語句の使用もなるべく控え時間配分を記載し，児童の話し合い活動などの時間の目安などを入れ，兄弟のある保護者が参観しやすい工夫を学年で検討している。

②授業方法の工夫

　板書や資料提示などの工夫は日常の道徳授業でも重要な要素である。児童が学習内容を振り返り自己の考えを深めるために板書, 絵画や写真の活用や, 発問などのカードなど工夫したい。図6-4は授業のまとめにおいて，ゲストティーチャーの話の録画を児童にPCを活用して提示している写真である。ICT機器を積極的に活用して，児童の興味関心をひきつける道徳授業を工夫していきたい。

図6-4　ICT機器を活用して児童に提示する

　家庭・地域と連携した道徳教育について論じてきたが，基本は学校における道徳の授業の充実にある。そのためには，まず，年間35時間の道徳の授業に教師が真剣に取り組むことが重要である。その上で，道徳教育や道徳の時間に関する学校の考えおよび取り組みを積極的に発信し，家庭・地域の意見や取り組み，児童の実態や課題を受信しながら学校の教育活動を進めるよ

うにしてくことが求められるのである。

第2節　体験的な活動を生かす道徳授業（小学校）

1. 体験的な活動を生かした道徳授業の意義

　ここでは，学校の教育活動や日常生活における多様な実践活動や体験活動といった体験的な活動を道徳科の授業に生かすことについて取り上げ，述べていく。

　体験的な活動とは，子供の日常的な体験，集団宿泊活動やボランティア活動，自然体験活動など，学校の教育活動や日常生活における活動のことである。子供たちは体験的な活動のなかで，様々な道徳的価値に触れ，自分との関わりで考えたり感じたりしている。2年生の生活科の学習活動を例に考えてみたい（図6-5）。

図6-5　野菜の世話をする子供

　2年生の生活科の単元で，各自が野菜を育てるという学習活動がある。この学習活動のなかで，子供たちはどのような道徳的価値に触れることができるだろうか。野菜への水やりや草取りをする際，子供は水やりや草取りが自分のやるべき仕事であるということを考えて世話をする（内容項目A［希望と勇気，努力と強い意志］と関連）。学級共有のじょうろを使って水やりをする際には，みんなが使うもののきまりを守って使おうとする（内容項目C［規則の尊重］と関連）。そして，育てる野菜を自分のことのように大切に思って育てる（内容項目D［自然愛護］と関連）。

このように，子供たちは体験的な活動のなかで，様々な道徳的価値に触れ，自分との関わりで考えたり感じたりしている。しかし，体験のなかでは，道徳的価値の意味などについてじっくり考えたり深めたりすることはできにくい。また，体験のなかで得た思いや考えを道徳的価値と関わって考えることはできにくい。「小学校学習指導要領」「第3章　特別の教科　道徳」の「第2　内容」に示されているように，道徳科は学校の教育活動全体を通じて行われる道徳教育の要である。体験的な活動のなかで子供が抱いた「どうして～できないのだろう」といった疑問や「もっと～できるようになりたい」といった願いを取り上げて授業の導入につなげたり，展開で子供の思いや考えを想起させたりするなど体験的な活動を道徳科の授業に生かすことで，子供は道徳的価値の意味への理解を深めたり，自己を見つめて考えたりすることができるようになる。

2. 体験的な活動を生かした道徳授業の実際

　体験的な活動を生かした道徳科の授業の具体として，2年生で［希望と勇気，努力と強い意志］の内容項目を取り上げていったものを例に述べていきたい。道徳科の授業を行う約2週間前から，学校で取り組んでいる学習や遊びなどで自分のやるべきことを「めあて」として設定し取り組んだときの思いを「がんばり日記」（図6-6）に書き込む活動を取り入れる。「がんばり日記」の扉のページには，自分がやるべきこととして「めあて」にしたこと，取り組み始めた日と達成した日を記入することができるようにする。「がんばり日記」には，取り組んだ日とそのときの心の表情を選択するようにし（うれしい・かなしい・くやしいマークの三段階），「今日頑張ったこと・昨日よりできるようになったこと」を振り返って記入するようにする。「がんばり日記」は子供が帰りの会までに記入した後回収し，教師がコメントを書いて返すようにする。さらに，「めあて」が達成したら家庭に持ち帰るようにし，保護者にもコメントをお願いするようにする。子供たちそれぞれのめあては教室の背面掲示にも位置づけ，達成したら花丸シールを貼るようにする（図6-7）。掲示を見ることで友達の取り組みの様子にも目が向きやすくなるようにする。

子供は，自分の「めあて」に向けて取り組むなかで「あと少しでできそうだからもっと頑張りたい」「できないからいやだ。めあてを他のものに変えたい」という思いをもち，「やるのが嫌になったときでも頑張り続けることができるためには何が大切なのかな」という課題意識をもつことができる。

そして，道徳科の授業の導入場面で，日常生活で取り組んだ体験的な活動でもった子供の課題意識を確かめ，「めあて」をたてるようにする。子供は体験的な活動での行為や思いを記録し，自分との関わりで考えてきたため，疑問や願いといった課題意識が道徳科の授業にスムーズにつながりやすくなる。

体験的な活動の生かし方は導入に限らず，展開や終末の場面でも可能である。たとえば，展開前段の場面では，教材の主人公の思いを考える際に子供が自分の体験を想起し主人公に重ね合わせて語ることができるよう，発問を工夫する。教材『七のだん，ごうかく』（光村図書）では，主人公の「あきこ」

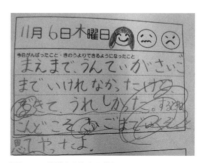

図6-6 「がんばり日記」

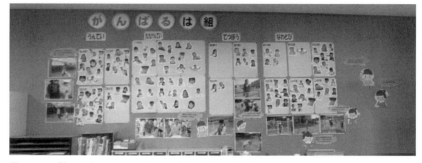

図6-7 子供のめあてへの取り組みの様子を表す背面掲示

がお母さんの話を聞いた後，毎日九九の練習をする場面を中心場面とし，練習を頑張り続ける「あきこ」の思いを尋ねるようにした。その際，子供が自覚的に自分の体験と主人公「あきこ」の思いを重ねて考えることができるように，「あきこさんと同じように思ったことはあるか」といった発問を取り入れるようにする。そうすることで，子供は自分が日常生活で取り組んだ体験的な活動での思いを想起し，より主人公の思いを理解しやすくなる。

また，展開後段の場面では，とらえた道徳的価値をもとに「今までにきっとできると思って頑張り続けたことはあるか」と尋ねる。その際，子供は日常生活の体験的な活動で自分のめあてに向けて取り組んだときの思いを想起して語る。道徳科の授業でとらえた道徳的価値を体験的な活動とつないで考え，自己の生き方を見つめることができると考える。

さらに，道徳科の授業の前に行った体験的な活動を授業の後にも取り組むようにした。とらえた道徳的価値を活用する場を設けることで，道徳科の授業でとらえた道徳的価値のよさを実感することができる。そして，最後に，とらえた道徳的価値である「きっとできると思って頑張り続けることができた」自分に向けて「こんなにできたで賞」（図6-8）を贈る活動を取り入れた。自分からだけではなく，加えて，保護者の方や担任がメッセージを添えることで，子供が自分の思いや行為の変容をより実感しやすくなる。

図6-8 「こんなにできたで賞」

表 6-2　具体的な授業の構想例

【テーマ】「きっと　できる」
【ねらい】きっとできると思って頑張り続けることの大切さに気づき（道徳的価値理解），自分でやるべきことをしっかりと行おうとする実践意欲を育てる（道徳的実践意欲）。
【内容項目】A［希望と勇気，努力と強い意志］
【教材名】「七のだん，ごうかく」（光村図書　2年）
【体験的な活動との関連を図った授業の構想】
日々の生活：自分でやらなければならないことに取り組んだときの思いを「がんばり日記」に記録していく。
道徳の時間：「やるのが嫌になったときでも頑張り続けるために大切なことは何か」について，教材「七のだん，ごうかく」の「あきこ」の思いを考え，話し合う。
日々の生活：きっとできると思って頑張り続けた自分に向けて「こんなにできたで賞」を贈る。

【指導案】

学習活動	主な発問と予想される子供の反応	指導上の留意点
1. 本時のめあてをつかむ。	○自分が決めた，やらなければならないことに取り組んだとき，どんな気持ちでしたか。それはなぜですか。 ・うれしい気持ち。うんていの半分まで進めるようになったから。 ・いやな気持ち。二重とびをめあてにしていたけれどできなくて途中でやめてしまったから。	・「がんばり日記」を手元に置くようにすることで，日々の生活での体験や思いを想起しやすくする。
	やるのが　いやになったときでも　がんばりつづけることができるひみつを見つけよう	
2. 教材「七のだん，ごうかく」を読み，「あきこ」	○なかなか七の段が合格できない「あきこ」はどんなことを思ったでしょう。 ・どうしてできないのかな。	・隣の席の友達とペアインタビューをする活動を取り入れることで，

の思いについて話し合う。	・他の子ができているのに自分はできていなくて，くやしいな。 ◎「お母さん」の話を聞いた後，毎日九九の練習をする「あきこ」はどんなことを考えたでしょう。 ・絶対できるようになりたい。 ・お母さんが言ってくれたように何回も練習したらきっとできるはず。 ・みんなもできたのだからわたしだってできるはず。 ・六の段も練習してできるようになったからきっとできる。 ○合格して目に涙がうかんだ「あきこ」はどんなことを思ったでしょう。 ・うれしいな。練習してよかったな。 ・これからももっと頑張ろう。	互いの考えを伝え合いやすくする。 ・子供があきこ役，教師がインタビュアー役をする役割演技のなかで「どうしてそんなに頑張れるの」と尋ねることで，頑張り続けようとするあきこの思いを，理由をつけて語りやすくする。 ・「みんなもあきこさんと同じように思ったことはあるかな」と尋ねることで，「あきこ」の思いに自分の体験を重ねて語りやすくする。
	とらえさせたい道徳的価値 　きっとできると思って　がんばりつづけることが大切	
3. これまでの自分を振り返る。	○今までに，きっとできると思って頑張り続けたことはありますか。 ・逆上がりの練習で手にまめができてもうやめたいと思ったけど，きっとできると思って頑張り続けたよ。	・ワークシートにこれまでの自分の行為や思いを書く枠を設けておくことで，とらえた道徳的価値についてのこれまでの自分の思いを振り返りやすくする。

3. 家庭，地域社会との連携

　体験的な活動を生かして道徳科の授業を行う際，2に示した実践例のように家庭や地域との連携を図って進めていくことも考えられる。その際,前もって学級だよりなどで，授業の内容や体験的な活動の活用の仕方などを伝えておくとよい（図6-9）。保護者の方や地域の人々に協力を得ることで，指導の効果が一層高まることが期待できる。また，保護者の方や地域の人々に，学校の教育活動や道徳教育の実際について知っていただいたり，関心をもって

第6章　学校・家庭・地域社会との連携

いただいたりすることにつながる。

図6-9　保護者に向けて協力を依頼した学級通信

4. 体験的な活動を生かした道徳科の授業の留意点

　体験的な活動を生かした道徳科の授業について述べてきたが，体験的な活動を生かして授業を行う際には，単に体験的な活動そのものを目的として行うのではなく，ねらいをしっかりもち，授業のなかに適切に取り入れていく必要がある。道徳科の授業にどのように位置づき，どのように生かしていくのかを明確にもった上で体験的な活動を設定したり関連を図ったりしていきたい。また，体験的な活動を通じて学んだ内容から道徳的価値の意義などについて考えを深めるようにすることが大切である。

　体験的な活動を生かす方法は多様に考えられる。子供の発達段階を考慮し，内容項目と教材を分析しながら体験的な活動を位置づけていきたい。各教科や特別活動などでの体験活動と関連を図って道徳科の授業を行う際には，年間指導計画にあらかじめ位置づけた上で実施できるようにしていくことも大切である。体験的な活動を生かした道徳科の授業を行うことで，体験的な活

動と道徳科の授業が相互に効果を高めるものとなり，子供の道徳性を育成することができるようにしていきたいものである。

学習課題

（1）道徳教育を学校・家庭・地域で連携して進めることはなぜ大切なのか考えよう。
（2）体験的な活動を道徳科に取り入れる意義について考えよう。

第7章

道徳科の評価

　第7章では，道徳科における評価について解説します。教科である以上評価は欠かせません。しかし，道徳性の育成を目指す道徳科においては，「内面的資質」である道徳性を評価できるのかという問題もあります。ここでは，この道徳科における評価の在り方について指導と評価の一体化を踏まえて種々の工夫の可能性を考えます。

　学習に当たっては，それぞれの実践が評価に関する理論的な考え方をしっかりと踏まえた上で一人一人の子供たちの学習の発展を展望しながら評価に臨もうとしていることを理解することが望まれます。

キーワード

個人内評価，指導と評価の一体化，ポートフォリオ，パフォーマンス評価，ルーブリック評価，話し合いのステージ，振り返りシート

第1節　児童生徒の成長を促進する評価の在り方

1. 道徳科における評価の基本的考え方

　道徳の教科化によって大きく変わるのが「評価」である。道徳科の目標である道徳性の育成においては，「内面的資質」である道徳性が評価できるのかという点がかなり議論されたところである。

　そもそも教育活動における評価は，指導と評価の一体化の重要性が言われている。この教育活動における評価については，二つの側面がある。一つは，学習者である児童生徒の学習状況，到達度がどの程度なのかという学習者の評価と，もう一つは，指導者の指導方法の有効性に関する評価である。道徳学習は到達目標ではなく，個人内の向上目標であるので，その評価の難しさが言われてきた。今回の「小（中）学校学習指導要領解説　特別の教科　道徳編」（以下，「解説」）では次のように述べられている。

　　第3　指導計画の作成と内容の取扱い
　　　4　児童（生徒）の学習状況や道徳性に係わる成長の様子を継続的に把握し，指導に生かすよう努める必要がある。ただし，数値などによる評価は行わないものとする。

　この記述から，次のような留意点が挙げられる。①学習者の学習状況や道徳性に係る成長の様子を把握するもの，②授業者の指導の評価に生かし授業改善を行うこと，③数値による評価を行わないことである。

　また,「『特別の教科　道徳』の指導方法・評価等について（報告）」(2016（平成28）年7月22日　道徳教育に係る評価等の在り方に関する専門家会議）において次のような報告がなされた。主なものを挙げたい。

〈道徳科の指導方法〉
　○単なる話し合いや読み物の登場人物の心情の読み取りに偏ることなく道徳科の質的転換を図るには，学校や児童生徒の実態に応じて，問題

解決的な学習などの質の高い多様な指導方法を展開することが必要。

　まず，「考え，議論する道徳科」を目指し，前述のような質の高い授業像が求められるとし，問題解決的な学習などの授業方法が例示され，道徳科における評価の基本的な考え方として，次のように挙げられている。

　〈道徳科における評価の在り方〉
　【道徳科における評価の基本的な考え方】
　○児童生徒の側から見れば，自らの成長を実感し，意欲の向上につなげていくものであり，教師の側からみれば，目標や計画，指導方法の改善・充実に取り組むための資料
　○道徳科の特質を踏まえれば，評価に当たって，
　・数値による評価ではなく，記述式とすること，
　・個々の内容項目ごとではなく，大くくりなまとまりを踏まえた評価とすること，
　・他の児童生徒との比較ではなく，児童生徒がいかに成長したかを積極的に受け止めて認め，励ます個人内評価として行うこと。
　・学習活動において児童生徒がより多面的・多角的な見方へと発展しているか，道徳的価値の理解を自分自身との関わりの中で深めているかといった点を重視すること，
　・道徳科の学習活動における児童生徒の具体的な取組状況を一定のまとまりの中で見取ること
　が求められる。

　道徳科における評価の在り方は，学習状況や道徳性に係る成長の様子を把握し，指導に生かすためのものである。数値の評価は行わず，個人内評価で行う，児童生徒の道徳性の成長を認め励ます記述式で行う。この数値の評価は，点数をつけることや，ABCや「できる」「もう少し」などの3段階や5段階の評定も含む。このような評定を行わないで，子供の成長の様子を記述式で行うということである。このような評価は，教師にとっては，指導方法・

改善の資料として生かすものである。指導と評価の一体化を図り，児童生徒にとっては自己の成長を実感し，道徳的実践に向かう意欲を高揚させるものとして，教師にとっては，指導内容や方法を児童生徒の姿を通して見直し，「授業改善→カリキュラム改善」に生かしていくものである。そのことで，1単位時間としての授業改善，カリキュラムレベルの検証，改善を行うカリキュラム・マネジメントに生かしていくことが求められる。

2. 道徳科における評価の在り方

　数値による評価は行わないということだが，児童生徒の「道徳性」は，評価しにくいものの，「授業評価」（指導）の評価はできるという考え方である。
　「『特別の教科　道徳』の指導方法・評価等について（報告）」（道徳教育に係る評価等の在り方に関する専門家会議，2016年7月22日）において次のように報告された。

　　〈道徳科の評価の方向性〉
　　○指導要録においては当面，一人一人の児童生徒の学習状況や道徳性に
　　　係る成長の様子について，発言や会話，作文・感想文やノートなどを
　　　通じて，
　　・他者の考え方や議論に触れ，自律的に思考する中で，一面的な見方か
　　　ら他面的な見方へと発展しているか
　　・多面的・多角的な思考の中で，道徳的価値の理解を自分自身との関わ
　　　りの中で深めているか
　　　といった点に注目して見取り，特に顕著と認められる具体的な状況を
　　　記述する。
　　○評価に当たっては，児童生徒が一年間書きためた感想文をファイルし
　　　たり，1回1回の授業の中で全ての児童生徒について評価を意識して
　　　変容を見取るのは難しいため，年間35時間の授業という長い期間で
　　　見取ったりするなどの工夫が必要。
　　○道徳科における学習状況や道徳性に係る成長の様子の把握は，「各教
　　　科の評定」や「出欠の記録」等とは基本的な性格が異なるものである

ことから，調査書に記載せず，入学者選抜の合否判定に活用することのないようにする必要。

　また，「解説」では，道徳科の指導方法を評価する観点として，「ア　ねらいを達成するために適切な方法であったか」「イ　児童（生徒）の多面的・多角的な思考を促す上で適切な方法であったか」「ウ　自分との関わりで考えさせるための，教材や教具の活用は適切であったか」「エ　ねらいとする道徳的価値についての理解を深めるための方法は，児童（生徒）の実態や発達の段階にふさわしいものであったか」「オ　自分との関わりで考え，積極的に学習を行うような配慮がなされていたか」である。

　以上を見ていくと，指導方法の評価は，①ねらいの達成，②多面的・多角的な思考を促す手立て，③自我関与を図る工夫，④道徳的価値の理解を深める手立てと見ることができよう。

3．道徳科における評価の方法

　以上のことを踏まえて，具体的に道徳科における評価について述べたい。
　（a）評価対象・内容
　　・児童（生徒）に関わる評価　※授業での変容・自己評価と関連
　　・教師の指導評価
　（b）評価方法
　　あくまでも児童生徒の成長を見取るという評価で，数値による評価はそぐわない。可視化し，児童生徒も自己の変容が実感できる教具や学習プリントを工夫したい。

（1）様相観察

　授業中の様相観察（研究授業なら，抽出児童の様相＋質問等）で児童生徒の変化を観察する。よく研究授業で抽出児童の様相観察をするが，日常の学習においては，机間指導において，座席表に記述できる欄を設けておき，随時記入していくと効果的である。

(2) 学習プリントの記述分析

　学習プリントは児童生徒の授業の途中の変化や授業前後の成長を見取ることができる重要な評価資料となる。教師の指導評価と共に，自己の成長や自己モニタリングする自己評価の資料の両面をもつ。

　学習プリントには，○をつけるなど簡単に記述できるようにする。毎回，自己評価させておけば，自然と学ぶ道徳的価値について意識するようになり，交流も活性化する（図7-1）。ここでは，授業中の心のなかの変化を見取ることができる学習プリントの工夫が効果的である。児童生徒にも自己の変容が明らかで，自己モニタリングできる機能があるからである。そのことで，自己成長，自己他者理解が深まるという効果も得ることができる（図7-2）。授業でわかったこと，感じたこと等を記述・させる感想欄を活用して評価を行うことができる。

　また，裏面には，次のような自己評価欄を設けて，ファイリングし，ポートフォリオとして活用していくことができる（図7-2）。

　授業の最初に前時の振り返りとして活用し，今度は自分のどの部分を成長させたいかを児童生徒に意識化させながら授業に主体的に臨めるように活用する。

第 7 章　道徳科の評価

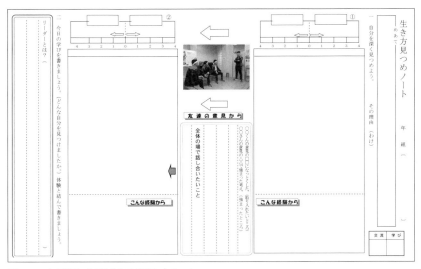

図 7-1　自己評価を記述する学習プリント

図 7-2　自己評価（上記の裏面を活用）

> ●【低学年】文例
> ①物語の主人公と自分はにているなあと思ったところや、ちがうなあと思ったところがありましたか（自我関与）
> ②自分の意見を伝えることができましたか（伝達・表出）
> 　友達の意見でいいなあと思ったことは？どんな意見ですか。いいなあと思ったわけは？
> ③これからどんな心を大切にしたいですか（自己課題）など
>
> ●【高学年・中学校】文例
> ①自分の体験とむすんで考えることができましたか（自我関与・自己の生き方）
> ②友達の意見を聞いて，自分の考えが広がったり，深まったりしましたか（多面的・多角的思考）
> 　友達の意見でいいなあと思ったことは？どんな意見ですか。いいなあと思ったわけは？
> ③これからどんな心を大切にしたいですか（自己課題）など

(3) ロールレタリング
　学習中や学習後に自己や主人公，他者等に向けて役割を決めて記述する方法で，どのくらい道徳的価値を受け止めたか等分析することが可能である。発達段階から小学校中学年以降がのぞましい。

(4) ポートフォリオ（学習プリント等の積み上げ）（中長期的評価へ）
　児童生徒の学習プリントをファイリングし，記述内容などの変容を見ていくことになる。確実に記述内容と量が増え，児童生徒の自己成長を促すことができる。自己評価力を高める効果がある。時系列で計画的に収集・蓄積したものをもとに，児童生徒の成長を総合的にとらえることができる。

(5) 質問紙法
　学習に関する項目をもとに記述する方法をとる。学習中の児童生徒の心情の変化を情報として収集することができる。

(6) 面接法
　学習に関する項目等をもとに相対して話し合うことで児童生徒の心情の変化を情報として収集することができる。様相観察ではわからない児童生徒の思いを聞くことができる。教師が児童生徒理解を深める大切な手法である。また，カウンセリング的な効果も期待できる。

(7) 概念地図法，ブレインマップ
　一つの道徳的キーワードをもとに樹形図のように広げていく方法である（図7-3）。概念と概念間の関係をどうとらえるかを見取ることができる。授業前と授業後にどのように広がっていくのか，量と質を見ることになる。記述が苦手な児童生徒も喜んで取り組み，自己モニタリングを促し，自己成長を実感させることができる。

図7-3　ブレインマップ（概念地図法）

(8) パフォーマンス評価

　ある特定の文脈のもとで，様々な知識や技能などを用いながら行われるその人自身の作品やふるまいを直接に評価する方法である。

　パフォーマンス課題に対して，児童生徒がどのように解決を行っていったか，その過程と結果を直接評価していくことになる。ルーブリックという評価規準を作成して行う。この評価規準の客観性が道徳学習では課題である。

(9) ルーブリック評価

　到達のレベルの目安を数段階に分けて記述して，達成度を判断する規準を示すものである。学習結果のパフォーマンスレベルの目安を数段階に分けて記述して，学習の達成度を判断する規準を示す教育評価法である。

(10) 教具等における可視化

　教具の工夫も児童生徒が自己や他者を評価する材料になる。教師が児童生徒を評価するという材料がだけではなく，児童生徒が自己の考えを表出し，他者と話し合う材料となる。また，教具をもとにした対話により，自己や他者のよさの発見も期待できる（自己他者理解・評価）（図7-4）。

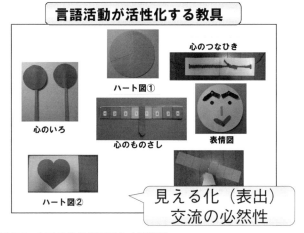

図7-4　自己の考えを可視化する教具

(11) 板書の工夫

　自分の考えの立場をネームプレートではり，自分や他者の考えの表出を行い，学習プリントにその根拠を記述していく方法をとる。学習プリントと板書の連動が大切である。児童生徒の心情の変化を見取るだけでなく，児童生徒側も自己や他者の心情の変化を知る自己他者評価につながる工夫である。また，対話の必然性をもたせる工夫にもなる（図7-5）。

　「〇〇さんがなぜ□という位置にいるのか，聞いてみたい。知りたい」という意欲をもたせるのに効果的である。自然に対話が始まるしかけである。

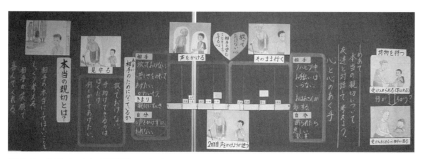

図7-5　板書の工夫で評価につなぐ

　また，今回の道徳科の評価の留意点としてあげられている「発達障害のある児童生徒への必要な配慮として，児童生徒が抱える学習上の困難さを踏まえた指導及び評価上の配慮が必要」がこの板書の工夫で補完することができる。聴覚からの情報を得るのに困難さのある児童にとって，視覚からの情報を板書から得て，さらに，教師からの聴覚からの情報を得ることでどの子にも対応するユニバーサルデザインの視点を大切にした授業づくりにつながる。

第2節　小学校道徳科における評価の実践（小学校）

1．道徳科の評価の考え方

　これまでも現場では道徳授業を行うに当たって，ねらいとする道徳的価値に児童が気づき，自分の考えを広げたり深めたりすることができたかどうか

ということを授業評価ととらえ，次回の授業や生活のなかでの指導に生かそうとしてきた。しかし，教科としての道徳科が実施されるに当たり，授業者は今までより厳密に個々の児童の道徳性に関わる発達段階や学習状況を把握し，授業のなかでの指導と評価の一体化を意識していく必要がある。
　道徳科授業の学習状況を見取る評価とは，次の2点と考える。

　①学級集団内でなされた価値の創造（学級集団の高まり）についての評価
　②個の価値理解（道徳的判断力・心情・実践意欲と態度）についての評価

　「考え，議論する」対話による授業を行うとき，集団と個の両方の高まりを見取る評価を行うことは，授業改善につなげる上で欠かせない。渡邉(2016)は，道徳授業の目的は，「すべての児童による問題解決への取組による道徳的価値の創造」とし，子供主体の討議（対話）による問題解決の授業の在り方を提示している。
　そのような学習では，子供たちが追求したいと感じる学習課題のもと対話や討議の言語活動を通じて，学級集団の仲間と共に問題解決していく過程を大切にする。そこでは，大人から子供への「価値の伝達」ではなく，子供たち自身がつくり上げる「価値の創造」が行われ，全員でつくり上げた価値が日々のくらしのなかでのルールになって根づいていくはずである。それは「教室という社会に根ざす」授業であり，議論により，集団の人間関係の質的な変容「場の変容」を目指すことにもつながる。したがって，学級集団に，議論し合うための素地であるあたたかな支持的風土があり，集団としての場が高まっているかどうかを見取る評価指標を授業者がもっておくことがきわめて重要となる。
　また個人の「道徳科」の評価方法としては，子供自身による自己評価・他者評価や，授業者が発言や道徳ノートから見取るパフォーマンス評価・ポートフォリオ評価・エピソード評価などが挙げられる。
　発表したり，書いたりすることが苦手な児童はどう見取るかが課題となるが，そのために評価できないということはない。担任である教師は，価値に関わる児童の日々の言動を，アンテナを高くして観察し，その時の判断の理

由や思いを日頃から問いかけるような関わりをもつことで，日々の生活と道徳授業をつなぎ，よさや成長を授業のなかで紹介し，認め合うということができるからだ。それが授業への参加の在り方を変え意欲として表出される。

また，学級経営上，学校教育全体で行う道徳教育としての評価を授業評価と合わせて行うことは，より効果的に励まし伸ばす指導を可能にする。年に何回かは，特別活動や各教科，総合的な学習の時間等とのクロスカリキュラムとして授業を実施し，体験活動を取り入れたり学級掲示物で意識の継続を図ったりするなどの取り組みをし，やや長めのスパンで，生活的側面での学級集団や個の変容を見取るということを計画的に行うことも「行為につながる道徳科の授業」を目指す観点から求められている。

図 7-6　学級掲示物

2. 資料「ロレンゾの友達」授業実践

(1) 高学年 B －(10)の価値理解に関わるねらいと評価

本時のねらいは，三人の友情観について話し合い，本当の友達とはどういう関係なのかを考えることを通して「互いに信頼し，友情を深め，よりよい友達関係を築いていこうとする意欲を育む」と設定する。このねらいに対する評価の観点を次のようにした。

①「本当の友達」のイメージを多面的にとらえ，考えを広げたり深めたりすることができたか。

②登場人物の判断の理由について多角的な視点から考えたり，今までの友達との関わりについて自分を見つめたりすることができたか。また今後の関わりについて思いをもつことができたか。

③話し合いのステージを意識して,議論(対話)することができたか。
〈●話し合いのステージ〉
ステージ①他者を理解する受容的な対話ができる。
ステージ②自分の経験や考えと照らし合わせながら他者の考えを聴くことによって,自他の相違を明らかにし互いに意見を述べ合うことができる。
ステージ③主張すべきこと・ゆずれることなど自分の考えに折り合いをつけ,他者と自分の考えの重なる部分(了解・合意できる部分)を大切にする。

(2) 授業のポイント
　導入で「友情とは?」という問いに対して,多面的に考え,広げていくためにイメージマップを活用する。まとめで,さらに考えを付け加えることで,授業で見つけた価値の深まりを自覚することをねらう。
　資料では,警察に追われている20年来の友達であるロレンゾに対して,三者の対応の違いから,友情観の違いを明確にする。そして,誰に賛成で正しい考えなのかを議論するというよりも,その判断の根拠について,議論し合うなかで,様々な視点から多角的に考え,友情に対する考え方を広げたり深めたりしていくことができるように発問を精選する。
　高学年は,三人称的役割取得の発達段階(セルマン)で,多様な視点から事象を考えることができる児童もいる。社会的視点の発達段階から考えると,自己の視点から他者の視点に変換することで「自分は本当の友達と思っているけれど相手も同じなのかな,本当の友達とはどんな関係なのかな」と課題意識をもつことができると考えた。

第7章 道徳科の評価

図7-7 考え議論する対話型授業における児童の目指す姿（「学年目標の掲示物」）

表7-1 第6学年道徳科学習指導案

(1) 主題名　本当の友達　B－(10) 友情
(2) ロレンゾの友達（出典：文部科学省「道徳教育指導資料（指導の手引き2）」）
(3) ねらい
友達としてどうすることがよい行動なのか，ロレンゾにとって三人は本当の友達といえるのかを考えることを通して，互いに信頼し友情を深め，よりよい友達関係を築いていこうとする意欲を育てる。
(4) 展開（授業略案）

	学習活動	主な発問と，児童の心の動き	教師の支援
導入	1. 友達から連想する言葉についてイメージマップに書き，発表し合う。	・一緒にいると楽しい。 ・助け合える。 ・けんかもするけど仲直りできる。 ・励ましてもらえる。	・最初から価値を取り上げ，本時では，友達とはどういう存在か，本当の友達とはどういうものかを考えていくという目的意識をもつことができるようにする。
	2.「ロレンゾの友達」を読んで話し合う。 ○三人の言っていることをどう考えるか	めあて　本当の友達とはどんな関係なのだろう。 ○友達としていちばんよい考えは？ ☆アンドレ…自分も罪に。罪が重くなる。	・三人の判断についてどう考えるか，自分の考えを道徳ノートに，根拠を明らかに

展開	◎翌日ロレンゾが無実とわかった後に三人がそのことを口にしなかったのはなぜか。 ○もしロレンゾが、三人が木の下で話したことをロレンゾには伝えなかったことを知ったら本当の友達だと思うだろうか。	☆サバイユ…本人の意思を尊重、また繰り返すかも。 ☆ニコライ…反省させ、正しい道を勧める。 ○ロレンゾに言えばよかったのになぜ黙っていたのか。 ・そっとしてあげるのがいい。 ・疑われたのを知ると傷つくから。 ・疑ったことを知られたくない。 ・四人の仲が悪くなる。今後も友達関係を続けるため。 <u>本当の友達</u> ・自分のことを思ってくれている。 ・友達だから悩んでくれた。 ・自分を思ってくれていると信頼している。 <u>本当の友達ではない</u> ・信頼してくれていなかった。 ・友達なら包み隠さず話してほしい。 ・自分のことを信じて助けてほしい。 （討議型で創造性対話）	して書く。その際、その行為をとるとどういう結果が予想されるかも考えることができるようにする。 ロレンゾに対する3人の考えについて自分の考えをもつことができたか。 （発言・道徳ノート） ・どちらか一方の考えに偏った場合には、もう一方の考えを教師が出すことにより揺さぶるようにする。 ・話し合いを通して、今までと視点を変えて考えることで「友達だから〜してほしかった」「友達として〜考えてくれて嬉しかった」など「本当の友達とは」という本質的な問いについて話し合うことができるようにする。
	3. 学習を振り返り「友達」について新たに考えたことをイメージマップに赤で書く。また道徳ノートに今日の学習で考えたことを	（振り返りでの自己内対話）	・本当に相手の力になるとはどういうことか資料や対話を通して考えたことを、イメージマップに書き加える。 ・「あなたは友達にとってどんな友達か」問

終末	記述する。	・正しいと思うことを勧める。 ・不快に思うことは言わないことも友情の形。 （道徳ノートの振り返り内容） ・今日の学習でわかったこと。 ・友達の意見を聞いて考えが広がったり深まったりしたことはあったか。 ・学級の話し合いのレベル。 ・これからどんな自分になりたいと考えたか。	い，自分を見つめさせることで，これからの自己のよりよい生き方への展望をもつことができるようにする。 よりよい友達関係を築いていくためのヒントについて自分なりの考えを深めることができたか。 （発言・道徳ノート）

3．評価の具体例

(1) パフォーマンス評価

　授業で予想される児童の様子や発達段階について，ルーブリックを作成しておく。授業への関心，意欲，態度・道徳的判断力・道徳的心情・道徳的実践意欲と態度のいずれが見取れるかは学習場面によって異なる。また，1回の授業で一人の児童にすべての観点について見取るということではなく，顕著に見られた観点についてのみ記録しておく。この評価規準をもって，授業に臨むことで，児童の発言をうけて切り返し，次の段階に引き上げる問いができたり，座席表型メモに数字で簡単に見取りを記録したりすることが可能になる。

　たとえば，三人の判断についての問いに対して「ロレンゾは助けてほしくて来たのだからその思いを尊重して逃がしてあげたい」と発言する児童がいた。その場合，ルーブリックの道徳的判断では段階1と考えられる。そこで授業者は「逃がしてあげたら，結果としてロレンゾを助けることができますか？」とその判断に基づく行為をしたとき，どういう結果になるかという次の段階に引き上げるための視点を与える。すると議論の内容は「警察から追われ続けることになるがそれはロレンゾにとってよいことなのか」「逃げ

表 7-2　見取りのためのルーブリック例

	関心・意欲・態度	道徳的判断力	道徳的心情	実践意欲と態度
1	道徳ノートに簡単な記述しかない。考えようとしたり友達の意見を聴こうとしたりする様子が見られない。	友達のことを考えて，友達が喜ぶこと，助けになることについて考えることができる。	登場人物四人の気持ちを感じ取り，だれの考えに賛成か考えることができる。	友達として，相手も自分も気持ちよく助け合って，生活できるように努めようとしている。
2	登場人物の判断や心情について考えたり，話し合いに参加したりしている。ペアやグループで自分の考えを発表できる。	自分の行為により友達がどう感じるかを判断し，それが友達関係にどういう結果になるかを考えることができる。	ロレンゾの気持ちを想像し，どうすることがよいか葛藤する三人の気持ちに共感することができる。	本当の友達になるために，わかり合おうとし，よりよい関係を築いていこうと実践している。
3	登場人物の判断や心情について進んで考えたり発表したりしている。自分の体験から考え自分のこととしてとらえて表現している。	本当の友達とは，互いに理解し合い，信頼し，相手にとって，よりよい方向に進めるように助け合っていくことだと気づいている。	本当の友達として，信頼し助け合いよい関係を築くためには，どうすることが相手の力になれるのか考えることが大切だと感じている。	本当の友達として，相手の力になることをしようとし，信頼し助け合っていこうとする意欲をもっている。

たいと思っている友達の気持ちに沿わないことをするのが本当の友達なのか」という内容に移り，信頼し合える友達関係とは「相手の気もち，立場，状況を考え心から思いやることではないか」という価値を，実感を伴い導き出すことができるだろう。

　具体的には，児童の発言を記録し，他者の考えにどのように応答しているかというプロトコルの見取りからパフォーマンス評価をすることが多い。自分の考えを見つめるために展開前段で自分の考えを書く時間を確保することが多いが，道徳科の授業は対話中心で進めるので，最初の自分の考えとは途中で変わってくる場合や，議論のなかで新たな考えが生まれる場合が往々にしてある。そのため，記述内容による評価は，終末の「授業の振り返り・ま

とめ」で，価値への気づきや広がりを見取ることが多い。

● A プロトコル

> T：三人は，話し合ったことをロレンゾにどうして言わなかったでしょう。
> C：信用してくれなかったとロレンゾに思われるから。
> C：信じてあげることができなくて悪いなという気持ちがあるから。
> C：自分が言った内容をロレンゾが知ったら傷つくかもしれない。知らないことも幸せ。 判断2
> C：付け足しで，知ったら四人の友情が壊れてしまうかもしれないから。 判断2
> T：三人ともロレンゾのことを思って考えてあげていたけれど，話し合ったことをロレンゾに知られたら友情が壊れるかもしれない……難しいですね。では逆にロレンゾの立場で三人の思いや考えを知ったら，ロレンゾは三人のことを友達だと思うでしょうか。（視点の変換）
> C：信じてくれなかったことはショックだと思う。
> C：それに自首させようとニコライが考えていたことを隠しているのを後から知ったら，友達ならなんでも話せるはずなのに，嫌な気持ちになる。
> C：でも，三人とも心配してくれて嬉しい。友達だと思う。
> C：ニコライは，罪が重くなるからと気遣ってくれたと思う。 判断2
> C：サバイユの考えでけんか別れにならずに済んだ。 判断2
> C：三人とも状況がよくなるように考えて，助けてくれようとしてくれたと思う。 判断2
> C：三人とも方法は違うけど，自分のことを思って助けてくれようとして悩んでくれた。次の日あったっとき三人とも喜んでくれたし。何でも話せたほうがいいけど四人の関係が崩れないようにという考えもわかる。友達ならそれぞれの思いをわかり合えるし気にしない。 判断3

● B 道徳ノート記述内容

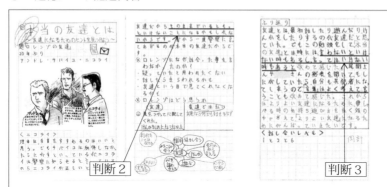

(振り返りより)
私は，今日学習して友達と言えば何でも話せると思っていたけど，話すことでも相手の気持ちを考えることが大切だと思った。これから何かあったら友達のためにしっかり考えていこうと思った。友達として味方になってあげるのがいいと思ってサバイユの考えがいいと思ったけど，ニコライの判断がいいと言っている人の意見を聞いたら「もっと罪が重くなってしまう」とかあってそれもそうだと気づいた。 実践意欲と態度3

(2) 集団の高まり（場の変容）
　道徳授業のオリエンテーション時に，道徳の授業をどのような学び方で進めていくのかについてクラスで話し合う時間をとった。その際，話し合いの姿として，目指していくものを話し合い「話し合いのレベル」として掲示している。毎回自分の対話の様子を振り返りどの番号ができたか自己評価する。「今日の話し合いは1・2・6ができた。次回は……」と各自が目指す対話の姿をイメージし対話型授業に参加することで，集団として，価値についての考えを創ろうとする意欲につながる。
　この授業を通してクラス内で広げた「本当の友達」のイメージは，「信頼し合う関係」「相手の立場や思いを心から考えてあげる関係」「本当の友達なら正しいと思う道を示すべき」「よい関係を築くには，友達だからといってなんでも話さなくてよい」などで，見つけた答えは一つではなく，各自違う

多様なものとなった。30数名全員で，気づきを交流し合うことを通して，自分だけでは考えが及ばなかったことにまで広げることができたことがイメージマップに表れている。また道徳ノートの記述には「○○さんの考えで〜に気づいた」「○○さんの考えに納得できた」など，友達の発言により学びが深まった様子の記述が見られる。対話型授業が成立する条件として，何でも言える安心感のある人間関係が必須で，その意味から学び合う様子が見られたことや，新たな気づきが生まれ共有できたことは，集団としての高まり「場の変容」つまり学級内のよりよい人間関係にもつながっていくと考えられる。

(3) エピソード評価（生活からの評価）

授業を行ったのは，小学校生活最後になる運動会練習が行われている時期だった。授業前の児童の姿として，男女仲がよく問題がなさそうには見えるものの，友達とトラブルになることは避けたいから自分の思いとは反して同調する姿や，面倒なことになるから関わりたくないという姿，「○○さんがこんなことを言っていたよ」とネガティブな内容も伝え合う姿などは気に

表7-3　子供とつくる話し合いレベル

6B　話し合いレベル
1. 自分の考えをペアで話す
2. グループで話す
3. 全体で話す
4. 賛成反対を明らかにして発表
5. 理由をつけて発表
6. 友達の考えを聞いて深まった
7. 主張したり，ゆずったりできた
8. 考えの共通点を見つけた
9. 納得できた
10. クラスの考えを創ることができた

なった。そういうなかで道徳の時間に「本当の友達とは？よりよい友達とはどんな関係か」を考え，議論した。授業を通して「信頼し，支え合い友情を深めていこう」などという思いを各自抱いたことだろう。授業後の事例で，次のようなことがあった。

　運動会1週間前だという時期に足を痛めて運動会に参加できなくなった子がでてきたのである。本人はショックで1日学校を休んだ。その日の放課後，電話で励ましてあげる子，家まで会いに行ってあげる子。学校に来たら荷物をもって教室移動を手伝ってあげる子。様々な関わりが見られた。また表現（組体操）の練習のとき，休んでしまった子がいたら次の日グループの友達みんなで教えてあげている姿もあった。教師の働きかけがなくても，友達としてどうすべきかを考えて行為に表すことができている素敵な姿である。運動会後の日記からも友達との関わりが見られた。

　「本番は，『大丈夫。仲間を信じて頑張ろう』と言い聞かせながらやり遂げた。これからもこの仲間たちと頑張っていきたい」

　「朝，○○さんと『頑張る，頑張る』と一緒に言いながら本番を迎えました。○○さんとペアでやったY字バランスが，初めてできていちばん嬉しかった。○○さんと帰るとき，『最後の運動会，終わったな』と言われて最後に最高の演技ができた実感がわいてきました」

　このように，子供が価値に関わる行為や心情を表出したとき，道徳授業でとらえた価値との関連で，朝の会・帰りの会などで称揚すると，クラスの雰囲気がまた一段と高まる。またこれらのエピソードは，道徳科の所見としてではなく，通知表所見により家庭に知らせることができる。

(4) 通知表記述式個人内評価

　道徳科の特質を踏まえれば評価に当たっては「特別の教科　道徳」の指導方法・評価などについての専門家会議の報告によると，道徳科の評価の在り方は，「児童の側からみれば，自らの成長を実感し，意欲の向上につなげていくものであり，教師の側からみれば教師が目標や計画，指導方法の改善・充実に取り組むための資料」ととらえる。評価に当たっては「数値による評価ではなく記述式とすること・個々の内容項目ではなく，大くくりなまとま

りを踏まえた評価とすること・他の児童との比較による評価ではなく児童がいかに成長したかを積極的に受け止めて認め，励ます個人内評価として行うこと・学習活動において児童がより多面的多角的な見方へと発展しているか・道徳的価値の理解を自分自身との関わりの中で深めているかといった点を重視すること・道徳科の学習活動における児童の具体的な取り組み状況を一定のまとまりの中で見取ること」が求められる。

どの学習場面でどんな様子が見られ，子供のなかでどんな心の動きや考え方の変化が見られたかを共感的に見取り記述するものになる。
　①話し合いや自己の生活への振り返りの場面，道徳ノートに記述する場面での様子
　②発言，記述内容の表現，友達の考えを聞くときの態度
　③課題意識，共感，気づき，批判，葛藤への理解，よりよい自分を目指す意欲など

授業におけるこれらの記録を分析して，所見に生かしていくとよい。そのために，座席表型メモ・板書写真・道徳ノートなどのポートフォリオとしての記録をとっておくことを心がける必要がある。

●通知表文例

> ○授業を通して，友達とよりよい関係を築くためには，「相手のことを心から考えて助け合うこと」が大切なことに気づき，信頼し合って，友達のためになると判断したことは，進んで助言をし，支え合っていこうとする思いをもつことができました。
>
> ○話し合い活動を通して「本当の友達とはどんな関係か」ということについて，いろいろな考え方があることを知り，それらの考えのよさを自分の考えに取り入れ，信頼し合い互いに助け合あって過ごそうという意欲をもつことができました。

(5) 指導要録への記述

指導要録においては，一人一人の学習状況や道徳性に係る成長の様子につ

いて発言や会話，作文や感想文，ノートなどを通じて，
- 他者の考え方や議論に触れ，自律的に思考するなかで一面的な見方から多面的多角的な見方へと発展しているか
- 多面的多角的な思考のなかで，道徳的価値の理解を自分自身との関わりのなかで深めているか

といった点に注目して見取り，とくに顕著とみられる具体的な状況を記述する。

表7-4 考え，議論する対話型道徳授業における児童の目指す姿

道徳性発達段階（コールバーグ）	役割取得能力発達段階（セルマン，渡辺2011）	「考え，議論する」対話型授業における児童のめざす姿の発達段階（ルーブリック）			
		対象との対話（登場人物の生き方との対話，道徳的価値））	他者との対話（社会性対話）	交流による創造性対話（価値を創造する）	自己内対話（今までとこれからの自分の生き方を見つめる・価値理解の深まり）
I 前習慣的水準 0段階 自己欲求希求志向 罰回避従順志向 1段階 他律的な道徳性 大人に無条件に不服	レベル0 （3～5歳） 自己中心的役割取得 レベル1 （6～7歳） 主観的役割取得 具体的	・登場人物になりきって，登場人物の行為の特徴を感性的（快不快を判断基準）につかむことができる。・資料の登場人物の行為や気もちについて，共感，疑問をもとに，比べたりわけを考えたり	・友達の考えを聞いたり，自分の考えを話し言葉で伝えあったりすることができる。【通じ合う】自分の思いをもって，楽しみながら伝え合うことができる。主人公に共感し，一人一人の思いを生き生きと出し合う。	・教師の支援を軸に道徳的価値をとらえるために，話し合うことができる。	今までの生活を振り返り，自分の行為について，価値への達成度を，言葉や図で表すことができる。・授業でとらえた道徳的価値について今までの自分を振り返り，見直したり，これからなりたい，よりよい自分の姿を描いたりするこ

第7章 道徳科の評価

従	な個人的視点	して，個人の視点で直感的に語ったり，書いたりすることができる。			とができる。
2段階 個人主義，道具的道徳性 素朴な自己本位志向 利己主義	レベル2（8～11歳）二人称相応的役割取得 他者との関係における視点	・資料の登場人物の行為や気もちについて，共感や疑問をもとに，比べたり理由を考えたりして，主観的に語ったり書いたりすることができる。・他者からの視点を重視して，主人公の行為の特搬を感性的につかみ，主観的に気もちと行為を結びつけ考えることができる。	・友達の考えを聞き，自分の道徳ノートに書き足したり，取り入れたりし，自分がとらえた登場人物の判断の理由や心情をわかりやすく語ったりすることができる。【響き合う】自分の考えをもち共に語し合うなかで，互いの考えを受け止め合い，自分の考えに生かそうとすることができる。	・教師の支援をもとに，全体での交流を通して，道徳的価値を捉え，個々の考えを広げることが出る。・自分の立場を明らかにし，判断の理由を心情だけでな，集団のなかでの基準や他者からの視点をもって，主観的で個人的な言葉ではあるが本音で語り合うことができる。	・今までの生活を振り返り自分の行為について，価値への達成度を，関連的な学習のなかで記録したり図で表したりすることができる。・授業でとらえた道徳的価値について今までの自分の行為を見直し，よりよい生き方をめざして課題をもつことができる。

Ⅱ慣習的水準 3段階 対人的規範の道徳性 良い子志向 利他主義	レベル3 (12～14歳) 三人称的役割取得	・登場人物の行為に対する感動や違和感をもとに，根拠を考えながら第三者の登場人物の視点も取り入れて，心情や判断を語ったり書いたりすることができる。 ・主人公や様々な登場人物の葛藤を自らの道徳性から感性的につかみ，心の変容や行為の全体的な特徴をとらえることができる。	・登場人物の判断や心情の特徴を表す言語を，各自根拠を述べながら書いたり語ったりすることができる。 【創り出す】根拠をもって話し合い，新たな考えや解決策を創り出すことができる。より妥当性のある合理的考えに気づき，高まり合う。	・全体討議等によって，行為についての判断の多様な根拠の妥当性についてその結果も踏まえて，話し合い，より合理的で，より普遍的な道徳的価値を創り出すことができる。 ・友達の考えのよさを取り入れ，納得や了解を大切に，話し合いを進めることができる。	・今までの生活を振り返り，登場人物のように感じたり考えたりしたことを想起して語ったり，価値への達成度を言葉やグラフで表すことができる。 ・授業のなかでとらえた道徳的価値について，自分の考え方の変容や，集団としての価値創造のよさに気づく。 ・これからのよりよい生き方について方向性と展望をもつことができる。
4段階 社会システムの道徳性	レベル4 (15～18歳) 一般化された他者としての役割取得				

第3節　中学校道徳科における評価の実践（中学校）

1. はじめに

　生徒が自らの成長を実感し，学習意欲を高め，道徳性の向上につながる評価，また，個人内の成長の過程を見て取れるような評価が求められている。これまでの自分と比べ，どれだけ成長したかを1単位時間の授業内，および長期的なスパンでの変化を見取る必要がある。

　そこで，学習指導要領解説に書かれている道徳科の目標をもとに，「道徳的価値の理解」「自己を見つめ，物事を広い視野から多面的・多角的に考える」「人間としての生き方について考えを深める」，および道徳の時間に育むべき道徳性としての「道徳的判断力」「道徳的心情」「道徳的実践意欲と態度」を観点として評価するのがわかりやすいであろう。これらを踏まえ，生徒の学習状況を見取る手段としての実践例を示す。

2. 振り返りシートを用いて──パフォーマンス評価

　道徳の時間におけるパフォーマンスとは，道徳的課題に対しての発言やワークシートへの記入文，問題を解決する際に知識やスキルを使いながら思考したり，判断したり，表現したもので，それらを総合的に評価するのがパフォーマンス評価である。そして，パフォーマンスを見取るにはワークシートが有効である。それにより見取ることができる項目として，

　a. パフォーマンス課題に対しての記述内容
　b. 多角的・多面的な思考での議論の過程
　c. 授業に対する意欲や態度
　d. 問題に対する解決策を構想し，結果等について吟味できたか
　e. 問題を自分のこととして重ね合わせて考えられたか
　f. 生きて働く力として活用できる力が獲得されているか
　g. 道徳的価値への理解
　h. 1単位時間内での生徒の思考の変容
　i. 道徳的実践への意欲

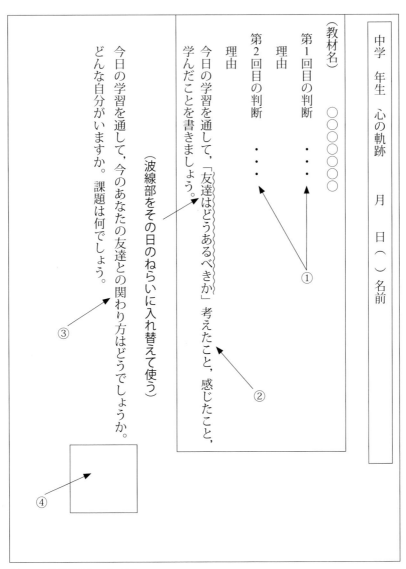

図 7-8　振り返りシート上段

1	理由を深く考え判断した。		A	B	C
2	いろいろな角度から考えられた。		A	B	C
3	自分の考えを発表した。		A	B	C
4	友達の意見をよく聞いた。		A	B	C

授業のはじめは　　　　　　と思ったが，授業が終わって　　　　　　と思った。

⑤ ⑥

図7-9　振り返りシート下段

　ワークシートについては，主に1時間の授業の最後に書かせるものと，授業中に書き込ませながら使うものがある。後者はとくに，問題解決的な授業で具体的解決策やその吟味の際に書き込みながら使われるものがあるが，前者のワークシートを例にとって，実際の生徒の記述を用いながら，それぞれの部分の活用法と，評価の仕方やその具体例について示す。

　①問題解決的な授業で，対立する二つの行為からどちらかの行為を選択するときに書き込む。授業の最初に，葛藤の背景を押さえた段階で，第一次判断を理由と共に書き込ませる。授業で多面的・多角的な視点で十分に考えさせ，授業の最後に再び判断をさせて理由と共に書き込ませる（第二回目の判断）。1時間内での生徒の価値理解に関する変容を見取ることができる。判断をさせないときはこの部分はカットする。

●具体例

　　　　　　ねらい：規則は何のためにあるのか　C-10
　　　　　　資料：『二通の手紙』（出典：東京書籍）
　　　　　　解決する問題：元さんはどうするべきか
　　　　　　　　　　　　（二人を動物園に入れるか，入れないか）

　［生徒記述抜粋］

> 第一次判断…入れる
>   理由…元さんはいつもこの二人を見ていたからこそ，今日だけは誕生日という特別な日なので入れてあげたらよい。
> 第二次判断…入れない
>   理由…今回は迷子で済んだけれど，もっと大変なことが起きたら取り返しがつかない。ルールを守らないと<u>社会の秩序も乱れる</u>から。
>   ↓
> 評価：「規則は何のためにあるのか」ということを考えることを通して，規則は何のためにあるのかを正しく理解することができた。また，社会的な視点で判断することができた。
> ＊第一次判断，第二次判断ともに同じ判断の場合もあるが，理由の変容で道徳的価値の理解が深まったことがわかる。

②この部分は授業の最後に，自己の振り返りとして書き込ませる。資料の感想を書くのではなく，授業を通して考えたこと感じたことを書かせるようにする。そのために，記述の観点を示している。その他の例として

- 「命は誰のものか」「命はどれくらい重いのか」について考えたことを通して，「命の大切さ」について気づいたこと，感じたこと，考えたことを書きましょう。
- 今日の学習を通して「なぜいじめはなくならないのか」「いじめのないクラスにするためにできることは何か」「<u>いじめから考える命の大切さ</u>」＊について，考えたこと，感じたことを<u>あなたの体験をもとに書きましょう。</u>＊＊
    - ＊主価値は「正義」ではあるが，関連する副価値としての考えについても記述を促し，広い視点で授業を振り返るようにさせる。
    - ＊＊生徒は何がよいことかは知識としてはわかっていることが多いが，自分のこととして考えを深めさせることが大切である。

第 7 章　道徳科の評価

●具体例

> ねらい：命は誰のものか　D-19
> 資料：「命の判断」（出典：NHK道徳ドキュメント）
> 解決する問題：両親はどうしたらよいのか
> 　　　　　　　（脳死した息子の臓器提供を認めるか，認めないか）
>
> ［生徒記述抜粋］
>
> 　今日の授業で，命は自分だけのものではなくて，親や周りの人たちがいたから今の自分がいることがわかりました。命の重さは周りの人や，将来自分と一緒になる人たちも加わって，はかり知れないほど重く大きいことがわかりました。これからもっと命について深く考えたいと思いました。
> （授業の前のアンケートでは，「命は自分のもの」と答えた生徒の記述）
>
> 評価：授業前は，命は自分のものと思っていたが，命について多面的・多角的に考えることで，命は自分のものだけではなく，支えられて生きる命，未来へつながる命，についても考えることができ，価値理解が深まった。また，これからの目標についても書くことができている。

　③授業のねらいによっては，生徒の実生活にそく結びつけられるものがある。もちろん②の部分に合わせて記述することができる生徒はいるが，③の欄をつくることによって，全員がねらいとする価値で心を映し，どんな自分がいるか，課題は何かを考えさせることができ，これからの生活や生き方を考える機会にもなる。生きて働く道徳性にもつながっていくと考えられる。

●具体例

> 　　　　　ねらい：友達の在り方　B-8
> ［生徒記述抜粋］
> 　私は，もし友達が間違えたことをしていたら，すぐに言っちゃうので，

> 相手を傷つける口調になっているかもしれません。だから次からは，すぐ感情的にならないで，相手が納得するように優しく話したいです。
> 　　　　　　　　　　　↓
> 評価：多面的・多角的に友達との在り方について考え，ねらいとする価値の理解が深まったと同時に，道徳的実践意欲が高まった。学んだことを日常生活に生かす，道徳的実践のイメージ化ができている。

　④③の記述部分について，十分できていると思われる数値を9～10として，現在の自分を数値で評価させる。このようにスケーリングすることで，これからの生活で，1ポイントアップさせるにはどうしたらよいかを具体的に考えることが可能になり，授業後の道徳的実践につなげることができる。授業後の見取りについては，ワークシートですることはできないが，合わせて使用する道徳ノートでその後の実践などを見取ることが可能になる。
（実践については，道徳ノートを用いた評価のところで詳しく説明）
　⑤自己評価欄（自己評価のところで説明）
　⑥①～③の記述以外で，授業の始めと終わりで自分の考え方が変わったことを書き込む。1時間内での生徒の変化がわかる。
　この他には，問題解決的な授業で具体的な解決策を考える場合などは，それを書き込める欄をつくることも考えられる。

3. 道徳ノートを用いた評価――ポートフォリオ評価

　ポートフォリオとは，生徒の学習の過程や成果の記録等をファイル等に集積したものである。道徳の時間のワークシートや，いろいろな場面で考えたことなどを蓄積して評価するのがポートフォリオ評価である。そうした積み重ねにより，生徒の心の成長のプロセスが明らかになるため，長期的な考え方の変化を見取って評価したり，生徒自らが成長を実感でき自己評価したりすることができる。ノートをつくり，ワークシートを貼るだけではなく，目標に対しての実践を書き留めたり，授業後に実践できたことを書き留めたりすることで道徳的実践も見取ることが可能なので，評価につなげることができる。また，教師が朱筆を入れ生徒と一緒に振り返りを行うことで生徒の成

長を促進することもできる。ワークシートや記述を取捨選択することで，生徒の価値理解や自己理解の変容，考え方の広がりをつぶさに知ることができる。

ワークシートなどを蓄積するだけでもよいが，道徳教育は，あらゆる教育活動のなかで行われるので，普段の生活や行事など，すべての場面に対応できるようなノートにしておくと，道徳的成長を総合的に見ることができる。また，普段の生活で感じたことや，授業の実践の振り返りなどを書き留めておくことも有効であるので，たとえば1週間に1度，1週間分の自己を見つめる時間が確保できるとよい。このような自己の振り返りの積み重ねは，長期的な変容を見取ることができる。道徳ノートの内容としては，

- a. 4月の自分を見つめるページ（表紙）
- b. 授業中のワークシートや，デジタルカメラで撮った板書や，授業後に生活のなかで具体的に生かせたことを書くページ
- c. 日頃考えたことや，感じたこと，気づいたことを書くページ
    - ・自分自身のこと　・人との関わりのなかでのこと
    - ・社会のなかでのこと　・命に関すること
- d. 学校行事に関してのページ
- e. 生徒会の活動に関するページ
- f. 心を動かされたテレビ番組，本，気になったニュースに関するページ
- g. 1年たった自分を見つめるページ

が用意されているとあらゆる場面に対応できるであろう。実際の生徒の記述を用いながら，活用法と評価の仕方やその具体例について示す。

●4月の自分と，1年後（3月）の自分の変容

　サトウハチロウの「美しく自分を染めあげて下さい」を読んで，自分を色にたとえその理由を書き留める。
[生徒記述抜粋]
4月の自分の説明　　　　　3月（1年後）の自分の説明

今の私は明るいのと，少しくらいのがある。オレンジの温かい感じが多いが，何かあるとイライラして黄緑の混ざった感じになる。	→	（中略）前はイライラと明るいが半分半分だったけど，今は道徳などを通して，だんだん明るい気持ちのほうが多くなりました。
青色の私は，今部活動が上手くいかず全て悪いほうに考えてしまいブルーな気持ちだから。黄色は最近自分を変えたいと思うので，その願いの色。	→	オレンジ…人に想われ想う温かさ 赤…頑張ろうと思う心 黄…チャレンジしようとした心 青…部活で後ろ向きになってしまった

評価：1年間の成長を生徒自身が実感している。教師もその変容を評価し，生徒の自己肯定感の高まりにつなげるようにする。

●授業のページ

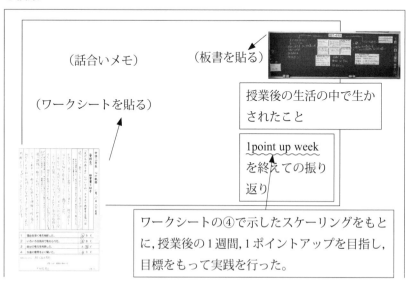

（話合いメモ）

（板書を貼る）

（ワークシートを貼る）

授業後の生活の中で生かされたこと

1point up week を終えての振り返り

ワークシートの④で示したスケーリングをもとに，授業後の1週間，1ポイントアップを目指し，目標をもって実践を行った。

［1 point up week を終えての生徒記述抜粋］

　誰にでも明るく接することができた。あまり話さなかった友達にも積極的に話しかけた。相手のことを思って優しく，納得してくれるように話した。きつい口調で言ってしまうのを直そうと思い1週間生活した。けれど，言葉づかいはあまりよいとは言えないのでそれを直したら1ポイントアップできると思う。（スケーリングで6/10という数値で自己評価した生徒の記述）

↓

評価：自己を振り返り，自己の課題を見つけ，その後の生活のなかで実践することができた。自分自身でも，6から7ポイントになったと道徳的成長を実感できた。また，さらに新たな課題も見つけることもできた。

●道徳的成長を総合的に見取る

［道徳ノートへの「命」に関する一人の生徒の記述抜］

　　<u>学校長読み聞かせの感想</u>より……
　　　　人が生きるには，多くの人の支えがあるということを感じました。
　　<u>命の誕生のDVD視聴と妊婦体験の感想</u>より……
　　　　妊婦体験をしてみてお母さんはこんなにつらい思いをして僕を産んでくれたことがわかったので感謝したいです。
　　<u>道徳の時間「決断！骨髄バンク移植第1号」</u>を終えて……
　　　　命とはたくさんの人とつながっていて，自分だけのものではなく誰かの役に立てるということを学びました。僕も命を大事にして，人の役に立てるような生き方をしたいです。
　　<u>道徳の時間「命の判断」</u>を終えて……
　　　　命の重さは，たくさんの人の思いが詰まっているので，何よりも大事で重いと思いました。生きている自分の使命も改めて考えました。

命に関するページの記述より……
　　　　・赤ちゃんを殺したというニュースを見た。妊婦体験をして赤ちゃんを産むつらさを知っていたので，何でと思った。絶対に許せない。
　　　　・今日は震災から5年。津波で命をなくした人の家族が何を思うかを考えると，悲しくて，つらくて言葉には表せないと思います。命はどれだけ大切なものかというのが，すごく伝わってきます。
　　　　　　　　　　　↓
　　評価：命についていろいろな視点で考えることができた。授業中に考えたことや，気がついたことが生活のなかで思い出され，命はなぜ大切なのかという価値の理解が深まると共に，命を大切にしようとする態度も養われている。これからの生き方についても考えることができている。

4. 自己評価

　生徒の自己評価は学習活動の一部であるが，自分自身への気づきを通して生徒がいかに道徳的に成長したかを，教師が積極的に受け止め，励ますような個人内評価として活用する。

　振り返りシートの⑤部分は，自己評価欄であり，自己評価の観点としては，授業ごとに変わってくる。その他の例としては，

　・いろいろな視点で考えられた
　・友達の意見を聞き，自分の考えを見直すことができた
　・社会的な視点で考え判断できた
　・社会的な視点で，具体的な解決策が考えられた
　・具体的な解決策を，体験をもとに考えられた

などが挙げられる。

学習課題

（1）学習評価には多様な方法が開発されている。それらを整理してみよう。

（2）道徳科の評価はどのように具体化できるか，多様な工夫を整理してみよう。

〈参考文献〉

- 貝塚茂樹・関根明伸編著『道徳教育を学ぶための重要項目100』教育出版，2016年
- 梶田叡一『教育における評価の理論Ⅱ　学校学習とブルーム理論』金子書房，1994年
- 梶田叡一『教育評価』有斐閣，1983年
- 田沼茂紀『「特別の教科　道徳」授業＆評価完全ガイド――通知表の記入文例付』明治図書，2016年
- 文部科学省　道徳教育に係る評価等の在り方に関する専門家会議「『特別の教科　道徳』の指導方法・評価等について（報告）」2016年
- 渡邉満ほか編『シリーズ「特別の教科　道徳」を考える1　「特別の教科　道徳」が担うグローバル化時代の道徳教育』北大路書房，2016年
- 渡邉満ほか編『シリーズ「特別の教科　道徳」を考える2　小学校における「特別の教科　道徳」の実践』北大路書房，2016年
- 渡辺弥生『子どもの「10歳の壁」とは何か？』光文社，2011年

資 料

教育基本法　　　　　　　　　　　　248
小学校学習指導要領　総則と第3章　251
中学校学習指導要領　総則と第3章　261
道徳の内容項目（小・中学校）一覧表　270

教育基本法（平成十八年十二月二十二日法律第百二十号）

　教育基本法（昭和二十二年法律第二十五号）の全部を改正する。

　我々日本国民は、たゆまぬ努力によって築いてきた民主的で文化的な国家を更に発展させるとともに、世界の平和と人類の福祉の向上に貢献することを願うものである。

　我々は、この理想を実現するため、個人の尊厳を重んじ、真理と正義を希求し、公共の精神を尊び、豊かな人間性と創造性を備えた人間の育成を期するとともに、伝統を継承し、新しい文化の創造を目指す教育を推進する。

　ここに、我々は、日本国憲法の精神にのっとり、我が国の未来を切り拓く教育の基本を確立し、その振興を図るため、この法律を制定する。

第一章　教育の目的及び理念

（教育の目的）

第一条　教育は、人格の完成を目指し、平和で民主的な国家及び社会の形成者として必要な資質を備えた心身ともに健康な国民の育成を期して行われなければならない。

（教育の目標）

第二条　教育は、その目的を実現するため、学問の自由を尊重しつつ、次に掲げる目標を達成するよう行われるものとする。
　一　幅広い知識と教養を身に付け、真理を求める態度を養い、豊かな情操と道徳心を培うとともに、健やかな身体を養うこと。
　二　個人の価値を尊重して、その能力を伸ばし、創造性を培い、自主及び自律の精神を養うとともに、職業及び生活との関連を重視し、勤労を重んずる態度を養うこと。
　三　正義と責任、男女の平等、自他の敬愛と協力を重んずるとともに、公共の精神に基づき、主体的に社会の形成に参画し、その発展に寄与する態度を養うこと。
　四　生命を尊び、自然を大切にし、環境の保全に寄与する態度を養うこと。
　五　伝統と文化を尊重し、それらをはぐくんできた我が国と郷土を愛するとともに、他国を尊重し、国際社会の平和と発展に寄与する態度を養うこと。

（生涯学習の理念）

第三条　国民一人一人が、自己の人格を磨き、豊かな人生を送ることができるよう、その生涯にわたって、あらゆる機会に、あらゆる場所において学習することができ、その成果を適切に生かすことのできる社会の実現が図られなければならない。

（教育の機会均等）

第四条　すべて国民は、ひとしく、その能力に応じた教育を受ける機会を与えられなければならず、人種、信条、性別、社会的身分、経済的地位又は門地によって、教育上差別されない。

2　国及び地方公共団体は、障害のある者が、その障害の状態に応じ、十分な教育を受けられるよう、教育上必要な支援を講じなければならない。

3　国及び地方公共団体は、能力があるにもかかわらず、経済的理由によって修学が困難な者に対して、奨学の措置を講じなければならない。

第二章　教育の実施に関する基本

（義務教育）
第五条　国民は，その保護する子に，別に法律で定めるところにより，普通教育を受けさせる義務を負う。
2　義務教育として行われる普通教育は，各個人の有する能力を伸ばしつつ社会において自立的に生きる基礎を培い，また，国家及び社会の形成者として必要とされる基本的な資質を養うことを目的として行われるものとする。
3　国及び地方公共団体は，義務教育の機会を保障し，その水準を確保するため，適切な役割分担及び相互の協力の下，その実施に責任を負う。
4　国又は地方公共団体の設置する学校における義務教育については，授業料を徴収しない。

（学校教育）
第六条　法律に定める学校は，公の性質を有するものであって，国，地方公共団体及び法律に定める法人のみが，これを設置することができる。
2　前項の学校においては，教育の目標が達成されるよう，教育を受ける者の心身の発達に応じて，体系的な教育が組織的に行われなければならない。この場合において，教育を受ける者が，学校生活を営む上で必要な規律を重んずるとともに，自ら進んで学習に取り組む意欲を高めることを重視して行われなければならない。

（大学）
第七条　大学は，学術の中心として，高い教養と専門的能力を培うとともに，深く真理を探究して新たな知見を創造し，これらの成果を広く社会に提供することにより，社会の発展に寄与するものとする。
2　大学については，自主性，自律性その他の大学における教育及び研究の特性が尊重されなければならない。

（私立学校）
第八条　私立学校の有する公の性質及び学校教育において果たす重要な役割にかんがみ，国及び地方公共団体は，その自主性を尊重しつつ，助成その他の適当な方法によって私立学校教育の振興に努めなければならない。

（教員）
第九条　法律に定める学校の教員は，自己の崇高な使命を深く自覚し，絶えず研究と修養に励み，その職責の遂行に努めなければならない。
2　前項の教員については，その使命と職責の重要性にかんがみ，その身分は尊重され，待遇の適正が期せられるとともに，養成と研修の充実が図られなければならない。

（家庭教育）
第十条　父母その他の保護者は，子の教育について第一義的責任を有するものであって，生活のために必要な習慣を身に付けさせるとともに，自立心を育成し，心身の調和のとれた発達を図るよう努めるものとする。
2　国及び地方公共団体は，家庭教育の自主性を尊重しつつ，保護者に対する学習の機会及び情報の提供その他の家庭教育を支援するために必要な施策を講ずるよう努めなければならない。

（幼児期の教育）
第十一条　幼児期の教育は，生涯にわたる人格形成の基礎を培う重要なものであることにかんがみ，国及び地方公共団体は，

幼児の健やかな成長に資する良好な環境の整備その他適当な方法によって，その振興に努めなければならない。

（社会教育）

第十二条　個人の要望や社会の要請にこたえ，社会において行われる教育は，国及び地方公共団体によって奨励されなければならない。

2　国及び地方公共団体は，図書館，博物館，公民館その他の社会教育施設の設置，学校の施設の利用，学習の機会及び情報の提供その他の適当な方法によって社会教育の振興に努めなければならない。

（学校，家庭及び地域住民等の相互の連携協力）

第十三条　学校，家庭及び地域住民その他の関係者は，教育におけるそれぞれの役割と責任を自覚するとともに，相互の連携及び協力に努めるものとする。

（政治教育）

第十四条　良識ある公民として必要な政治的教養は，教育上尊重されなければならない。

2　法律に定める学校は，特定の政党を支持し，又はこれに反対するための政治教育その他政治的活動をしてはならない。

（宗教教育）

第十五条　宗教に関する寛容の態度，宗教に関する一般的な教養及び宗教の社会生活における地位は，教育上尊重されなければならない。

2　国及び地方公共団体が設置する学校は，特定の宗教のための宗教教育その他宗教的活動をしてはならない。

第三章　教育行政

（教育行政）

第十六条　教育は，不当な支配に服することなく，この法律及び他の法律の定めるところにより行われるべきものであり，教育行政は，国と地方公共団体との適切な役割分担及び相互の協力の下，公正かつ適正に行われなければならない。

2　国は，全国的な教育の機会均等と教育水準の維持向上を図るため，教育に関する施策を総合的に策定し，実施しなければならない。

3　地方公共団体は，その地域における教育の振興を図るため，その実情に応じた教育に関する施策を策定し，実施しなければならない。

4　国及び地方公共団体は，教育が円滑かつ継続的に実施されるよう，必要な財政上の措置を講じなければならない。

（教育振興基本計画）

第十七条　政府は，教育の振興に関する施策の総合的かつ計画的な推進を図るため，教育の振興に関する施策についての基本的な方針及び講ずべき施策その他必要な事項について，基本的な計画を定め，これを国会に報告するとともに，公表しなければならない。

2　地方公共団体は，前項の計画を参酌し，その地域の実情に応じ，当該地方公共団体における教育の振興のための施策に関する基本的な計画を定めるよう努めなければならない。

第四章　法令の制定

第十八条　この法律に規定する諸条項を実施するため，必要な法令が制定されなければならない。

小学校学習指導要領　前文・総則・第3章（平成29年3月　抄）

前　文

　教育は，教育基本法第1条に定めるとおり，人格の完成を目指し，平和で民主的な国家及び社会の形成者として必要な資質を備えた心身ともに健康な国民の育成を期すという目的のもと，同法第2条に掲げる次の目標を達成するよう行われなければならない。
1　幅広い知識と教養を身に付け，真理を求める態度を養い，豊かな情操と道徳心を培うとともに，健やかな身体を養うこと。
2　個人の価値を尊重して，その能力を伸ばし，創造性を培い，自主及び自律の精神を養うとともに，職業及び生活との関連を重視し，勤労を重んずる態度を養うこと。
3　正義と責任，男女の平等，自他の敬愛と協力を重んずるとともに，公共の精神に基づき，主体的に社会の形成に参画し，その発展に寄与する態度を養うこと。
4　生命を尊び，自然を大切にし，環境の保全に寄与する態度を養うこと。
5　伝統と文化を尊重し，それらをはぐくんできた我が国と郷土を愛するとともに，他国を尊重し，国際社会の平和と発展に寄与する態度を養うこと。

　これからの学校には，こうした教育の目的及び目標の達成を目指しつつ，一人一人の児童が，自分のよさや可能性を認識するとともに，あらゆる他者を価値のある存在として尊重し，多様な人々と協働しながら様々な社会的変化を乗り越え，豊かな人生を切り拓き，持続可能な社会の創り手となることができるようにすることが求められる。このために必要な教育の在り方を具体化するのが，各学校において教育の内容等を組織的かつ計画的に組み立てた教育課程である。

　教育課程を通して，これからの時代に求められる教育を実現していくためには，よりよい学校教育を通してよりよい社会を創るという理念を学校と社会とが共有し，それぞれの学校において，必要な学習内容をどのように学び，どのような資質・能力を身に付けられるようにするのかを教育課程において明確にしながら，社会との連携及び協働によりその実現を図っていくという，社会に開かれた教育課程の実現が重要となる。

　学習指導要領とは，こうした理念の実現に向けて必要となる教育課程の基準を大綱的に定めるものである。学習指導要領が果たす役割の一つは，公の性質を有する学校における教育水準を全国的に確保することである。また，各学校がその特色を生かして創意工夫を重ね，長年にわたり積み重ねられてきた教育実践や学術研究の蓄積を生かしながら，児童や地域の現状や課題を捉え，家庭や地域社会と協力して，学習指導要領を踏まえた教育活動の更なる充実を図っていくことも重要である。

　児童が学ぶことの意義を実感できる環境を整え，一人一人の資質・能力を伸ばせるようにしていくことは，教職員をはじめとする学校関係者はもとより，家庭や地域の人々も含め，様々な立場から児童や学校に関わる全ての大人に期待される役割であ

る。幼児期の教育の基礎の上に、中学校以降の教育や生涯にわたる学習とのつながりを見通しながら、児童の学習の在り方を展望していくために広く活用されるものとなることを期待して、ここに小学校学習指導要領を定める。

第1章　総則

第1　小学校教育の基本と教育課程の役割
1　各学校においては，教育基本法及び学校教育法その他の法令並びにこの章以下に示すところに従い，児童の人間として調和のとれた育成を目指し，児童の心身の発達の段階や特性及び学校や地域の実態を十分考慮して，適切な教育課程を編成するものとし，これらに掲げる目標を達成するよう教育を行うものとする。
2　学校の教育活動を進めるに当たっては，各学校において，第3の1に示す主体的・対話的で深い学びの実現に向けた授業改善を通して，創意工夫を生かした特色ある教育活動を展開する中で，次の(1)から(3)までに掲げる事項の実現を図り，児童に生きる力を育むことを目指すものとする。
　(1)　基礎的・基本的な知識及び技能を確実に習得させ，これらを活用して課題を解決するために必要な思考力，判断力，表現力等を育むとともに，主体的に学習に取り組む態度を養い，個性を生かし多様な人々との協働を促す教育の充実に努めること。その際，児童の発達の段階を考慮して，児童の言語活動など，学習の基盤をつくる活動を充実するとともに，家庭との連携を図りながら，児童の学習習慣が確立するよう配慮すること。
　(2)　道徳教育や体験活動，多様な表現や鑑賞の活動等を通して，豊かな心や創造性の涵養を目指した教育の充実に努めること。
　学校における道徳教育は，特別の教科である道徳（以下「道徳科」という。）を要として学校の教育活動全体を通じて行うものであり，道徳科はもとより，各教科，外国語活動，総合的な学習の時間及び特別活動のそれぞれの特質に応じて，児童の発達の段階を考慮して，適切な指導を行うこと。
　道徳教育は，教育基本法及び学校教育法に定められた教育の根本精神に基づき，自己の生き方を考え，主体的な判断の下に行動し，自立した人間として他者と共によりよく生きるための基盤となる道徳性を養うことを目標とすること。
　道徳教育を進めるに当たっては，人間尊重の精神と生命に対する畏敬の念を家庭，学校，その他社会における具体的な生活の中に生かし，豊かな心をもち，伝統と文化を尊重し，それらを育んできた我が国と郷土を愛し，個性豊かな文化の創造を図るとともに，平和で民主的な国家及び社会の形成者として，公共の精神を尊び，社会及び国家の発展に努め，他国を尊重し，国際社会の平和と発展や環境の保全に貢献し未来を拓く主体性のある日本人の育成に資することとなるよう特に留意すること。
　(3)　学校における体育・健康に関する指導を，児童の発達の段階を考慮

して，学校の教育活動全体を通じて適切に行うことにより，健康で安全な生活と豊かなスポーツライフの実現を目指した教育の充実に努めること。特に，学校における食育の推進並びに体力の向上に関する指導，安全に関する指導及び心身の健康の保持増進に関する指導については，体育科，家庭科及び特別活動の時間はもとより，各教科，道徳科，外国語活動及び総合的な学習の時間などにおいてもそれぞれの特質に応じて適切に行うよう努めること。また，それらの指導を通して，家庭や地域社会との連携を図りながら，日常生活において適切な体育・健康に関する活動の実践を促し，生涯を通じて健康・安全で活力ある生活を送るための基礎が培われるよう配慮すること。

3 2の(1)から(3)までに掲げる事項の実現を図り，豊かな創造性を備え持続可能な社会の創り手となることが期待される児童に，生きる力を育むことを目指すに当たっては，学校教育全体並びに各教科，道徳科，外国語活動，総合的な学習の時間及び特別活動（以下「各教科等」という。ただし，第2の3の(2)のア及びウにおいて，特別活動については学級活動（学校給食に係るものを除く。）に限る。）の指導を通してどのような資質・能力の育成を目指すのかを明確にしながら，教育活動の充実を図るものとする。その際，児童の発達の段階や特性等を踏まえつつ，次に掲げることが偏りなく実現できるようにするものとする。

(1) 知識及び技能が習得されるようにすること。

(2) 思考力，判断力，表現力等を育成すること。

(3) 学びに向かう力，人間性等を涵養すること。

4 各学校においては，児童や学校，地域の実態を適切に把握し，教育の目的や目標の実現に必要な教育の内容等を教科等横断的な視点で組み立てていくこと，教育課程の実施状況を評価してその改善を図っていくこと，教育課程の実施に必要な人的又は物的な体制を確保するとともにその改善を図っていくことなどを通して，教育課程に基づき組織的かつ計画的に各学校の教育活動の質の向上を図っていくこと（以下「カリキュラム・マネジメント」という。）に努めるものとする。

第2 教育課程の編成

1 各学校の教育目標と教育課程の編成
　教育課程の編成に当たっては，学校教育全体や各教科等における指導を通して育成を目指す資質・能力を踏まえつつ，各学校の教育目標を明確にするとともに，教育課程の編成についての基本的な方針が家庭や地域とも共有されるよう努めるものとする。その際，第5章総合的な学習の時間の第2の1に基づき定められる目標との関連を図るものとする。

2 教科等横断的な視点に立った資質・能力の育成

(1) 各学校においては，児童の発達の段階を考慮し，言語能力，情報活用能力（情報モラルを含む。），問題発見・解決能力等の学習の基盤となる資質・能力を育成していくことができるよう，各教科等の特質を生か

し，教科等横断的な視点から教育課程の編成を図るものとする。
　(2)　各学校においては，児童や学校，地域の実態及び児童の発達の段階を考慮し，豊かな人生の実現や災害等を乗り越えて次代の社会を形成することに向けた現代的な諸課題に対応して求められる資質・能力を，教科等横断的な視点で育成していくことができるよう，各学校の特色を生かした教育課程の編成を図るものとする。
3　教育課程の編成における共通的事項
　(1)　内容等の取扱い
　　ア　第2章以下に示す各教科，道徳科，外国語活動及び特別活動の内容に関する事項は，特に示す場合を除き，いずれの学校においても取り扱わなければならない。
　　イ　学校において特に必要がある場合には，第2章以下に示していない内容を加えて指導することができる。また，第2章以下に示す内容の取扱いのうち内容の範囲や程度等を示す事項は，全ての児童に対して指導するものとする内容の範囲や程度等を示したものであり，学校において特に必要がある場合には，この事項にかかわらず加えて指導することができる。ただし，これらの場合には，第2章以下に示す各教科，道徳科，外国語活動及び特別活動の目標や内容の趣旨を逸脱したり，児童の負担過重となったりすることのないようにしなければならない。
　　ウ　第2章以下に示す各教科，道徳科，外国語活動及び特別活動の内容に掲げる事項の順序は，特に示す場合を除き，指導の順序を示すものではないので，学校においては，その取扱いについて適切な工夫を加えるものとする。
　　エ　学年の内容を2学年まとめて示した教科及び外国語活動の内容は，2学年間かけて指導する事項を示したものである。各学校においては，これらの事項を児童や学校，地域の実態に応じ，2学年間を見通して計画的に指導することとし，特に示す場合を除き，いずれかの学年に分けて，又はいずれの学年においても指導するものとする。
　　オ　学校において2以上の学年の児童で編制する学級について特に必要がある場合には，各教科及び道徳科の目標の達成に支障のない範囲内で，各教科及び道徳科の目標及び内容について学年別の順序によらないことができる。
　　カ　道徳科を要として学校の教育活動全体を通じて行う道徳教育の内容は，第3章特別の教科道徳の第2に示す内容とし，その実施に当たっては，第6に示す道徳教育に関する配慮事項を踏まえるものとする。
　(2)　授業時数等の取扱い
　　ア　各教科等の授業は，年間35週（第1学年については34週）以上にわたって行うよう計画し，週当たりの授業時数が児童の負担過重にならないようにするものとする。ただし，各教科等や学習活動の特質に応じ効果的な場合には，

夏季，冬季，学年末等の休業日の期間に授業日を設定する場合を含め，これらの授業を特定の期間に行うことができる。
イ　特別活動の授業のうち，児童会活動，クラブ活動及び学校行事については，それらの内容に応じ，年間，学期ごと，月ごとなどに適切な授業時数を充てるものとする。
ウ　各学校の時間割については，次の事項を踏まえ適切に編成するものとする。
　（ア）　各教科等のそれぞれの授業の1単位時間は，各学校において，各教科等の年間授業時数を確保しつつ，児童の発達の段階及び各教科等や学習活動の特質を考慮して適切に定めること。
　（イ）　各教科等の特質に応じ，10分から15分程度の短い時間を活用して特定の教科等の指導を行う場合において，教師が，単元や題材など内容や時間のまとまりを見通した中で，その指導内容の決定や指導の成果の把握と活用等を責任をもって行う体制が整備されているときは，その時間を当該教科等の年間授業時数に含めることができること。
　（ウ）　給食，休憩などの時間については，各学校において工夫を加え，適切に定めること。
　（エ）　各学校において，児童や学校，地域の実態，各教科等や学習活動の特質等に応じて，創意工夫を生かした時間割を弾力的に編成できること。
エ　総合的な学習の時間における学習活動により，特別活動の学校行事に掲げる各行事の実施と同様の成果が期待できる場合においては，総合的な学習の時間における学習活動をもって相当する特別活動の学校行事に掲げる各行事の実施に替えることができる。
(3)　指導計画の作成等に当たっての配慮事項
　各学校においては，次の事項に配慮しながら，学校の創意工夫を生かし，全体として，調和のとれた具体的な指導計画を作成するものとする。
ア　各教科等の指導内容については，(1)のアを踏まえつつ，単元や題材など内容や時間のまとまりを見通しながら，そのまとめ方や重点の置き方に適切な工夫を加え，第3の1に示す主体的・対話的で深い学びの実現に向けた授業改善を通して資質・能力を育む効果的な指導ができるようにすること。
イ　各教科等及び各学年相互間の関連を図り，系統的，発展的な指導ができるようにすること。
ウ　学年の内容を2学年まとめて示した教科及び外国語活動については，当該学年間を見通して，児童や学校，地域の実態に応じ，児童の発達の段階を考慮しつつ，効果的，段階的に指導するようにすること。
エ　児童の実態等を考慮し，指導の効果を高めるため，児童の発達の段階や指導内容の関連性等を踏まえつつ，合科的・関連的な指導を進めること。

4　学校段階等間の接続

教育課程の編成に当たっては，次の事項に配慮しながら，学校段階等間の接続を図るものとする。

(1)　幼児期の終わりまでに育ってほしい姿を踏まえた指導を工夫することにより，幼稚園教育要領等に基づく幼児期の教育を通して育まれた資質・能力を踏まえて教育活動を実施し，児童が主体的に自己を発揮しながら学びに向かうことが可能となるようにすること。

　また，低学年における教育全体において，例えば生活科において育成する自立し生活を豊かにしていくための資質・能力が，他教科等の学習においても生かされるようにするなど，教科等間の関連を積極的に図り，幼児期の教育及び中学年以降の教育との円滑な接続が図られるよう工夫すること。特に，小学校入学当初においては，幼児期において自発的な活動としての遊びを通して育まれてきたことが，各教科等における学習に円滑に接続されるよう，生活科を中心に，合科的・関連的な指導や弾力的な時間割の設定など，指導の工夫や指導計画の作成を行うこと。

(2)　中学校学習指導要領及び高等学校学習指導要領を踏まえ，中学校教育及びその後の教育との円滑な接続が図られるよう工夫すること。特に，義務教育学校，中学校連携型小学校及び中学校併設型小学校においては，義務教育9年間を見通した計画的かつ継続的な教育課程を編成すること。

第3　教育課程の実施と学習評価

1　主体的・対話的で深い学びの実現に向けた授業改善

各教科等の指導に当たっては，次の事項に配慮するものとする。

(1)　第1の3の(1)から(3)までに示すことが偏りなく実現されるよう，単元や題材など内容や時間のまとまりを見通しながら，児童の主体的・対話的で深い学びの実現に向けた授業改善を行うこと。

　特に，各教科等において身に付けた知識及び技能を活用したり，思考力，判断力，表現力等や学びに向かう力，人間性等を発揮させたりして，学習の対象となる物事を捉え思考することにより，各教科等の特質に応じた物事を捉える視点や考え方（以下「見方・考え方」という。）が鍛えられていくことに留意し，児童が各教科等の特質に応じた見方・考え方を働かせながら，知識を相互に関連付けてより深く理解したり，情報を精査して考えを形成したり，問題を見いだして解決策を考えたり，思いや考えを基に創造したりすることに向かう過程を重視した学習の充実を図ること。

(2)　第2の2の(1)に示す言語能力の育成を図るため，各学校において必要な言語環境を整えるとともに，国語科を要としつつ各教科等の特質に応じて，児童の言語活動を充実すること。あわせて，(7)に示すとおり読書活動を充実すること。

(3)　第2の2の(1)に示す情報活用能力の育成を図るため，各学校において，コンピュータや情報通信ネッ

トワークなどの情報手段を活用するために必要な環境を整え，これらを適切に活用した学習活動の充実を図ること。また，各種の統計資料や新聞，視聴覚教材や教育機器などの教材・教具の適切な活用を図ること。
　あわせて，各教科等の特質に応じて，次の学習活動を計画的に実施すること。
　　ア　児童がコンピュータで文字を入力するなどの学習の基盤として必要となる情報手段の基本的な操作を習得するための学習活動
　　イ　児童がプログラミングを体験しながら，コンピュータに意図した処理を行わせるために必要な論理的思考力を身に付けるための学習活動
(4)　児童が学習の見通しを立てたり学習したことを振り返ったりする活動を，計画的に取り入れるように工夫すること。
(5)　児童が生命の有限性や自然の大切さ，主体的に挑戦してみることや多様な他者と協働することの重要性などを実感しながら理解することができるよう，各教科等の特質に応じた体験活動を重視し，家庭や地域社会と連携しつつ体系的・継続的に実施できるよう工夫すること。
(6)　児童が自ら学習課題や学習活動を選択する機会を設けるなど，児童の興味・関心を生かした自主的，自発的な学習が促されるよう工夫すること。
(7)　学校図書館を計画的に利用しその機能の活用を図り，児童の主体的・対話的で深い学びの実現に向けた授業改善に生かすとともに，児童の自主的，自発的な学習活動や読書活動を充実すること。また，地域の図書館や博物館，美術館，劇場，音楽堂等の施設の活用を積極的に図り，資料を活用した情報の収集や鑑賞等の学習活動を充実すること。
2　学習評価の充実
　学習評価の実施に当たっては，次の事項に配慮するものとする。
(1)　児童のよい点や進歩の状況などを積極的に評価し，学習したことの意義や価値を実感できるようにすること。また，各教科等の目標の実現に向けた学習状況を把握する観点から，単元や題材など内容や時間のまとまりを見通しながら評価の場面や方法を工夫して，学習の過程や成果を評価し，指導の改善や学習意欲の向上を図り，資質・能力の育成に生かすようにすること。
(2)　創意工夫の中で学習評価の妥当性や信頼性が高められるよう，組織的かつ計画的な取組を推進するとともに，学年や学校段階を越えて児童の学習の成果が円滑に接続されるように工夫すること。

第4　児童の発達の支援
1　児童の発達を支える指導の充実
　教育課程の編成及び実施に当たっては，次の事項に配慮するものとする。
(1)　学習や生活の基盤として，教師と児童との信頼関係及び児童相互のよりよい人間関係を育てるため，日頃から学級経営の充実を図ること。また，主に集団の場面で必要な指導や援助を行うガイダンスと，個々の

児童の多様な実態を踏まえ，一人一人が抱える課題に個別に対応した指導を行うカウンセリングの双方により，児童の発達を支援すること。
　あわせて，小学校の低学年，中学年，高学年の学年の時期の特長を生かした指導の工夫を行うこと。
(2) 児童が，自己の存在感を実感しながら，よりよい人間関係を形成し，有意義で充実した学校生活を送る中で，現在及び将来における自己実現を図っていくことができるよう，児童理解を深め，学習指導と関連付けながら，生徒指導の充実を図ること。
(3) 児童が，学ぶことと自己の将来とのつながりを見通しながら，社会的・職業的自立に向けて必要な基盤となる資質・能力を身に付けていくことができるよう，特別活動を要としつつ各教科等の特質に応じて，キャリア教育の充実を図ること。
(4) 児童が，基礎的・基本的な知識及び技能の習得も含め，学習内容を確実に身に付けることができるよう，児童や学校の実態に応じ，個別学習やグループ別学習，繰り返し学習，学習内容の習熟の程度に応じた学習，児童の興味・関心等に応じた課題学習，補充的な学習や発展的な学習などの学習活動を取り入れることや，教師間の協力による指導体制を確保することなど，指導方法や指導体制の工夫改善により，個に応じた指導の充実を図ること。その際，第3の1の(3)に示す情報手段や教材・教具の活用を図ること。
2　特別な配慮を必要とする児童への指導

(1) 障害のある児童などへの指導
　ア　障害のある児童などについては，特別支援学校等の助言又は援助を活用しつつ，個々の児童の障害の状態等に応じた指導内容や指導方法の工夫を組織的かつ計画的に行うものとする。
　イ　特別支援学級において実施する特別の教育課程については，次のとおり編成するものとする。
　　(ア)　障害による学習上又は生活上の困難を克服し自立を図るため，特別支援学校小学部・中学部学習指導要領第7章に示す自立活動を取り入れること。
　　(イ)　児童の障害の程度や学級の実態等を考慮の上，各教科の目標や内容を下学年の教科の目標や内容に替えたり，各教科を，知的障害者である児童に対する教育を行う特別支援学校の各教科に替えたりするなどして，実態に応じた教育課程を編成すること。
　ウ　障害のある児童に対して，通級による指導を行い，特別の教育課程を編成する場合には，特別支援学校小学部・中学部学習指導要領第7章に示す自立活動の内容を参考とし，具体的な目標や内容を定め，指導を行うものとする。その際，効果的な指導が行われるよう，各教科等と通級による指導との関連を図るなど，教師間の連携に努めるものとする。
　エ　障害のある児童などについては，家庭，地域及び医療や福祉，保健，労働等の業務を行う関係機

関との連携を図り，長期的な視点で児童への教育的支援を行うために，個別の教育支援計画を作成し活用することに努めるとともに，各教科等の指導に当たって，個々の児童の実態を的確に把握し，個別の指導計画を作成し活用することに努めるものとする。特に，特別支援学級に在籍する児童や通級による指導を受ける児童については，個々の児童の実態を的確に把握し，個別の教育支援計画や個別の指導計画を作成し，効果的に活用するものとする。
(2) 海外から帰国した児童などの学校生活への適応や，日本語の習得に困難のある児童に対する日本語指導
　ア　海外から帰国した児童などについては，学校生活への適応を図るとともに，外国における生活経験を生かすなどの適切な指導を行うものとする。
　イ　日本語の習得に困難のある児童については，個々の児童の実態に応じた指導内容や指導方法の工夫を組織的かつ計画的に行うものとする。特に，通級による日本語指導については，教師間の連携に努め，指導についての計画を個別に作成することなどにより，効果的な指導に努めるものとする。
(3) 不登校児童への配慮
　ア　不登校児童については，保護者や関係機関と連携を図り，心理や福祉の専門家の助言又は援助を得ながら，社会的自立を目指す観点から，個々の児童の実態に応じた情報の提供その他の必要な支援を行うものとする。
　イ　相当の期間小学校を欠席し引き続き欠席すると認められる児童を対象として，文部科学大臣が認める特別の教育課程を編成する場合には，児童の実態に配慮した教育課程を編成するとともに，個別学習やグループ別学習など指導方法や指導体制の工夫改善に努めるものとする。

第5　学校運営上の留意事項
1　教育課程の改善と学校評価等
　ア　各学校においては，校長の方針の下に，校務分掌に基づき教職員が適切に役割を分担しつつ，相互に連携しながら，各学校の特色を生かしたカリキュラム・マネジメントを行うよう努めるものとする。また，各学校が行う学校評価については，教育課程の編成，実施，改善が教育活動や学校運営の中核となることを踏まえ，カリキュラム・マネジメントと関連付けながら実施するよう留意するものとする。
　イ　教育課程の編成及び実施に当たっては，学校保健計画，学校安全計画，食に関する指導の全体計画，いじめの防止等のための対策に関する基本的な方針など，各分野における学校の全体計画等と関連付けながら，効果的な指導が行われるように留意するものとする。
2　家庭や地域社会との連携及び協働と学校間の連携
　教育課程の編成及び実施に当たっては，次の事項に配慮するものとする。
　ア　学校がその目的を達成するため，

学校や地域の実態等に応じ，教育活動の実施に必要な人的又は物的な体制を家庭や地域の人々の協力を得ながら整えるなど，家庭や地域社会との連携及び協働を深めること。また，高齢者や異年齢の子供など，地域における世代を越えた交流の機会を設けること。

イ　他の小学校や，幼稚園，認定こども園，保育所，中学校，高等学校，特別支援学校などとの間の連携や交流を図るとともに，障害のある幼児児童生徒との交流及び共同学習の機会を設け，共に尊重し合いながら協働して生活していく態度を育むようにすること。

第6　道徳教育に関する配慮事項

　道徳教育を進めるに当たっては，道徳教育の特質を踏まえ，前項までに示す事項に加え，次の事項に配慮するものとする。

1　各学校においては，第1の2の(2)に示す道徳教育の目標を踏まえ，道徳教育の全体計画を作成し，校長の方針の下に，道徳教育の推進を主に担当する教師（以下「道徳教育推進教師」という。）を中心に，全教師が協力して道徳教育を展開すること。なお，道徳教育の全体計画の作成に当たっては，児童や学校，地域の実態を考慮して，学校の道徳教育の重点目標を設定するとともに，道徳科の指導方針，第3章特別の教科道徳の第2に示す内容との関連を踏まえた各教科，外国語活動，総合的な学習の時間及び特別活動における指導の内容及び時期並びに家庭や地域社会との連携の方法を示すこと。

2　各学校においては，児童の発達の段階や特性等を踏まえ，指導内容の重点化を図ること。その際，各学年を通じて，自立心や自律性，生命を尊重する心や他者を思いやる心を育てることに留意すること。また，各学年段階においては，次の事項に留意すること。

(1)　第1学年及び第2学年においては，挨拶などの基本的な生活習慣を身に付けること，善悪を判断し，してはならないことをしないこと，社会生活上のきまりを守ること。

(2)　第3学年及び第4学年においては，善悪を判断し，正しいと判断したことを行うこと，身近な人々と協力し助け合うこと，集団や社会のきまりを守ること。

(3)　第5学年及び第6学年においては，相手の考え方や立場を理解して支え合うこと，法やきまりの意義を理解して進んで守ること，集団生活の充実に努めること，伝統と文化を尊重し，それらを育んできた我が国と郷土を愛するとともに，他国を尊重すること。

3　学校や学級内の人間関係や環境を整えるとともに，集団宿泊活動やボランティア活動，自然体験活動，地域の行事への参加などの豊かな体験を充実すること。また，道徳教育の指導内容が，児童の日常生活に生かされるようにすること。その際，いじめの防止や安全の確保等にも資することとなるよう留意すること。

4　学校の道徳教育の全体計画や道徳教育に関する諸活動などの情報を積極的に公表したり，道徳教育の充実のために家庭や地域の人々の積極的な参加や協力を得たりするなど，家庭や地域社

会との共通理解を深め，相互の連携を図ること。

第3章　特別の教科　道徳

第1　目標

第1章総則の第1の2の（2）に示す道徳教育の目標に基づき，よりよく生きるための基盤となる道徳性を養うため，道徳的諸価値についての理解を基に，自己を見つめ，物事を多面的・多角的に考え，自己の生き方についての考えを深める学習を通して，道徳的な判断力，心情，実践意欲と態度を育てる。

第2　内容

学校の教育活動全体を通じて行う道徳教育の要である道徳科においては，以下に示す項目について扱う。

A　主として自分自身に関すること

［善悪の判断，自律，自由と責任］

〔第1学年及び第2学年〕

よいことと悪いこととの区別をし，よいと思うことを進んで行うこと。

〔第3学年及び第4学年〕

正しいと判断したことは，自信をもって行うこと。

〔第5学年及び第6学年〕

自由を大切にし，自律的に判断し，責任のある行動をすること。

［正直，誠実］

〔第1学年及び第2学年〕

うそをついたりごまかしをしたりしないで，素直に伸び伸びと生活すること。

〔第3学年及び第4学年〕

過ちは素直に改め，正直に明るい心で生活すること。

〔第5学年及び第6学年〕

誠実に，明るい心で生活すること。

［節度，節制］

〔第1学年及び第2学年〕

健康や安全に気を付け，物や金銭を大切にし，身の回りを整え，わがままをしないで，規則正しい生活をすること。

〔第3学年及び第4学年〕

自分でできることは自分でやり，安全に気を付け，よく考えて行動し，節度のある生活をすること。

〔第5学年及び第6学年〕

安全に気を付けることや，生活習慣の大切さについて理解し，自分の生活を見直し，節度を守り節制に心掛けること。

［個性の伸長］

〔第1学年及び第2学年〕

自分の特徴に気付くこと。

〔第3学年及び第4学年〕

自分の特徴に気付き，長所を伸ばすこと。

〔第5学年及び第6学年〕

自分の特徴を知って，短所を改め長所を伸ばすこと。

［希望と勇気，努力と強い意志］

〔第1学年及び第2学年〕

自分のやるべき勉強や仕事をしっかりと行うこと。

〔第3学年及び第4学年〕

自分でやろうと決めた目標に向かって，強い意志をもち，粘り強くやり抜くこと。

〔第5学年及び第6学年〕

より高い目標を立て，希望と勇気をもち，困難があってもくじけずに努力して物事をやり抜くこと。

〔真理の探究〕
〔第5学年及び第6学年〕
真理を大切にし，物事を探究しようとする心をもつこと。

B 主として人との関わりに関すること
〔親切，思いやり〕
〔第1学年及び第2学年〕
身近にいる人に温かい心で接し，親切にすること。
〔第3学年及び第4学年〕
相手のことを思いやり，進んで親切にすること。
〔第5学年及び第6学年〕
誰に対しても思いやりの心をもち，相手の立場に立って親切にすること。

〔感謝〕
〔第1学年及び第2学年〕
家族など日頃世話になっている人々に感謝すること。
〔第3学年及び第4学年〕
家族など生活を支えてくれている人々や現在の生活を築いてくれた高齢者に，尊敬と感謝の気持ちをもって接すること。
〔第5学年及び第6学年〕
日々の生活が家族や過去からの多くの人々の支え合いや助け合いで成り立っていることに感謝し，それに応えること。

〔礼儀〕
〔第1学年及び第2学年〕
気持ちのよい挨拶，言葉遣い，動作などに心掛けて，明るく接すること。
〔第3学年及び第4学年〕
礼儀の大切さを知り，誰に対しても真心をもって接すること。
〔第5学年及び第6学年〕
時と場をわきまえて，礼儀正しく真心をもって接すること。

〔友情，信頼〕
〔第1学年及び第2学年〕
友達と仲よくし，助け合うこと。
〔第3学年及び第4学年〕
友達と互いに理解し，信頼し，助け合うこと。
〔第5学年及び第6学年〕
友達と互いに信頼し，学び合って友情を深め，異性についても理解しながら，人間関係を築いていくこと。

〔相互理解，寛容〕
〔第3学年及び第4学年〕
自分の考えや意見を相手に伝えるとともに，相手のことを理解し，自分と異なる意見も大切にすること。
〔第5学年及び第6学年〕
自分の考えや意見を相手に伝えるとともに，謙虚な心をもち，広い心で自分と異なる意見や立場を尊重すること。

C 主として集団や社会との関わりに関すること
〔規則の尊重〕
〔第1学年及び第2学年〕
約束やきまりを守り，みんなが使う物を大切にすること。
〔第3学年及び第4学年〕
約束や社会のきまりの意義を理解し，それらを守ること。
〔第5学年及び第6学年〕
法やきまりの意義を理解した上で進んでそれらを守り，自他の権利を大切にし，義務を果たすこと。

〔公正，公平，社会正義〕
〔第1学年及び第2学年〕
自分の好き嫌いにとらわれないで接すること。
〔第3学年及び第4学年〕

誰に対しても分け隔てをせず，公正，公平な態度で接すること。
〔第5学年及び第6学年〕
　誰に対しても差別をすることや偏見をもつことなく，公正，公平な態度で接し，正義の実現に努めること。
[勤労，公共の精神]
　〔第1学年及び第2学年〕
　働くことのよさを知り，みんなのために働くこと。
　〔第3学年及び第4学年〕
　働くことの大切さを知り，進んでみんなのために働くこと。
　〔第5学年及び第6学年〕
　働くことや社会に奉仕することの充実感を味わうとともに，その意義を理解し，公共のために役に立つことをすること。
[家族愛，家庭生活の充実]
　〔第1学年及び第2学年〕
　父母，祖父母を敬愛し，進んで家の手伝いなどをして，家族の役に立つこと。
　〔第3学年及び第4学年〕
　父母，祖父母を敬愛し，家族みんなで協力し合って楽しい家庭をつくること。
　〔第5学年及び第6学年〕
　父母，祖父母を敬愛し，家族の幸せを求めて，進んで役に立つことをすること。
[よりよい学校生活，集団生活の充実]
　〔第1学年及び第2学年〕
　先生を敬愛し，学校の人々に親しんで，学級や学校の生活を楽しくすること。
　〔第3学年及び第4学年〕
　先生や学校の人々を敬愛し，みんなで協力し合って楽しい学級や学校をつくること。
　〔第5学年及び第6学年〕
　先生や学校の人々を敬愛し，みんなで協力し合ってよりよい学級や学校をつくるとともに，様々な集団の中での自分の役割を自覚して集団生活の充実に努めること。
[伝統と文化の尊重，国や郷土を愛する態度]
　〔第1学年及び第2学年〕
　我が国や郷土の文化と生活に親しみ愛着をもつこと。
　〔第3学年及び第4学年〕
　我が国や郷土の伝統と文化を大切にし，国や郷土を愛する心をもつこと。
　〔第5学年及び第6学年〕
　我が国や郷土の伝統と文化を大切にし，先人の努力を知り，国や郷土を愛する心をもつこと。
[国際理解，国際親善]
　〔第1学年及び第2学年〕
　他国の人々や文化に親しむこと。
　〔第3学年及び第4学年〕
　他国の人々や文化に親しみ，関心をもつこと。
　〔第5学年及び第6学年〕
　他国の人々や文化について理解し，日本人としての自覚をもって国際親善に努めること。
D　主として生命や自然，崇高なものとの関わりに関すること
[生命の尊さ]
　〔第1学年及び第2学年〕
　生きることのすばらしさを知り，生命を大切にすること。
　〔第3学年及び第4学年〕
　生命の尊さを知り，生命あるものを

大切にすること。
〔第5学年及び第6学年〕
生命が多くの生命のつながりの中にあるかけがえのないものであることを理解し，生命を尊重すること。
[自然愛護]
〔第1学年及び第2学年〕
身近な自然に親しみ，動植物に優しい心で接すること。
〔第3学年及び第4学年〕
自然のすばらしさや不思議さを感じ取り，自然や動植物を大切にすること。
〔第5学年及び第6学年〕
自然の偉大さを知り，自然環境を大切にすること。
[感動，畏敬の念]
〔第1学年及び第2学年〕
美しいものに触れ，すがすがしい心をもつこと。
〔第3学年及び第4学年〕
美しいものや気高いものに感動する心をもつこと。
〔第5学年及び第6学年〕
美しいものや気高いものに感動する心や人間の力を超えたものに対する畏敬の念をもつこと。
[よりよく生きる喜び]
〔第5学年及び第6学年〕
よりよく生きようとする人間の強さや気高さを理解し，人間として生きる喜びを感じること。

第3　指導計画の作成と内容の取扱い
1　各学校においては，道徳教育の全体計画に基づき，各教科，外国語活動，総合的な学習の時間及び特別活動との関連を考慮しながら，道徳科の年間指導計画を作成するものとする。なお，作成に当たっては，第2に示す各学年段階の内容項目について，相当する各学年において全て取り上げることとする。その際，児童や学校の実態に応じ，2学年間を見通した重点的な指導や内容項目間の関連を密にした指導，一つの内容項目を複数の時間で扱う指導を取り入れるなどの工夫を行うものとする。
2　第2の内容の指導に当たっては，次の事項に配慮するものとする。
(1)　校長や教頭などの参加，他の教師との協力的な指導などについて工夫し，道徳教育推進教師を中心とした指導体制を充実すること。
(2)　道徳科が学校の教育活動全体を通じて行う道徳教育の要としての役割を果たすことができるよう，計画的・発展的な指導を行うこと。特に，各教科，外国語活動，総合的な学習の時間及び特別活動における道徳教育としては取り扱う機会が十分でない内容項目に関わる指導を補うことや，児童や学校の実態等を踏まえて指導をより一層深めること，内容項目の相互の関連を捉え直したり発展させたりすることに留意すること。
(3)　児童が自ら道徳性を養う中で，自らを振り返って成長を実感したり，これからの課題や目標を見付けたりすることができるよう工夫すること。その際，道徳性を養うことの意義について，児童自らが考え，理解し，主体的に学習に取り組むことができるようにすること。
(4)　児童が多様な感じ方や考え方に接する中で，考えを深め，判断し，表現する力などを育むことができる

よう，自分の考えを基に話し合ったり書いたりするなどの言語活動を充実すること。
(5) 児童の発達の段階や特性等を考慮し，指導のねらいに即して，問題解決的な学習，道徳的行為に関する体験的な学習等を適切に取り入れるなど，指導方法を工夫すること。その際，それらの活動を通じて学んだ内容の意義などについて考えることができるようにすること。また，特別活動等における多様な実践活動や体験活動も道徳科の授業に生かすようにすること。
(6) 児童の発達の段階や特性等を考慮し，第2に示す内容との関連を踏まえつつ，情報モラルに関する指導を充実すること。また，児童の発達の段階や特性等を考慮し，例えば，社会の持続可能な発展などの現代的な課題の取扱いにも留意し，身近な社会的課題を自分との関係において考え，それらの解決に寄与しようとする意欲や態度を育てるよう努めること。なお，多様な見方や考え方のできる事柄について，特定の見方や考え方に偏った指導を行うことのないようにすること。
(7) 道徳科の授業を公開したり，授業の実施や地域教材の開発や活用などに家庭や地域の人々，各分野の専門家等の積極的な参加や協力を得たりするなど，家庭や地域社会との共通理解を深め，相互の連携を図ること。
3 教材については，次の事項に留意するものとする。
(1) 児童の発達の段階や特性，地域の実情等を考慮し，多様な教材の活用に努めること。特に，生命の尊厳，自然，伝統と文化，先人の伝記，スポーツ，情報化への対応等の現代的な課題などを題材とし，児童が問題意識をもって多面的・多角的に考えたり，感動を覚えたりするような充実した教材の開発や活用を行うこと。
(2) 教材については，教育基本法や学校教育法その他の法令に従い，次の観点に照らし適切と判断されるものであること。
ア 児童の発達の段階に即し，ねらいを達成するのにふさわしいものであること。
イ 人間尊重の精神にかなうものであって，悩みや葛藤等の心の揺れ，人間関係の理解等の課題も含め，児童が深く考えることができ，人間としてよりよく生きる喜びや勇気を与えられるものであること。
ウ 多様な見方や考え方のできる事柄を取り扱う場合には，特定の見方や考え方に偏った取扱いがなされていないものであること。
4 児童の学習状況や道徳性に係る成長の様子を継続的に把握し，指導に生かすよう努める必要がある。ただし，数値などによる評価は行わないものとする。

中学校学習指導要領　総則・第3章（平成29年3月　抄）

第1章　総　則（小学校と異なる「第5の1」のみ記載。他は小学校「総則」を参照）

第5　学校運営上の留意事項
1　教育課程の改善と学校評価，教育課程外の活動との連携等
　ア　各学校においては，校長の方針の下に，校務分掌に基づき教職員が適切に役割を分担しつつ，相互に連携しながら，各学校の特色を生かしたカリキュラム・マネジメントを行うよう努めるものとする。また，各学校が行う学校評価については，教育課程の編成，実施，改善が教育活動や学校運営の中核となることを踏まえ，カリキュラム・マネジメントと関連付けながら実施するよう留意するものとする。
　イ　教育課程の編成及び実施に当たっては，学校保健計画，学校安全計画，食に関する指導の全体計画，いじめの防止等のための対策に関する基本的な方針など，各分野における学校の全体計画等と関連付けながら，効果的な指導が行われるように留意するものとする。
　ウ　教育課程外の学校教育活動と教育課程の関連が図られるように留意するものとする。特に，生徒の自主的，自発的な参加により行われる部活動については，スポーツや文化，科学等に親しませ，学習意欲の向上や責任感，連帯感の涵養等，学校教育が目指す資質・能力の育成に資するものであり，学校教育の一環として，教育課程との関連が図られるよう留意すること。
　　その際，学校や地域の実態に応じ，地域の人々の協力，社会教育施設や社会教育関係団体等の各種団体との連携などの運営上の工夫を行い，持続可能な運営体制が整えられるようにするものとする。

第3章　特別の教科　道徳

第1　目標
　第1章総則の第1の2の（2）に示す道徳教育の目標に基づき，よりよく生きるための基盤となる道徳性を養うため，道徳的諸価値についての理解を基に，自己を見つめ，物事を広い視野から多面的・多角的に考え，人間としての生き方についての考えを深める学習を通して，道徳的な判断力，心情，実践意欲と態度を育てる。

第2　内容
　学校の教育活動全体を通じて行う道徳教育の要である道徳科においては，以下に示す項目について扱う。
　A　主として自分自身に関すること
　［自主，自律，自由と責任］
　　自律の精神を重んじ，自主的に考え，判断し，誠実に実行してその結果に責任をもつこと。
　［節度，節制］
　　望ましい生活習慣を身に付け，心身の健康の増進を図り，節度を守り節制に心掛け，安全で調和のある生活をす

ること。
[向上心，個性の伸長]
　自己を見つめ，自己の向上を図るとともに，個性を伸ばして充実した生き方を追求すること。
[希望と勇気，克己と強い意志]
　より高い目標を設定し，その達成を目指し，希望と勇気をもち，困難や失敗を乗り越えて着実にやり遂げること。
[真理の探究，創造]
　真実を大切にし，真理を探究して新しいものを生み出そうと努めること。
B　主として人との関わりに関すること
[思いやり，感謝]
　思いやりの心をもって人と接するとともに，家族などの支えや多くの人々の善意により日々の生活や現在の自分があることに感謝し，進んでそれに応え，人間愛の精神を深めること。
[礼儀]
　礼儀の意義を理解し，時と場に応じた適切な言動をとること。
[友情，信頼]
　友情の尊さを理解して心から信頼できる友達をもち，互いに励まし合い，高め合うとともに，異性についての理解を深め，悩みや葛藤も経験しながら人間関係を深めていくこと。
[相互理解，寛容]
　自分の考えや意見を相手に伝えるとともに，それぞれの個性や立場を尊重し，いろいろなものの見方や考え方があることを理解し，寛容の心をもって謙虚に他に学び，自らを高めていくこと。
C　主として集団や社会との関わりに関すること
[遵法精神，公徳心]
　法やきまりの意義を理解し，それらを進んで守るとともに，そのよりよい在り方について考え，自他の権利を大切にし，義務を果たして，規律ある安定した社会の実現に努めること。
[公正，公平，社会正義]
　正義と公正さを重んじ，誰に対しても公平に接し，差別や偏見のない社会の実現に努めること。
[社会参画，公共の精神]
　社会参画の意識と社会連帯の自覚を高め，公共の精神をもってよりよい社会の実現に努めること。
[勤労]
　勤労の尊さや意義を理解し，将来の生き方について考えを深め，勤労を通じて社会に貢献すること。
[家族愛，家庭生活の充実]
　父母，祖父母を敬愛し，家族の一員としての自覚をもって充実した家庭生活を築くこと。
[よりよい学校生活，集団生活の充実]
　教師や学校の人々を敬愛し，学級や学校の一員としての自覚をもち，協力し合ってよりよい校風をつくるとともに，様々な集団の意義や集団の中での自分の役割と責任を自覚して集団生活の充実に努めること。
[郷土の伝統と文化の尊重，郷土を愛する態度]
　郷土の伝統と文化を大切にし，社会に尽くした先人や高齢者に尊敬の念を深め，地域社会の一員としての自覚をもって郷土を愛し，進んで郷土の発展に努めること。
[我が国の伝統と文化の尊重，国を愛する態度]
　優れた伝統の継承と新しい文化の創

造に貢献するとともに，日本人としての自覚をもって国を愛し，国家及び社会の形成者として，その発展に努めること。
［国際理解，国際貢献］
世界の中の日本人としての自覚をもち，他国を尊重し，国際的視野に立って，世界の平和と人類の発展に寄与すること。
D 主として生命や自然，崇高なものとの関わりに関すること
［生命の尊さ］
生命の尊さについて，その連続性や有限性なども含めて理解し，かけがえのない生命を尊重すること。
［自然愛護］
自然の崇高さを知り，自然環境を大切にすることの意義を理解し，進んで自然の愛護に努めること。
［感動，畏敬の念］
美しいものや気高いものに感動する心をもち，人間の力を超えたものに対する畏敬の念を深めること。
［よりよく生きる喜び］
人間には自らの弱さや醜さを克服する強さや気高く生きようとする心があることを理解し，人間として生きることに喜びを見いだすこと。

第3 指導計画の作成と内容の取扱い
1 各学校においては，道徳教育の全体計画に基づき，各教科，総合的な学習の時間及び特別活動との関連を考慮しながら，道徳科の年間指導計画を作成するものとする。なお，作成に当たっては，第2に示す内容項目について，各学年において全て取り上げることとする。その際，生徒や学校の実態に応じ，3学年間を見通した重点的な指導や内容項目間の関連を密にした指導，一つの内容項目を複数の時間で扱う指導を取り入れるなどの工夫を行うものとする。
2 第2の内容の指導に当たっては，次の事項に配慮するものとする。
(1) 学級担任の教師が行うことを原則とするが，校長や教頭などの参加，他の教師との協力的な指導などについて工夫し，道徳教育推進教師を中心とした指導体制を充実すること。
(2) 道徳科が学校の教育活動全体を通じて行う道徳教育の要としての役割を果たすことができるよう，計画的・発展的な指導を行うこと。特に，各教科，総合的な学習の時間及び特別活動における道徳教育としては取り扱う機会が十分でない内容項目に関わる指導を補うことや，生徒や学校の実態等を踏まえて指導をより一層深めること，内容項目の相互の関連を捉え直したり発展させたりすることに留意すること。
(3) 生徒が自ら道徳性を養う中で，自らを振り返って成長を実感したり，これからの課題や目標を見付けたりすることができるよう工夫すること。その際，道徳性を養うことの意義について，生徒自らが考え，理解し，主体的に学習に取り組むことができるようにすること。また，発達の段階を考慮し，人間としての弱さを認めながら，それを乗り越えてよりよく生きようとすることのよさについて，教師が生徒と共に考える姿勢を大切にすること。
(4) 生徒が多様な感じ方や考え方に

接する中で，考えを深め，判断し，表現する力などを育むことができるよう，自分の考えを基に討論したり書いたりするなどの言語活動を充実すること。その際，様々な価値観について多面的・多角的な視点から振り返って考える機会を設けるとともに，生徒が多様な見方や考え方に接しながら，更に新しい見方や考え方を生み出していくことができるよう留意すること。
(5) 生徒の発達の段階や特性等を考慮し，指導のねらいに即して，問題解決的な学習，道徳的行為に関する体験的な学習等を適切に取り入れるなど，指導方法を工夫すること。その際，それらの活動を通じて学んだ内容の意義などについて考えることができるようにすること。また，特別活動等における多様な実践活動や体験活動も道徳科の授業に生かすようにすること。
(6) 生徒の発達の段階や特性等を考慮し，第2に示す内容との関連を踏まえつつ，情報モラルに関する指導を充実すること。また，例えば，科学技術の発展と生命倫理との関係や社会の持続可能な発展などの現代的な課題の取扱いにも留意し，身近な社会的課題を自分との関係において考え，その解決に向けて取り組もうとする意欲や態度を育てるよう努めること。なお，多様な見方や考え方のできる事柄について，特定の見方や考え方に偏った指導を行うことのないようにすること。
(7) 道徳科の授業を公開したり，授業の実施や地域教材の開発や活用などに家庭や地域の人々，各分野の専門家等の積極的な参加や協力を得たりするなど，家庭や地域社会との共通理解を深め，相互の連携を図ること。
3 教材については，次の事項に留意するものとする。
(1) 生徒の発達の段階や特性，地域の実情等を考慮し，多様な教材の活用に努めること。特に，生命の尊厳，社会参画，自然，伝統と文化，先人の伝記，スポーツ，情報化への対応等の現代的な課題などを題材とし，生徒が問題意識をもって多面的・多角的に考えたり，感動を覚えたりするような充実した教材の開発や活用を行うこと。
(2) 教材については，教育基本法や学校教育法その他の法令に従い，次の観点に照らし適切と判断されるものであること。
　ア 生徒の発達の段階に即し，ねらいを達成するのにふさわしいものであること。
　イ 人間尊重の精神にかなうものであって，悩みや葛藤等の心の揺れ，人間関係の理解等の課題も含め，生徒が深く考えることができ，人間としてよりよく生きる喜びや勇気を与えられるものであること。
　ウ 多様な見方や考え方のできる事柄を取り扱う場合には，特定の見方や考え方に偏った取扱いがなされていないものであること。
4 生徒の学習状況や道徳性に係る成長の様子を継続的に把握し，指導に生かすよう努める必要がある。ただし，数値などによる評価は行わないものとする。

道徳の内容項目（小・中学校）一覧表

	小学校第1学年及び第2学年 (19)	小学校第3学年及び第4学年 (20)
A 主として自分自身に関すること		
善悪の判断, 自律, 自由と責任	(1) よいことと悪いことの区別をし，よいと思うことを進んで行うこと。	(1) 正しいと判断したことは，自信をもって行うこと。
正直, 誠実	(2) うそをついたりごまかしをしたりしないで，素直に伸び伸びと生活すること。	(2) 過ちは素直に改め，正直に明るい心で生活すること。
節度, 節制	(3) 健康や安全に気を付け，物や金銭を大切にし，身の回りを整え，わがままをしないで，規則正しい生活をすること。	(3) 自分でできることは自分でやり，安全に気を付け，よく考えて行動し，節度のある生活をすること。
個性の伸長	(4) 自分の特徴に気付くこと。	(4) 自分の特徴に気付き，長所を伸ばすこと。
希望と勇気, 努力と強い意志	(5) 自分のやるべき勉強や仕事をしっかりと行うこと。	(5) 自分でやろうと決めた目標に向かって，強い意志をもち，粘り強くやり抜くこと。
真理の探究		
B 主として人との関わりに関すること		
親切, 思いやり	(6) 身近にいる人に温かい心で接し，親切にすること。	(6) 相手のことを思いやり，進んで親切にすること。
感謝	(7) 家族など日頃世話になっている人々に感謝すること。	(7) 家族など生活を支えてくれている人々や現在の生活を築いてくれた高齢者に，尊敬と感謝の気持ちをもって接すること。
礼儀	(8) 気持ちのよい挨拶，言葉遣い，動作などに心掛けて，明るく接すること。	(8) 礼儀の大切さを知り，誰に対しても真心をもって接すること。
友情, 信頼	(9) 友達と仲よくし，助け合うこと。	(9) 友達と互いに理解し，信頼し，助け合うこと。
相互理解, 寛容		(10) 自分の考えや意見を相手に伝えるとともに，相手のことを理解し，自分と異なる意見も大切にすること。
C 主として集団や社会との関わりに関すること		
規則の尊重	(10) 約束やきまりを守り，みんなが使う物を大切にすること。	(11) 約束や社会のきまりの意義を理解し，それらを守ること。
公正, 公平, 社会正義	(11) 自分の好き嫌いにとらわれないで接すること。	(12) 誰に対しても分け隔てをせず，公正，公平な態度で接すること。
勤労, 公共の精神	(12) 働くことのよさを知り，みんなのために働くこと。	(13) 働くことの大切さを知り，進んでみんなのために働くこと。

資　料

小学校第5学年及び第6学年（22）	中学校（22）	
A　主として自分自身に関すること		
(1) 自由を大切にし，自律的に判断し，責任のある行動をすること。	(1) 自律の精神を重んじ，自主的に考え，判断し，誠実に実行してその結果に責任をもつこと。	自主，自律，自由と責任
(2) 誠実に，明るい心で生活すること。		
(3) 安全に気を付けることや，生活習慣の大切さについて理解し，自分の生活を見直し，節度を守り節制に心掛けること。	(2) 望ましい生活習慣を身に付け，心身の健康の増進を図り，節度を守り節制に心掛け，安全で調和のある生活をすること。	節度，節制
(4) 自分の特徴を知って，短所を改め長所を伸ばすこと。	(3) 自己を見つめ，自己の向上を図るとともに，個性を伸ばして充実した生き方を追求すること。	向上心，個性の伸長
(5) より高い目標を立て，希望と勇気をもち，困難があってもくじけずに努力して物事をやり抜くこと。	(4) より高い目標を設定し，その達成を目指し，希望と勇気をもち，困難や失敗を乗り越えて着実にやり遂げること。	希望と勇気，克己と強い意志
(6) 真理を大切にし，物事を探究しようとする心をもつこと。	(5) 真実を大切にし，真理を探究して新しいものを生み出そうと努めること。	真理の探究，創造
B　主として人との関わりに関すること		
(7) 誰に対しても思いやりの心をもち，相手の立場に立って親切にすること。	(6) 思いやりの心をもって人と接するとともに，家族などの支えや多くの人々の善意により日々の生活や現在の自分があることに感謝し，進んでそれに応え，人間愛の精神を深めること。	思いやり，感謝
(8) 日々の生活が家族や過去からの多くの人々の支え合いや助け合いで成り立っていることに感謝し，それに応えること。		
(9) 時と場をわきまえて，礼儀正しく真心をもって接すること。	(7) 礼儀の意義を理解し，時と場に応じた適切な言動をとること。	礼儀
(10) 友達と互いに信頼し，学び合って友情を深め，異性についても理解しながら，人間関係を築いていくこと。	(8) 友情の尊さを理解して心から信頼できる友達をもち，互いに励まし合い，高め合うとともに，異性についての理解を深め，悩みや葛藤も経験しながら人間関係を深めていくこと。	友情，信頼
(11) 自分の考えや意見を相手に伝えるとともに，謙虚な心をもち，広い心で自分と異なる意見や立場を尊重すること。	(9) 自分の考えや意見を相手に伝えるとともに，それぞれの個性や立場を尊重し，いろいろなものの見方や考え方があることを理解し，寛容の心をもって謙虚に他に学び，自らを高めていくこと。	相互理解，寛容
C　主として集団や社会との関わりに関すること		
(12) 法やきまりの意義を理解した上で進んでそれらを守り，自他の権利を大切にし，義務を果たすこと。	(10) 法やきまりの意義を理解し，それらを進んで守るとともに，そのよりよい在り方について考え，自他の権利を大切にし，義務を果たして，規律ある安定した社会の実現に努めること。	遵法精神，公徳心
(13) 誰に対しても差別をすることや偏見をもつことなく，公正，公平な態度で接し，正義の実現に努めること。	(11) 正義と公正さを重んじ，誰に対しても公平に接し，差別や偏見のない社会の実現に努めること。	公正，公平，社会正義
(14) 働くことや社会に奉仕することの充実感を味わうとともに，その意義を理解し，公共のために役に立つことをすること。	(12) 社会参画の意識と社会連帯の自覚を高め，公共の精神をもってよりよい社会の実現に努めること。	社会参画，公共の精神
	(13) 勤労の尊さや意義を理解し，将来の生き方について考えを深め，勤労を通じて社会に貢献すること。	勤労

家族愛， 家庭生活の充実	(13) 父母，祖父母を敬愛し，進んで家の手伝いなどをして，家族の役に立つこと。	(14) 父母，祖父母を敬愛し，家族みんなで協力し合って楽しい家庭をつくること。
よりよい学校生活，集団生活の充実	(14) 先生を敬愛し，学校の人々に親しんで，学級や学校の生活を楽しくすること。	(15) 先生や学校の人々を敬愛し，みんなで協力し合って楽しい学級や学校をつくること。
伝統と文化の尊重，国や郷土を愛する態度	(15) 我が国や郷土の文化と生活に親しみ，愛着をもつこと。	(16) 我が国や郷土の伝統と文化を大切にし，国や郷土を愛する心をもつこと。
国際理解， 国際親善	(16) 他国の人々や文化に親しむこと。	(17) 他国の人々や文化に親しみ，関心をもつこと。
D　主として生命や自然，崇高なものとの関わりに関すること		
生命の尊さ	(17) 生きることのすばらしさを知り，生命を大切にすること。	(18) 生命の尊さを知り，生命あるものを大切にすること。
自然愛護	(18) 身近な自然に親しみ，動植物に優しい心で接すること。	(19) 自然のすばらしさや不思議さを感じ取り，自然や動植物を大切にすること。
感動，畏敬の念	(19) 美しいものに触れ，すがすがしい心をもつこと。	(20) 美しいものや気高いものに感動する心をもつこと。
よりよく生きる喜び		

(15) 父母,祖父母を敬愛し,家族の幸せを求めて,進んで役に立つことをすること。	(14) 父母,祖父母を敬愛し,家族の一員としての自覚をもって充実した家庭生活を築くこと。	家族愛,家庭生活の充実
(16) 先生や学校の人々を敬愛し,みんなで協力し合ってよりよい学級や学校をつくるとともに,様々な集団の中での自分の役割を自覚して集団生活の充実に努めること。	(15) 教師や学校の人々を敬愛し,学級や学校の一員としての自覚をもち,協力し合ってよりよい校風をつくるとともに,様々な集団の意義や集団の中での自分の役割と責任を自覚して集団生活の充実に努めること。	よりよい学校生活,集団生活の充実
(17) 我が国や郷土の伝統と文化を大切にし,先人の努力を知り,国や郷土を愛する心をもつこと。	(16) 郷土の伝統と文化を大切にし,社会に尽くした先人や高齢者に尊敬の念を深め,地域社会の一員としての自覚をもって郷土を愛し,進んで郷土の発展に努めること。	郷土の伝統と文化の尊重,郷土を愛する態度
	(17) 優れた伝統の継承と新しい文化の創造に貢献するとともに,日本人としての自覚をもって国を愛し,国家及び社会の形成者として,その発展に努めること。	我が国の伝統と文化の尊重,国を愛する態度
(18) 他国の人々や文化について理解し,日本人としての自覚をもって国際親善に努めること。	(18) 世界の中の日本人としての自覚をもち,他国を尊重し,国際的視野に立って,世界の平和と人類の発展に寄与すること。	国際理解,国際貢献
D 主として生命や自然,崇高なものとの関わりに関すること		
(19) 生命が多くの生命のつながりの中にあるかけがえのないものであることを理解し,生命を尊重すること。	(19) 生命の尊さについて,その連続性や有限性なども含めて理解し,かけがえのない生命を尊重すること。	生命の尊さ
(20) 自然の偉大さを知り,自然環境を大切にすること。	(20) 自然の崇高さを知り,自然環境を大切にすることの意義を理解し,進んで自然の愛護に努めること。	自然愛護
(21) 美しいものや気高いものに感動する心や人間の力を超えたものに対する畏敬の念をもつこと。	(21) 美しいものや気高いものに感動する心をもち,人間の力を超えたものに対する畏敬の念を深めること。	感動,畏敬の念
(22) よりよく生きようとする人間の強さや気高さを理解し,人間として生きる喜びを感じること。	(22) 人間には自らの弱さや醜さを克服する強さや気高く生きようとする心があることを理解し,人間として生きることに喜びを見いだすこと。	よりよく生きる喜び

索　引

■あ行

アクティブラーニング　iv
いじめ防止策　3
いじめ問題　2
一部改正　小（中）学校学習指導要領　7
上田薫　60
宇佐美寛　64
オープンエンド　17
黄金律　45
大田堯　65

■か行

概念地図法　217
開発的生徒指導　125
学習のめあて　33
学力格差問題　2
学力の三要素　105
価値観相対化　1
価値の注入　132
学級経営案　113
葛藤資料　16
要　9
考え，議論する道徳　iv
観衆　50
慣習的水準　130
カント（Kant, I.）　42, 83, 139
がんばり日記　202
規範構造　12
基本的生活習慣　54
客観的責任概念　128
教育基本法の改正　2
教育再生実行会議　6
教育再生実行会議第一次提言　6
教育的タクト　81
教室という社会　50

協働的指導体制　120
グラデーションの帯　79
グループ　93
クローズドエンド　17
グローバル化　iii
ゲストティーチャー　180
結果説　44
言語活動の充実　10
研修主任　95
現代的な課題　9
校長のリーダーシップ　114
肯定的命題　40
合意　96
合意形成型道徳授業　133
個人内評価　209
コミュニケーション的行為　13
コールバーグ（Kohlberg, L）　126
こんなにできたで賞　204

■さ行

3水準6段階　125
自我関与　92
自己存在感　78
自己有用感　78
私事化　iv
自然体験活動　137
実践意欲と態度　7
実践的循環の崩壊　11
質的転換　89
質問紙法　217
シティズンシップ教育　171
指導と評価の一体化　209
市民科　179
社会の持続可能な発展　9
集団宿泊活動　137

主観的責任概念　128
主体—対象関係　52
主体的・対話的で深い学び　iv
重点化　39, 49
小（中）学校学習指導要領解説　特別の教科　道徳編　8
職場体験活動　137
自律と他律　41
指令性　129
人格の完成　26
心情　7
心情主義的道徳教育　6
進歩主義　4
垂直的な道徳　48
水平的な道徳　48
スクールマネジメントプラン　106
スタンダード　199
滑り坂論　45
生徒指導提要　75, 161
生徒指導リーフ　75
生命に対する畏敬の念　10
前慣習的水準　130
全面主義　67
相互主体的関係　52

■た行
体験的な学習　9
第3次産業革命　178
対自的な道徳理論　41
対超越者的な道徳理論　47
他者危害則　45
脱慣習的水準　130
脱中心化　125, 128
多面的・多角的　7
探究のサイクル　144
地域教材　9
知識基盤社会　70
中央教育審議会　7

ディープなアクティブラーニング　142
ディベート　136
ティームティーチング　180
デジタル化　178
デジタルコンテンツ　180
デジタル・ネイティブ　179
手品師　63
動機説　44
道徳教育推進教師　95
道徳教育に係る評価等の在り方に関する専門家会議　90
道徳教育の教科化　2
道徳教育の充実に関する懇談会　6
道徳教育の全体計画　54
道徳教育の内容　8
道徳教育の目標　7
道徳的行為　87
道徳的実践意欲　34, 37
道徳的自由　42
道徳的諸価値　8
道徳的な判断力　7
道徳に係る教育課程の改善について　7
道徳の時間　2
道徳ノート　125
トゥールミン・モデル　125
徳　5
徳目主義的道徳教育　6

■な行
納得　96
二律背反的構造　11
人間尊重の精神　10
認知発達理論　128
ねらい　61
年間指導計画　54

■は行
ハインツのジレンマ　129

話し合い（討論）　8
話し合いのルール　16
話し合いのルールづくり　76
ハーバーマス（Habermas, J.）　12
パフォーマンス評価　209
パラダイム転換　52
反転授業　135
ピアジェ（Piajet, J.）　126
否定的（禁止的）命題　40
評価　90
普遍化可能性　129
普遍化原則　45
プライバタイゼーション　iv
振り返りシート　209
ブレインマップ　217
プロジェクト型道徳学習　147
ペア　93
別葉　115
ベンナー（Benner, D.）　11
傍観者　50
補助発問　79
ポートフォリオ　209
本質主義　4

■ま行
ミード（Meed, G. H.）　51
目指す学校像・生徒像　120

面接法　217
問題解決的な学習　9

■や行
役割演技　93
ユニバーサルデザイン　219
欲望の自由　42
四つの視点　68
読み物道徳　10
読む道徳　88

■ら行
ルーブリック評価　209
ロールレタリング　216
倫理的相対主義　132

■わ行
わかる授業　75

■その他
educare　4
educere　4
éthos　5
ICT 活用　178
mores　5
PDCA サイクル　120
RPDSAR' サイクル　120

執筆担当一覧（掲載順）2017 年 1 月現在

●編者
渡邉　満（わたなべ・みちる）　　岡山大学名誉教授，広島文化学園大学看護学部教授
　＝序章

山口圭介（やまぐち・けいすけ）　玉川大学教育学部教授
　＝第 1 章第 1 節，第 5 章第 2 節 1

山口意友（やまぐち・おきとも）　玉川大学教育学部教授
　＝第 2 章第 1 節

尾崎正美（おざき・まさみ）　　　岡山大学教育学部附属小学校教諭
　＝第 1 章第 2 節

石川庸子（いしかわ・ようこ）　　埼玉県川口市立芝小学校校長
　＝第 2 章第 2 節

都田修兵（つだ・しゅうへい）　　岡山短期大学講師
　＝第 2 章第 3 節

小川哲哉（おがわ・てつや）　　　茨城大学大学院教育学研究科教授
　＝第 2 章第 4 節

二階堂孝一（にかいどう・こういち）岡山県笠岡市立神島外中学校教諭
　＝第 2 章第 5 節

杉中康平（すぎなか・こうへい）　四天王寺大学教育学部准教授
　＝第 3 章第 1 節

齊藤照夫（さいとう・てるお）　　元愛媛県松山市立生石小学校校長
　＝第 3 章第 2 節

矢作信行（やはぎ・のぶゆき）　　帝京平成大学教授
　＝第 3 章第 3 節

木村　慶（きむら・けい）　　　　和歌山県西牟婁郡白浜町立三舞中学校校長
　＝第 3 章第 4 節

淀澤勝治（よどざわ・かつじ）　　兵庫教育大学准教授
　＝第 4 章第 1 節

上地完治（うえち・かんじ）　　　琉球大学教育学部教授
　＝第 4 章第 2 節

岡本義裕（おかもと・よしひろ）　神戸市外国語大学准教授
　＝第 4 章第 3 節

古見豪基（ふるみ・ひでき） ＝第4章第4節	埼玉県和光市立第五小学校教諭
手塚　裕（てづか・ひろし） ＝第4章第5節	日本赤十字秋田看護大学准教授
野﨑良惠（のざき・よしえ） ＝第5章第1節	神奈川県三浦郡葉山町立長柄小学校教諭
片山健治（かたやま・けんじ） ＝第5章第2節 2, 3	岡山県井原市立木之子中学校教諭
針谷玲子（はりがい・れいこ） ＝第6章第1節	東京都台東区立蔵前小学校校長
山本晶子（やまもと・まさこ） ＝第6章第2節	岡山大学教育学部附属小学校教諭
木下美紀（きのした・みき） ＝第7章第1節	福岡県義務教育学校宗像市立大島学園主幹教諭
岩尾友惠（いわお・ともえ） ＝第7章第2節	岡山県岡山市立津島小学校教諭
若林尚子（わかばやし・なおこ） ＝第7章第3節	埼玉県川口市立芝中学校教諭

玉川大学 教 職 専門シリーズ

新 教 科「道 徳」の理論と実践

2017 年 2 月 25 日　初版第 1 刷発行
2021 年 4 月 10 日　初版第 4 刷発行

編著者 ————	渡邉満・山口圭介・山口意友
発行者 ————	小原芳明
発行所 ————	玉川大学出版部

〒 194-8610　東京都町田市玉川学園 6-1-1
TEL 042-739-8935　FAX 042-739-8940
http://www.tamagawa.jp/up/
振替 00180-7-26665

装　幀 ————	渡辺澪子
印刷・製本 ————	藤原印刷株式会社

乱丁・落丁本はお取り替えいたします。
© Michiru Watanabe, Keisuke Yamaguchi, Okitomo Yamaguchi 2017 Printed in Japan
ISBN978-4-472-40540-2 C3037 / NDC375